KB174778

공부가
쉬워지는
한자
어휘사전

공부가
쉬워지는
한자
어휘사전

초판인쇄 2014년 1월 2일
초판 2쇄 2019년 1월 11일

지은이 권승호
펴낸이 채종준
기 획 이주은
디자인 윤지은
마케팅 송대호

펴낸곳 한국학술정보(주)
주 소 경기도 파주시 문발동 파주출판문화정보산업단지 513-5
전 화 031-908-3181(대표)
팩 스 031-908-3189
홈페이지 http://ebook.kstudy.com
E-mail 출판사업부 publish@kstudy.com
등 록 제일산-115호(2000. 6. 19)

ISBN 978-89-268-5374-0 43710

이담 Books 는 한국학술정보(주)의 지식실용서 브랜드입니다.

공부가 쉬워지는 한자 어휘사전

권승호 지음

이담 Books

머리말

대부분의 학생들은 공부를 어렵고 재미없는 일이라고 생각한다. 나 역시 학창 시절은 물론, 교단에 선 뒤로도 한참 동안이나 공부를 어렵고 재미없으며 짜증나는 일이라고 생각했었는데 어느 순간부터 공부가 어렵지 않을 뿐 아니라 재미있는 일이라는 생각까지 하게 되었다. 생각하는 습관을 가지게 되면서부터였고, 국어사전을 가까이하면서부터였으며, 한자에 대해 흥미를 가지게 되면서부터였다. 그렇게 학습 과정에서 만나는 어휘나 용어에 대한 정확한 개념을 이해하면서부터였다.

오늘 대부분의 대한민국 학생들이 공부에 엄청나게 많은 시간과 돈을 투자하지만 지적 능력은 기대 이하이다. 사실적 사고력, 추리 상상적 사고력, 논리적 사고력, 비판적 사고력은 물론, 학습의 기초가 되는 독해 능력이 너무나 부족함을 교육 현장에서 매일 매일 확인하고 있다. 글을 읽고 그 글의 의미를 제대로 이해하지 못하고 활용하지 못하는 아이들을 보면서 느끼는 허탈감은 상상 이상이다. 많은 선생님들이 10년, 20년 전의 학생들에 비해 모든 면에서 부족하다고 이야기하고 있다.

공부를 해본 사람이라면 누구라도 학습에서 가장 중요한 능력은 언어능력이고 언어능력의 바탕은 어휘력이라는 것을 인정할 수 있을 것이다. 그럼에도 우리 학생들은 어휘력의 중요성을 크게 인식하지 못하고 있으며 어휘력 향상을 위한 노력을 거의 하지 않는다. 자연히 어휘 능력이 부족하여 학습하는 데 적잖은 어려움을 겪고 있음은 주지의 사실이다. 일주일에, 아니 한 달에 한 번 이상 국어사전을 펼치는 학생이 몇 명이나 될까? 영어 단어와 숙어를 암기하는 데에는 많은 에너지를 투자하면서도 우리말 어휘에 대한 투자는 인색해도 너무 인색하기만 하다. 우리 어휘에 대해서는 거의 관심을 가지지 않는다.

우리말의 대부분, 특히 학문에 쓰이는 어휘의 대부분이 한자이기에 한자를 익혀야 하고 한자를 활용하여 이해하여야 학습의 효율성을 기대할 수 있음에도 한자는 어려운 것이라 투덜거리면서 한자를 멀리한다. 한자를 공부한 아이들조차도 한자 실력을 학습에 크게 활용하지 못하고 있는 듯하다.

한자를 통해 어휘의 정확한 개념을 아는 것은 학습의 기초이고 공부를 잘할 수 있는 비결이다. 한자를 이용할 수 있게 되면 대충 대충이 아니라 정확한 의미를 알 수 있고 학습 과정에서 적지 않은 흥미도 느낄 수 있으며 학습 효율도 증가시킬 수 있음을 알아야 한다. 한자를 통한 학습은 하나를 익혀서 열을 알 수 있게 되는 효율 학습법이고, 한자를 통한 학습은 '아하!'라는 감탄사를 연발하게 하는 즐거운 학습법이며, 한자를 통한 학습은 원리를 이해함으로써 확실한 앎에 도달하는 참지식 학습법이다. 한자를 활용하여 쉽고 재미있고 자기주도적으로 학습하는 학생들이 많아지기를 소망한다. 한자를 통한 탐구학습으로 스스로 알아가는 즐거움을 누리는 학생이 많아졌으면 좋겠다.

진정한 가르침은 직접 알려주기보다는 이해하도록 도와주고 스스로 깨달을 수 있는 기회를 주어야 하는 것임에도 대부분의 선생님들은 그렇게 하지 못하고 있음을 본다. 나 역시 초임 교사 시절에는 학생들이 스스로 이해할 수 있도록 도와주기보다는 무조건 암기하도록 강요하였다. 대부분의 어휘가 한자어임을 알았으면서도 한자를 활용하여 이해하도록 하지 않고 송두리째 암기하는 것이 최선이라고 목청을 높였다. 반복하고 반복하면 언젠가는 암기할 수 있는 것이라고 큰소리치면서.

단어를 놓고 생각하고 생각하고, 연구하고 연구하면서 무릎을 쳤고, 그 결과들을 하나하나 기록하면서 감탄사를 토해냈다. 어휘력 부족으로 학습에 흥미를 느끼지 못하고 효율적인 학습을 하지 못하는 이 땅의 학생들에게 공부하는 기쁨, 알아가는 기쁨을 누리게 하고 싶은 욕심으로 시간의 흐름을 감지하지 못하였다. 하나를 배워 열을 깨우칠 수 있는 행복을 느끼도록 돕고 싶은 마음에 피곤함을 잊을 수 있었고, 많은 학생들이 이 책을 통해 학습의 즐거움에 빠질 수 있다는 믿음, 지식 습득 과정이 행복임을 알 수 있게 되리라는 확신, 효율적인 학습을 할 수 있으리라는 생각으로 많이많이 행복하였다.

나 혼자 중얼거렸던 이야기, 나와 함께 공부하는 아이들에게만 전해주었던 이야기를 많은 학생들에게 전해줄 수 있게 되어 기쁘다. 꾸준히 연구해 나가리라 다짐해 본다. 그동안 나와 함께 미소 지었던 제자들, 앞으로 이 책을 읽고 깨달음의 기쁨을 얻게 될 사람들, 따뜻한 미소와 격려로 힘을 주었던 아내 김경희, 부족한 원고를 예쁘게 다듬어 책으로 만들어준 한국학술정보(주) 출판사 여러분들과 이 기쁨을 함께하고 싶다.

2013년 11월

전주영생고등학교에서 권승호

차례

공부가 쉬워지는 한자 어휘사전

01

상식을 길러주는 교양 어휘

가 家

'가(家)'가 '집 가'인 것은 분명하지만 '집' 이외에 '가문', '전문가' 등의 의미로도 많이 쓰인다. 자신의 집을 '자가(自家)'라 하고, 일정한 영토를 보유하고 주권을 가진 집단을 국가(國家)라 하며, 사람이 살기 위해 지은 집을 가옥(家屋)이라 하는데 이때는 '집'이라는 의미이다.

결혼(結婚)을 '장가간다', '시집간다'라고 하는데, 이는 장인(丈人)의 가문으로 간다. 시부모(媤父母)의 가문으로 간다는 의미이다. 한 문중(門中)에서 맏아들로만 이어 온 큰집을 일러 종가(宗家)라 하고, 부부를 중심으로 하여 그로부터 생겨난 아들, 딸, 손자, 손녀 등 가까운 혈육들로 이루어지는 집단 또는 그 구성원을 가족(家族)이라 하는데 이때는 '가문'이라는 의미이다. 집안 살림을 꾸려 나가는 수단이나 형편을 가계(家計)라 하고, 가정에서 사용하는 냉장고, 텔레비전 등 전기기기 제품을 가전(家電)이라 한다.

문학작품이나 그림, 조각 등의 예술품을 창작하는 일에 종사하는 사람을 작가(作家)라 하고, 어떤 대상에 대하여 미추(美醜), 시비(是非), 선악(善惡) 등을 논하고 평가하는 것을 직업으로 하는 사람을 비평가(批評家)라 하며, 자본금을 대부하여 이자를 받거나 자본금으로 노동자를 고용하고 기업을 경영하여 이윤을 얻는 사람을 자본가(資本家)라 한다.

집을 뛰쳐나가는 일을 가출(家出)이라 하고, 불교에서 세속의 집을 떠나 불문(佛門)에 들어서거나 가톨릭에서 수도원(修道院)으로 들어가는 일을 '출가(出家)'라 한다. '시집갈 가(嫁)'를 쓴 '출가(出嫁)'는 시집간다는 의미이다.

가빈사현처국난사양상(家貧思賢妻國難思良相)이라 하였다. 집이 가난하면 어진 아내를 생각하고 나라가 어려우면 어진 재상을 생각하게 된다는 말이다.

가상 假想, 假象

이전에도 '가상'이라는 말이 쓰였지만 컴퓨터와 인터넷이 발달하면서 '가상'이라는 말이 '사이버(cyber)'라는 말로 바뀌어 부쩍 많이 쓰이고 있다.

'거짓 가(假)'에 '모양 상(象)'을 쓴 '가상(假象)'은 '실제(實際)'의 반대 의미로 주관적으로는 실재하는 것처럼 여겨지나 객관적으로는 실재하지 아니하는 거짓 현상을 말하고, '거짓 가(假)'에 '생각 상(想)'을 쓴 '가상(假想)'은 사실이 아니거나 사실 여부가 분명하지 아니한 것을 사실이라고 가정하여 생각하는 것을 말한다.

나무나 종이, 흙 등으로 사람이나 짐승의 얼굴 모양을 본떠 만든 것을 '가면(假面)'이라 하고, 가상적인 내용의 희곡 또는 그러한 연극을 '가상극(假想劇)'이라 한다. 실제로는 움직이지 않는 대상이 마치 움직이는 것으로 보이는 현상을 '가상운동(假象運動)'이라 하고, 국방정책이나 작전계획을 세울 때 전쟁 상대국으로 가정한 나라를 '가상 적(假想 敵)'이라 한다.

'생각 상(想)'이라 하였다. 마음에 떠오르는 생각을 '상념(想念)'이라 하고, 미루어 생각하는 것을 '상상(想像)'이라 한다. 닥쳐올 일에 대하여 미리 생각함을 '미리 예(預)'를 써서 '예상(豫想)'이라 하고, 지나간 일을 돌이켜 생각함을 '돌 회(回)'를 써서 '회상(回想)'이라 한다. 고요히 눈을 감고 깊이 생각함은 '그윽할 명(冥)'의 '명상(冥想)'이고, 있지도 않은 사실을 상상하여 마치 사실인 양 굳게 믿는 일은 '허망할 망(妄)'의 망상(妄想)이며, 사물을 대할 때 떠오르는 생각은 '따를 수(隨)'의 '수상(隨想)'이다.

'相'은 '서로 상'이다. 여기에 '대나무 죽(竹)'이 더해진 '箱'은 '상자 상', '계집 녀(女)'가 더해진 '孀'은 '과부 상', '비 우(雨)'가 더해진 '霜'은 '서리 상'이다. 그리고 '마음 심(心)'이 더해진 '想'은 '생각 상'이다.

가화만사성 家和萬事成

집안이 화목하면 모든 일이 잘 이루어진다는 말이 '화목할 화(和)', '모든 만(萬)', '일 사(事)', '이룰 성(成)'의 '가화만사성(家和萬事成)'이다. 집안이 화목하지 않다면 어떻게 그 집에 웃음꽃이 필 수 있으며 가족 구성원이 하는 일들이 잘 이루어질 수 있겠는가? 집안이 화목해야만 맡은 바 임무에 충실하며 즐길 수 있게 될 것임은 굳이 말할 필요가 없다 할 것이다.

'가화만사성(家和萬事成)' 앞에 '자식이 효도하면 두 어버이(부모)가 즐겁다'라는 '자효쌍친락(子孝雙親樂)'이 있다. '자효(子孝)'해야 '쌍친락(雙親樂)'이 가능하고 '쌍친락(雙親樂)'해야 '가화(家和)'가 가능하며 '가화(家和)'해야 '만사성(萬事成)'일 수 있다는 의미인데, 이 모든 것의 시작은 '효(孝)'라는 사실이 중요하다.

자기의 몸을 닦은 연후라야 집안을 다스릴 수 있고, 집안을 잘 다스린 연후에라야 나라도 다스릴 수 있으며, 그 이후에야 천하도 다스릴 수 있다는 '수신제가치국평천하(修身齊家治國平天下)'란 말도 결국 이 '가화만사성(家和萬事成)' 다섯 글자에 집약되어 있다고 할 수 있다.

'家'는 '가옥(家屋)'에서처럼 물리적 형태인 '집'이라는 의미로도 쓰이지만, 가풍(家風), 가훈(家訓)에서처럼 '집안', '가정'이라는 의미로 더 많이 쓰인다. 화가(畵家), 음악가(音樂家), 정치가(政治家)에서는 그 방면의 전문가라는 의미이다.

'和'는 '화합하다'는 의미이고 '萬'은 '10,000'이 아닌 '모든'이라는 의미이다. '事'는 '일', '용무', '업무', '사건' 등의 의미로 많이 쓰이지만 약자가 강자를 섬기거나, 작은 나라가 큰 나라를 섬긴다는 '사대(事大)'나 어버이를 섬김에 효성을 다해야 한다는 '사친이효(事親以孝)에서처럼 '섬기다'는 의미로 쓰이기도 한다.

감수 甘受

비난(非難)을 감수(甘受)하겠노라고 말한다. 가뭄으로 인해 '감수(減水)'가 예상된다고 하고 올 벼농사는 감수(減收)가 확실시되고 있다고도 하며 십년(十年) 감수(減壽)하였다고도 한다. 책 표지에 저자(著者) 말고 감수(監修)도 있고 생물 교과서에 '감수분열(減數分裂)'이라는 용어도 있다. 그녀는 다른 사람보다 '감수성(感受性)'이 뛰어나다고도 한다. 음은 같으나 뜻이 다른 단어를 '같을 동(同)' '다를 이(異)'를 써서 동음이의어(同音異意語)라 한다.

'비난을 감수(甘受)하겠다'에서의 감수는 '달 감(甘)', '받을 수(受)'로 '달게 받겠다'는 의미이고, '가뭄으로 인해 감수(減水)가 예상된다'에서는 '줄 감(減)', '물 수(水)'로 '물이 줄어들었다'는 의미이다. 또 '올 벼농사는 감수(減收)가 확실시되고 있다'에서의 '감수'는 '줄 감(減)', '거둘 수(收)'로 '거두는 것이 줄어들었다'는 의미이고, '십년감수(十年減壽)했다'에서의 감수는 '줄 감(減)', '목숨 수(壽)'로 수명이 줄어들었다는 의미이다. 책 표지에 쓰여 있는 감수(監修)는 '감독할 감(監)', '고칠 수(修)'로 감독하면서 잘못된 부분을 고쳤다는 의미이고, 감수분열(減數分裂)은 '덜 감(減)', '숫자 수(數)', '나눌 분(分)', '찢어질 렬(裂)'로 염색체 숫자가 덜어져서 나누어지고 찢겨졌다는 의미이다(감수분열 다음에 수정(受精)에 의하여 정상적인 숫자를 갖추게 된다). '감수성(感受性)이 뛰어나다'에서의 '감수'는 '느낄 감(感)', '받을 수(受)'로 외부로부터의 자극에 대해 민감하게 느끼고 받아들이는 성질이다.

'감언이설(甘言利說)'이라는 말이 있다. '달 감(甘)', '말씀 언(言)', '이로울 이(利)', '말씀 설(說)'로 남의 비위에 맞도록 꾸미는 달콤한 말과 이로운 조건을 내세운 말이라는 의미로 그럴듯하게 꾸미는 거짓말을 일컫는다.

건배 乾杯

경사(慶事)를 축하하거나 건강(健康)을 기원하면서 함께 술잔을 들어 술을 마시는 일을 '건배(乾杯)'라 하는데 '말릴 건(乾)', '잔 배(背)'로, '잔을 비운다', '잔을 말린다'는 의미이다. '건배(乾杯)' 행위는 같은 병에 담긴 술을 나눠 마심으로써 독(毒)이 없음을 알리고자 한 의도에서 비롯되었다고 한다.

'건(乾)'에는 '하늘', '건성', '괘 이름', '남자'라는 의미도 있지만 '말리다'는 의미로 더 많이 쓰인다. 아직 조제하지 않은 말린 약제인 '건재(乾材)', 습기나 물기가 없는 마른 상태, 또는 분위기나 정신이나 환경 등이 여유나 윤기가 없이 메마른 상태인 '건조(乾燥)', 말린 물고기인 '건어물(乾魚物)' 등이 그 예이다.

문장의 성격에 따른 문체의 갈래에 건조체(乾燥體)가 있다. 수식이 많은 글인 화려체(華麗體)의 상대가 되는 문체인데, 메마른 문체라는 말 그대로 표현의 멋을 떠나서 오직 의미 전하는 것만을 목적으로 하는 문체이다. 이러한 건조체는 사무적이고 엄격하고 차가워서 지적인 느낌을 준다.

'배(杯=盃)'는 '잔 배'라 하였다. 축하의 술을 마시는 술잔을 축배(祝杯)라 하고, 독이 든 잔이나 그릇을 독배(毒杯)라 하며, 우승한 사람이나 단체에게 주는 잔 모양 기념물을 우승배(優勝杯)라 한다.

운명을 걸고 단판걸이로 승부를 겨룸을 건곤일척(乾坤一擲)이라 한다. '건곤(乾坤)'은 하늘과 땅, '일척(一擲)'은 한 번 던진다는 뜻이다. 창을 가지고 싸우다가 힘이 다하여 최후의 수단으로 창을 던질 때, 던진 창이 상대를 쓰러뜨리면 이기게 되지만 쓰러뜨리지 못하게 되면 상대는 창이 있지만 자신은 창이 없기에 질 수밖에 없는 도박인 것이다.

검인정 檢認定

'교과서(教科書)' 앞에 '검인정(檢認定)'이라는 수식어가 붙는데, '검인정(檢認定)'은 검사하여 그 자격을 정하는 일인 '검사할 검(檢)' '정할 정(定)'의 검정과 옳다고 인정하여 정하는 '인정할 인(認)'의 인정(認定)의 결합이다. 교과서 내용이나 편집에 문제가 있나 없나를 조사하거나 검열하여 검정(檢定)과 인정(認定)을 받은 책이 검인정(檢認定) 교과서(教科書)인 것이다. 어떤 자격을 얻는 데 필요한 지식이나 기술의 유무(有無)를 검사(檢查)하기 위하여 실시하는 시험을 검정고시(檢定考試)라 하고, 검정 절차를 마치는 일을 '마칠 필(畢)'을 써서 검정필(檢定畢)이라 한다.

관인(官認)은 관청에서 인가했다는 의미이고, 인지도(認知度)는 어떤 사람이나 물건 따위를 알아보는 정도이다. 군인의 이름, 군번, 혈액형 등이 새겨진 얇은 금속판을 인식표(認識票)라 하는데, 군인이 사망 또는 부상을 당하였을 때 신분을 알게 함이다. 인정과세(認定課稅)라는 것이 있다. 과세 표준 신고가 없거나 그 신고가 부당하다고 판단될 때 정부가 조사한 여러 간접 자료로 과세(課稅) 표준액을 결정해 조세를 부과(賦課)하는 방법이다. 정부가 인정하는 세금 부과라는 의미인 것이다.

'검사할 검(檢)'이라고 하였다. 검사하고 물음을 '검문(檢問)'이라 하고 전염병이 퍼지는 것을 막기 위하여 전염병의 유무를 조사하고 병자를 격리하는 행정처분을 '검역(檢疫)'이라 하며 일이 일어난 현장에 가서 검사함을 '임검(臨檢)'이라 한다.

모든 교과서는 검인정(檢認定)이지만 참고서 중에 검인정은 한 권도 없다. 교과서를 중요하게 생각해야만 하는 이유이다. 그럼에도 대부분의 학생들은 교과서를 무시하고 참고서만 숭상(崇尙)한다. 수능출제위원장도 교과서를 중심으로 출제하였다고 해마다 이야기하고 있는데…….

검정고시 檢定考試

'검정고시'는 검정색과 관계가 있을까 없을까에 대해 고민해 보았다. '검정고시'가 검정색과 관계가 있는가 없는가를 확인해 보기 위해 검정고시가 치러지는 시험장에 가 볼까 생각해 본 적도 있다. 검정색 옷을 입고 시험을 치러야 하는 것인가? 검정색 펜만을 사용해야 하는 것인가?

국어사전을 펼쳤다. "어떤 자격을 얻는 데 필요한 지식이나 기술 유무(有無)를 검정하기 위하여 실시하는 시험"이라 적혀 있었다. 물론 한자도 쓰여 있었다. '檢定考試'라고. 다시 '검정(檢定)'을 찾아본다. '검사하여 그 자격을 정하는 일'이라 적혀 있었다. 귀찮았지만 근본을 아는 것이 중요하다는 생각으로, 대충 열 가지를 아는 것보다 한 가지라도 정확하게 아는 것이 중요하다는 누군가의 말을 기억해내고서, 옥편(玉篇)이라 불리는 한자사전(漢字辭典)의 먼지를 털어냈다.

'검사할 검(檢)', '정할 정(定)'이었고

'헤아릴 고(考)', '시험할 시(試)'였다.

'검사하여 정하는 시험', '실력을 검사하여 자격이 있나 없나를 결정하는 시험'이었다.

'검정교과서(檢定敎科書)'의 의미도 궁금해졌다. '교과서 검정 과정을 통과 합격하여 발행 허가를 받은 교과서'라 적혀 있었다. '검정필'이라는 도장을 본 적이 있어 다시 사전을 펼쳤다. '검정필(檢定畢): 검정 절차를 마침'이라 적혀 있다. 다시 '필(畢)'을 찾았다. '마칠 필'이었다. '마칠 필(畢)'은 '군필자(軍畢者)', '영수필증(領收畢證)', '병역미필(兵役未畢)'에도 쓰여 있었다.

경상비 經常費

경상비를 절감하여야 한다고도 하고 경상비를 절약하게 되었다고도 한다. 각 회계연도마다 주기적(週期的), 규칙적(規則的)으로 반복하여 지급되며 그 액수도 일반적으로 변동(變動)이 적어서 예측할 수 있는 경비(經費), 매년 계속해서 지출되는 일정한 경비를 경상비(經常費)라 한다.

'법 경(經)', '항상 상(常)', '비용 비(費)'로, 법으로 정해져 있다고 할 만큼 변함없이 항상 일정한 비용이라 해석할 수도 있고, '지낼 경(經)', '항상 상(常)', '비용 비(費)'로, 지내는 데 항상 들어가는 비용이라고 해석할 수도 있다. 경상비(經常費)는 정부 회계에서뿐 아니라 기업 회계에서도 사용되는 용어이다.

'경(經)'의 쓰임도 다양한데, 성경(聖經) 경전(經典)에서는 '경서', 경위(經緯) 경도(經度)에서는 '세로', 경험(經驗)에서는 '지내다'는 의미이고, 경영(經營)에서는 '다스리다'는 의미이다.

언제든지 쓸 수 있도록 항상 갖추어 두는 약품(藥品)을 상비약(常備藥)이라 하고 비상시(非常時)를 위하여 평시에도 늘 준비하여 두는 군대, 또는 국가가 모든 국제경기에 대비하여 늘 훈련시켜 준비하여 두는 우수한 선수를 '준비 비(備)'를 써서 상비군(常備軍)이라 한다.

정상적 상태가 아닌 일, 예사로운 일이 아닌 긴급사태를 '비상(非常)'이라 하고, 돌발 사고가 일어났을 때만 사용하는 출입구를 '비상구(非常口)'라 하며, 비행 중인 항공기에 돌발적인 사고가 일어났을 때 예정 지점이 아닌 곳에 임시로 착륙하는 일을 '비상착륙(非常着陸)'이라 한다. 형사소송에서 판결이 확정된 후 사건의 심판이 법령에 위반되었음을 이유로 검찰총장이 대법원에 신청하는 특별구제 절차는 '비상상고(非常上告)'이다. 정상적이지 않고 일반적이지 않는 '상고'라는 의미이다.

계주 繼走

400m 계주경기(繼走競技)가 있고 1600m 계주경기(繼走競技)도 있다. 이을 계(繼), 달릴 주(走)로, '이어 달리기'의 또 다른 이름이다.

선임자(先任者)의 뒤를 이어 받거나 선대의 업적이나 유산, 전통 등을 이어받음을 계승(繼承)이라 하고, 뒤를 잇는 사람을 후계자(後繼者)라 하며, 뒤를 이어 나감을 계속(繼續)이라 한다. 외국의 법률을 채용하거나 그것에 의거하여 만든 법률을 '이을 계(繼)', '받을 수(受)'를 써서 '계수법(繼受法)'이라 한다.

'계모(繼母)'는 동화(童話) 속에서 악한 모습을 보여 주고 있기에 '나쁜 엄마'라는 의미인 줄 알고 있는 사람도 있지만 '나쁜 엄마'가 아니라 '친엄마를 이어 엄마의 역할을 하는 엄마', 그러니까 '엄마의 역할을 계승한 또 다른 엄마'라는 의미이다.

'주마가편(走馬加鞭)'이라는 말이 있다. '더할 가(加)', '채찍 편(鞭)'으로 달리는 말에 채찍을 더한다는 의미이고 열심히 일하는 사람을 더 부추기거나 몰아친다는 말이다. '주마간산(走馬看山)'이라는 말도 있다. 달리는 말 위에서 산천을 본다는 의미로 자세하게 살펴보지 않고 바쁘게 대강대강 보고 지남을 비유하는 말이다.

'주자탈기익(走者奪其翼)'이라고 하였다. '달릴 주(走)', '사람 자(者)', '빼앗을 탈(奪)', '날개 익(翼)'으로 달리는 사람에게서 그 날개를 빼앗았다는 의미이기도 하고, 하늘은 한 사람에게 두 가지의 능력을 주지 않았다는 의미이기도 하다.

남의 앞잡이 노릇을 하는 사람을 '주구(走狗)'라 하는데, '달릴 주(走)', '개 구(狗)'로, 사냥할 때 주인이 부리는 개이다. 그 개는 선악의 판단 없이 주인의 말에 순종하기에 '앞잡이'라는 의미로 쓰이는 것이다.

고문관 顧問官

어수룩한 사람을 놀림조로 '고문관(顧問官)'이라 하는데, 기업체 임직원을 이야기할 때의 '고문(顧問)', '고문관(顧問官)'은 중요한 역할의 아주 높은 직책을 맡은 사람을 가리킨다.

'돌볼 고(顧)', '물을 문(問)'의 '고문(顧問)'이나. 물음(질문)을 돌보아주는(대답해주는) 사람이 고문(顧問)이다. 더 정확하게 설명하면, 어떤 분야에 대하여 전문적인 지식과 풍부한 경험을 가지고 자문(諮問)에 응(應)하여 의견을 제시하는 직책 또는 그 사람을 '고문(顧問)'이라 하는 것이다. 고문변호사(顧問辯護士)니 법률고문(法律顧問)이니 하는 경우가 그것이다.

잠깐 돌아보거나 조금 생각하여 봄을 '일고(一顧)'라 하고, 지나간 일을 돌이켜 생각해 보는 일을 '회고(回顧)'라 하는데, 이때는 '돌아보다'는 의미이다.

'問'은 '물어볼 문'이고, 門은 '문 문', 聞은 '들을 문', 間은 '사이 간', 閑과 閒은 '한가할 한', 開는 '열 개', 閉는 '닫을 폐', 閨는 '안방 규'이다.

원래는 고문(顧問)의 직책을 맡은 관리, 그러니까 전문적인 지식과 풍부한 경험을 가지고 있는 사람만을 고문관(顧問官)이라 하였는데, 미군정(美軍政) 시기와 6 · 25 때에 우리나라에 파견된 미국의 군사 고문관들이 한국말이 서투르고 한국 실정에 어두워 여러 면에서 우리의 시각으로는 어수룩한 행동과 실수를 많이 하였기 때문에 이때부터 어수룩한 사람을 놀림조로 고문관(顧問官)이라 하였다고 한다.

고해성사 告解聖事

영세를 받은 가톨릭 신자가 자신의 죄를 뉘우치고 하나님의 대리자인 사제(司祭)에게 고백하여 용서받는 일을 '고해성사(告解聖事)' 또는 '고백성사(告白聖事)'라 한다. '알릴 고(告)', '해결할 해(解)', '성스러울 성(聖)', '일 사(事)'로, (잘못을) 알려서(고백하여) 해결하는 성스러운 일이라는 의미이다.

'고(告)'는 '말하다', '알리다', '고발하다', '신고하다'는 의미이다. 범죄에 직접 관계가 없는 제삼자(第三者)가 수사기관에 범죄 사실을 신고하여 기소(起訴)를 구하는 행위를 고발(告發), 피해자나 그 법정대리인이 수사기관에 범죄 사실을 신고하여 수사 및 범인 소추(訴追)를 요구하는 일을 고소(告訴)라 한다.

일반에게 널리 알림을 포고(布告)라 하고, 없는 사실을 거짓으로 꾸며 고발하거나 고소하는 일을 무고(誣告)라 하며, 남의 허물이나 결점 따위를 고치도록 타이름을 충고(忠告)라 한다. 사람의 죽음을 알리는 일을 부고(訃告)라 하고, 일반에게 널리 알림을 고시(告示)라 한다. 사실대로 말함을 고백(告白)이라 하는데, 이때의 '백(白)'은 '말하다'는 의미이다.

'해(解)'에는 '풀다'라는 의미와 함께 '가르다', '흩어지다', '벗다', '화해하다'는 의미도 있다. 몸과 마음의 속박에서 벗어나 자유롭게 됨은 '놓을 방(放)'의 '해방(解放)', 생물의 배를 갈라 내부를 조사함은 '가를 부(剖)'의 '해부(解剖)', 사람들이 흩어짐은 '흩을 산(散)'의 '해산(解散)'이다. 임무를 내어 놓게 함은 해임(解任)이고, 다툼질을 그치고 서로 평화롭게 함은 화해(和解)이다.

'결자해지(結者解之)'라는 말이 있다. '맺을 결(結)', '사람 자(者)', '풀 해(解)', '그것 지(之)'로, (끈을) 맺은(만든, 일으킨) 사람이 그것을 풀어야 한다는 의미이다. 일을 저지른 사람이 그 일을 해결(解決)해야 한다는 말인 것이다.

공인 公認

'공인중개사'가 있고 '공인노무사'도 있다. '공인 3단'이라고도 한다. 토지나 건물 등의 매매(賣買), 교환(交換), 임대차(賃貸借)에 관한 일을 중개(仲介)할 수 있는 사람이 공인중개사(公認仲介士)이고 근로자의 권리, 구제업무, 노무자에 대한 상담 등을 전담하는 사람이 공인노무사(公認勞務士)이다.

'공변될 공(公)'에 '인정할 인(認)'을 쓴 '공인(公認)'은 국가나 공공단체가 인정한다는 의미이다. 국가가 인정하는 자격을 얻어 위촉받은 회계 감사를 하거나 감정 세무 대리 등의 업무를 맡아 하는 사람을 공인회계사(公認會計士)라 하고 공식적으로 인정된 기록을 공인기록(公認記錄)이라 한다. 태권도 등 격투기 실력을 나타내는 3단, 4단 앞에 붙는 '공인(公認)'이라는 말도 공식적으로 인정한 능력이라는 의미이다.

'공인'의 동음이의어(同音異議語)에 공직(公職)에 있는 사람, 또는 공적(公的)인 일을 행하고 있는 사람인 공인(公人), 조선 시대, 왕궁(王宮)과 각 관아(官衙)에서 공물(貢物)을 납품하는 일을 맡아보던 사람을 일컬었던 공인(貢人)이 있다.

'공(公)'은 '공정(公正)하다'에서는 '공평', '공공(公共)기관'에서는 '여러', '공직(公職)'에서는 '벼슬', '충무공(忠武公)'에서는 '상대를 높이는 접미사'이다.

정부가 설립한 공공 기업체를 공사(公社)라 하고, 지극히 공평하고 사사로움이 없음을 지공무사(至公無私)라 한다. 멸사봉공(滅私奉公)이라는 말이 있다. '없앨 멸(滅)', '사사로울 사(私)', '받들 봉(奉)'으로 사심을 없애고 나라나 공적인 일을 받들어 힘써 일한다는 의미이다.

공책 空冊

책은 책인데 비어 있는 책이기에 공책(空冊)이다. '공(空)'이 물론 '비다'는 의미로만 쓰이는 것은 아니다. 공군(空軍)에서는 '하늘', 공상(空想)에서는 '헛되다', 공간(空間)에서는 '텅 비다'는 의미이다.

펜은 펜인데 만년(萬年) 동안(오랫동안) 쓰니까 만년필(萬年筆)이고, 펜은 펜인데 볼(ball)이 들어 있으니까 볼펜(ball pen)이다. 지우는 데 사용하니까 지우개이고, 손에 들고 다니니까 수첩(手帖)이며, 날마다 기록하는 장부이니까 일기장(日記帳)이다. 잊을 것에 대비한 기록이니까 '준비할 비(備)', '잊을 망(忘)', '기록할 록(錄)의 '비망록(備忘錄)'이다.

배울 때 사용하는 물품이니까 학용품(學用品)이고, 그림 그리는 종이이니까 '그림 도(圖)', '그림 화(畵)', '종이 지(紙)'의 '도화지(圖畵紙)'이다. 네모난 눈금이 있는 종이이니까 '네모 방(方)', '눈 안(眼)'의 '방안지(方眼紙)'이고 사진이나 컬러 그림 등 예술 활동에 사용하는 종이이니까 '아트(art)지(紙)'이다.

공중에 떠 있는 집, 비유하여 근거나 현실적 토대가 없는 가공의 사물을 '공중누각(空中樓閣)'이라 하고, 만물의 본성인 공(空)이 연속적인 인연에 의하여 임시로 다양한 만물(色)로서 존재한다는 생각이 '공즉시색(空卽是色)'이다. 탁자(卓子) 위에서만 펼치는 헛된 논설(論說)이란 뜻으로 실현성이 없는 허황된 이론(理論)을 '탁상공론(卓上空論)'이라 한다.

'공수래공수거(空手來空手去)'라는 말이 있다. 빈손으로 왔다가 빈손으로 간다는 뜻으로 인생은 허무한 것이라는 말이고 재물 모으려 욕심 부리지 말라는 의미이다.

관광 觀光

다른 지방, 다른 나라의 풍물이나 풍속 등을 구경함을 '관광(觀光)'이라 한다. 원래 '볼 관(觀)', '빛 광(光)'으로 '빛나는 것을 본다'는 의미였으며, 다른 나라의 잘된 모습을 잘 살펴본다는 뜻을 지니고 있었는데, 후에 산수(山水)의 경치(景致)를 유람(遊覽)한다는 뜻이 첨가되었다.

옛날에는 '청암관광(聽闇觀光)'이라 하였다 하는데, '들을 청(聽)', '어두울 암(闇)'의 '청암(聽闇)'은 어둠을 듣는다는 뜻으로 보이지 않는 인심이나 풍속 같은 것을 잘 들어서 알고 빛나는 것을 잘 보아야 한다는 의미로 보이는 것만이 아닌 보이지 않는 것도 볼 수 있어야 한다는 말이었다.

'관(觀)'은 '보다'는 의미로 많이 쓰이지만 '생각', '모습', '보이다'는 의미로도 쓰인다. 관광(觀光), 관찰(觀察), 관망(觀望), 관점(觀點)에서는 '보다'는 의미이지만, 관념(觀念), 달관(達觀)에서는 '생각'이라는 의미이고, 미관(美觀), 장관(壯觀)에서는 '모습'이라는 의미인 것이다. 그러니까 관념(觀念)은 '보고 생각하는 것'이라는 의미가 아니라 '어떤 일에 대한 생각이나 견해'라는 의미이고, 달관(達觀)도 '통달하여 본다'는 의미가 아니라 '세속을 벗어난 높은 식견, 사소함에 얽매이거나 흔들리지 않는 경지'라는 의미이다.

어떤 인물이나 사물을 더욱 빛나게 하는 배경을 후광(後光)이라 한다. '뒤 후(後)', '빛 광(光)'으로 뒤에서 비쳐주는 빛이라는 의미인데, 불교에서는 부처의 몸에서 비치는 광명의 빛, 기독교에서는 성화 속 인물을 감싸는 금빛이라는 의미이다.

열심히 책을 읽음을 '안광(眼光)이 지배(紙背)를 철(徹)한다'고 한다. 눈에서 나오는 빛이 종이의 뒤까지 꿰뚫어본다는 뜻으로 글의 내용을 철저하게 이해하며 독서함을 일컫는 말이다.

관제엽서 官製葉書

인터넷이 보급되기 전만해도 편지가 많이 오고 갔고, 가끔씩은 엽서에 마음을 실어 보내기도 하였으며, 관제엽서에 정답을 적어 보내면 추첨을 통해 상품을 준다고 해서 엽서를 많이 이용하기도 하였다.

'관청 관(官)', '만들 제(製)', '잎 엽(葉)', '편지 서(書)'의 관제엽서(官製葉書)는 관청에서 만든 잎사귀처럼 작은 편지 종이라는 의미이고, 일정 규격의 용지에 우편 요금의 증표를 인쇄하여 발행하는 편지용지이다. 관(官)은 '벼슬', '관청'의 의미를 지니는데, 여기에서는 '관청'이라는 의미이고, 제(製)는 '만들다'는 의미이다. 그렇기 때문에 관제(官製)는 관청, 정부에서 만든 물건을 가리킨다.

'관(官)'은 국가기관이나 관리의 권력인 관권(官權), 돈이나 물품을 관청에서 지급한다는 관급(官給), 관리는 높이 여기고 백성은 천하게 여기는 사상인 관존민비(官尊民卑), 소수의 특권층 관료가 권력을 쥐고 행하는 정치인 관료정치(官僚政治), 관청에서 인정했다는 관인(官認) 등에 쓰인다.

'엽(葉)'은 낙엽(落葉)이나 엽록소(葉綠素)에서처럼 '잎'이라는 의미로 많이 쓰이는데, 일반적으로 잎은 작은 속성을 지녔기에 '작다'라는 의미로까지 확장되어 쓰이고 있다. 엽서(葉書)도 잎처럼 작은 면적에다 쓴다고 해서 이름 붙여진 듯하고, 둥글고 구멍 뚫린 놋쇠로 만든 옛날 돈을 엽전(葉錢)이라 이름 붙인 것도 종이돈에 비해 크기가 작기 때문이었으리라는 생각을 해 본다.

'볼 관(觀)', '잎사귀 엽(葉)'의 관엽식물(觀葉植物)은 잎사귀를 보기 위한 식물, 잎사귀의 예쁜 모양이나 빛깔을 보고 즐기기 위하여 가꾸는 식물이다.

국경일 國慶日

현충일(顯忠日)을 국경일로 알고 있는 사람들이 많다. 성탄절(聖誕節)도 석가탄신일(釋迦誕辰日)도 설날도 추석(秋夕)도 국경일로 생각하는 사람이 있다. 국경일(國慶日)은 '나라 국(國)', '경사스러울 경(慶)', '날 일(日)'로, 나라의 경사스러운 날이라는 의미인데. 현충일(顯忠日), 성탄절(聖誕節), 석가탄신일(釋迦誕辰日), 설날, 추석(秋夕)은 나라의 경사스러운 날이 아니기에 국경일이 아니다. 삼일절(三一節), 제헌절(制憲節), 광복절(光復節), 개천절(開天節)만이 국경일이다. '절(節)'이 '마디', '예절', '절개', '절약'의 의미로 많이 쓰이지만 '경사스러운 날'이라는 의미로 쓰이기도 하는 것이다.

'만들 제(制)', '법 헌(憲)'으로 헌법을 만든 날이 제헌절이고 '빛 광(光)', '회복할 복(復)'으로 빛(광명)을 회복한 날이 광복절이며 '열 개(開)', '하늘 천(天)'으로 하늘(새 세상)이 열린 날이 개천절이다. '삼일절(三一節)'은 의미가 아니라 날짜로 지은 이름인데 '만세절(萬歲節)'이 좋지 않을까 생각해 본다.

빨간 글씨로 쓰인 날은 공식적으로 쉬는 날이니까 공휴일(公休日)이고 식목일(植木日), 어린이날 등은 기념하는 날이니까 기념일(紀念日)이다. 그러니까 현충일, 어린이날 등은 기념일이면서 공휴일이고 어버이날은 기념일일 뿐 공휴일은 아니다. 광복절, 개천절 등은 국경일이면서 기념일이면서 공휴일이다.

전주 경기전(慶基殿)은 '경사 경(慶)', '터 기(基)', '집 전(殿)'으로 경사의 터를 잡은 집이라는 의미이고 조선 태조(太祖) 영정을 봉안하고 있다. '시작할 조(肇)', '경사 경(慶)', '제터 단(壇)'의 조경단(肇慶壇)은 경사로움을 시작한 조상을 제사지내는 터라는 의미이고 전주 이(李)씨 시조(始祖) 묘소(墓所)가 있는 곳이다.

군필자 軍畢者

병역 비리 문제가 우리를 슬프게 하곤 한다. 근절(根絶)시키기 위한 방법을 모색하여야 할 것이고, 군필자(軍畢者)가 불이익을 받아서는 안 될 정책도 필요하다. 군 복무를 마친 사람을 '군대 군(軍)', '마칠 필(畢)', '사람 자(者)'를 써서 군필자(軍畢者)라 한다.

'마칠 필(畢)'은 일상생활에서 다양하게 쓰이고 있다. 일생을 마칠 때까지의 기간이라는 필생(畢生), '마침내', '결국'이라는 필경(畢竟), 검사를 다 마쳤다는 검사필(檢査畢), 서류 등을 받아들였다는 접수필(接受畢), 돈이나 물건을 받은 사람이 받았음을 마쳤다는 표시로 지불인에게 써 주는 증서인 영수필증(領收畢證), 세금을 납부하였음을 증명하는 증지인 납세필증(納稅畢證) 등이 그것이다. '미필자(未畢者)'는 '해야 할 일을 마치지 아니한 사람'이라는 의미이다.

'자(者)'를 일반적으로 '놈 자'라고 하는데, '놈'이 현재는 비칭(卑稱)이지만 옛날에는 평칭(平稱)이었다. 그리고 '자(者)'가 보균자(保菌者), 첩자(諜者), 후보자(候補者), 연고자(緣故者)에서처럼 대부분 '사람'이라는 의미로 쓰이지만, 석자(昔者), 근자(近者)에서처럼 시간을 나타내기도 하고, 물건이나 일을 가리키기도 한다.

농자천하지대본(農者天下之大本)을 농사짓는 사람이 세상의 큰 근본이라고 해석하지 않고 농사가 세상의 큰 근본이라고 해석해야 하는 이유도 '자(者)'가 '사람'이 아니라 '일'이라는 의미이기 때문이다. '인자무적(仁者無敵)'이라 하였다. 어진 사람은 (널리 사람을 사랑하므로 세상에) 적(敵)이 없다는 의미이다.

근하신년 謹賀新年

대부분의 연하장(年賀狀)에는 '근하신년(謹賀新年)'이라는 문구가 인쇄되어 있다. 삼갈 근(謹), 축하할 하(賀), 새로울 신(新), 해 년(年)으로 삼가 새해를 맞이함을 축하한다는 인사말이다. 그러니까 '근하신년(謹賀新年)'이라 쓰인 연하장에는 또 다른 인사말을 쓸 필요 없이 보내는 사람의 이름만 써도 되는 것이다.

결혼식장에서 '하객(賀客) 여러분들께 감사드린다'는 말을 듣는다. '하객(賀客)'은 '축하할 하(賀)', '손님 객(客)'으로 축하하기 위해서 온 손님이다. 장례식(葬禮式)에 참석한 사람은 하객(賀客)이 아니라 '조상할 조(弔)', '찾을 문(問)', '손님 객(客)'을 쓴 조문객(弔問客)이다.

연하장(年賀狀)과 함께 전하고 싶은 말이 있다. '그래도(Any way)'(켄트 케이스)라는 책에 나온 다음의 글이 그것이다.

사람들은 논리적이지도 않고 이성적이지도 않고 게다가 자기중심적이다. 그래도 사람들을 사랑하라. 당신이 착한 일을 하면 사람들은 다른 속셈이 있을 것이라고 의심할 것이다. 그래도 착한 일을 하라. 당신이 성공하게 되면 가짜 친구와 진짜 적들이 생길 것이다. 그래도 성공하라. 오늘 당신이 착한 일을 해도 내일이면 사람들은 잊어버릴 것이다. 그래도 착한 일을 하라. 정직하고 솔직하면 공격당하기 쉽다. 그래도 정직하고 솔직하게 살아라. 사리사욕에 눈 먼 소인배들이 큰 뜻을 품은 훌륭한 사람들을 해칠 수도 있다. 그래도 크게 생각하라. 사람들은 약자에게 호의를 베풀지만 결국 힘 있는 사람 편에 선다. 그래도 소수의 약자를 위해 분투하라. 몇 년 동안 공들여 쌓은 탑이 하루아침에 무너질 수도 있다. 그래도 탑을 쌓아라.

농자천하지대본 農者天下之大本

농자천하지대본(農者天下之大本)은 '농사 농', '것 자', '근본 본'으로 농사짓는 일이 세상 모든 일의 근본이 된다는 말이다. 농(農)은 '농사', '농부'의 의미이다. 농사일이 바쁜 시기를 '많을 번(繁)'을 써서 '농번기(農繁期)'라 하고 국가사회의 기본을 농업에 두고 농민을 사회 조직의 기초로 하려는 주의를 '농본주의(農本主義)'라 한다. '농(農)'에 '물 수(水)'가 더해진 '濃'은 '진할 농'이고 '농(農)'에 '고기 육(肉=⺼)'이 더해진 '농(膿)'은 '고름 농'이다.

'者'는 '놈 자'인데, '놈'이 현재는 비칭(卑稱)이지만 과거에는 평칭이었다. 또, '사람'이라는 의미로 많이 쓰이지만 여기서는 '~것'이라는 의미이다. 그러니까 '농자(農者)'는 '농사꾼'이 아닌 '농사라는 것'이라는 의미인 것이다. 여기에서의 '之'는 '가다(동사)'가 아니라 '~의(관형격 조사)'이다.

만난 사람과는 이별이 정해졌음을 '만날 회(會)', '사람 자(者)', '정할 정(定)', '헤어질 리(離)'를 써서 '회자정리(會者定離)'라 하는데, 인생무상(人生無常)과 이별의 아쉬움을 표현하는 말이다. 결자해지(結者解之)라 하였다. 맺은 사람이 그것을 풀어야 한다는 의미로 일을 저지른 사람이 그 일을 해결해야 한다는 말이다. 근묵자흑(近墨者黑)이라는 말도 있다. 먹을 가까이하면 검어진다는 뜻으로 나쁜 사람을 가까이하면 그 버릇에 물들기 쉽다는 말이다.

'각자무치(角者無齒)'라는 말도 있다. 뿔이 있는 놈은 이가 없다는 뜻으로 한 사람이 모든 능력을 지니지 못하는 것이 지극히 당연한 것이니 그 어떤 한 가지 재주가 없음에 대해 슬퍼할 이유가 없다는 의미이다.

동서고금 東西古今

'동서고금을 모두 살펴보아도……', '동서고금에 걸쳐서…'라는 말을 듣는다. 동(東)은 동양(東洋), 서(西)는 서양(西洋), 고(古)는 옛날, 금(今)은 현재라는 의미이다. 그렇기 때문에 동서고금(東西古今)은 동양(東洋)과 서양(西洋), 옛날과 현재 모두, 그러니까 인류 역사의 전체를 일컫는다.

동서냉전시대(東西冷戰時代)가 있었는데, 동양과 서양 사이의 차가운 전쟁이라는 의미가 아니었다. 동(東)은 공산진영(共産陣營), 서(西)는 민주진영(民主陣營)을 가리키고, 냉전(冷戰)은 차가운(冷) 전쟁(戰)이 아니라 무기를 사용하지 않고 외교적으로 상대국에 불리하도록 꾀하는 신경전(神經戰)을 가리킨다. 또 신경전(神經戰)이란, 적극적으로 공격하지 아니하고 모략이나 선전 등으로 서서히 상대방의 신경을 피로하게 하여 사기(士氣)를 잃게 하는 전법(戰法)을 일컫는다. 그러니까 동서냉전시대(東西冷戰時代)란, 공산 진영과 민주 진영이 서로 자기의 이익을 꾀하기 위하여 신경전을 벌였던 시대를 의미하였던 것이다. 지금은 공산주의(共産主義)의 몰락(沒落)으로 동서냉전(東西冷戰)도 사라진 상황이다.

여기저기 분주하게 다님을 동분서주(東奔西走)라 한다. '달릴 분(奔)', '달릴 주(走)'로, 동쪽으로 달리다 서쪽으로 달린다는 의미다. 떠돌아다니며 이집 저집에서 얻어먹고 지냄을 '먹을 식(食)', '잠잘 숙(宿)'을 써서 '동가식서가숙(東家食西家宿)이라 한다. 동쪽 집에서 먹고 서쪽 집에서 잠잔다는 의미이다.

유럽이 아시아 지역을 식민지로 만들었던 일을 '서세동점(西勢東漸)'이라 하였는데, '서양 서(西)' '세력 세(勢)' '동양 동(東)' '점점 점(漸)'으로 서양의 세력이 동양으로 점점 옮겨져 왔다는 의미이다.

망명 亡命

정치적인 이유로 자기 나라에 있지 못하고 남의 나라로 도피하는 일을 '망명(亡命)'이라 하는데, 이는 '망명도주(亡命逃走)'의 준말로, 글자 그대로는 '목숨이 망하려고 하자 도망쳐 달렸다'는 의미이다.

망명한 정객(政客)을 망명객(亡命客)이라 하고, 몰래 멀리 달아나 삶을 꾀함을 '꾀할 도(圖)'를 써서 망명도생(亡命圖生)이라 하며, 망명한 정객(政客)들이 조직한 임시 정부를 망명정부(亡命政府)라 한다. 나라를 멸망시킨 신하를 '망국지신(亡國之臣)'이라 하고, 흥하고 망하고 성하고 쇠하는 일을 '흥망성쇠(興亡盛衰)'라 한다.

실패한 뒤에 뉘우치면 쓸데없음을 '망양보뢰(亡羊補牢)'라 하는데, 이는 '기울 보(補)', '우리 뢰(牢)'로, 양을 잃은 후에 우리를 깁는다(고친다)는 의미이다. 중국에서는 이 말이 '문제가 발생한 후, 방법을 생각해서 조치하면 더 큰 손실을 피할 수 있다'는 의미로 쓰인다. 달아나는 일을 속되게 '삼십육계(三十六計)'라 하는데, 이 말은 "삼십육계(三十六計) 주위상계(走爲上計)"에서 나왔다. '서른여섯 번째 책략은 도망치는 것이 최고이다'라는 의미이다.

'순망치한(脣亡齒寒)'이라는 말이 있다. 입술이 망하면 이가 차갑다는 뜻으로, 가까운 사이에 있는 하나가 망하면 다른 하나도 그 영향을 받아 온전하기 어려움을 비유적으로 이르는 말이다. '다기망양(多岐亡羊)'이라는 말도 있다. '많을 다(多)', '갈림길 기(岐)'로, 많은 갈림길이 있어 결국 양을 잃고 말았다는 뜻으로 학문의 길이 여러 갈래이어서 진리를 찾기가 어려움을 비유적으로 이르는 말이다. 양을 잃어버린 탄식이라는 '망양지탄(亡羊之歎)'도 같은 의미이다. '제망매가(祭亡妹歌)'는 죽은 누이를 제사지내는(추모하는) 노래라는 의미이다.

명함 名銜

성명과 직함 등을 적은 종이쪽지를 '이름 명(名)', '직함 함(銜)'을 써서 '명함(名銜)'이라 하는데, 이 명함(名銜)은 중국에서 유래되었다고 한다. 누구를 방문해서 못 만나면 이름과 직함을 적어놓고 가고 집에 돌아온 주인이 그것을 보면 바로 그 사람을 찾아가는 것이 행세하는 사람의 법도였다는 것이다. 서양에서도 만나러 간 사람을 못 만나고 돌아올 때에 자기 명함을 남기는 풍습이 있었다고 한다.

명함판 사진은 사진을 인쇄하여 명함을 대신한 19세기 유럽의 풍습에서 유래되었는데, 명함판 사진 유행은 사라졌지만 사진 규격은 지금도 통용되고 있다.

'명(名)'은 이름을 지어준다는 '명령할 명(命)'의 명명(命名), 서류나 문서의 내용을 인정한다며 이름을 적는 '쓸 서(署)'의 서명(署名), 사물을 지정해 부르는 이름인 '제목 목(目)'의 명목(名目)에서는 '이름'이라는 의미이지만, 기능이나 기술 등에서 뛰어난 재주를 가진 사람인 명수(名手), 훌륭하고 이름난 자연 경치인 '뛰어날 승(勝)'의 명승(名勝), 뛰어나게 잘된 악곡인 '노래 곡(曲)'의 명곡(名曲)에서는 '이름난'이라는 의미이고, 5명(名), 10명(名)에서는 '사람의 수효를 나타내는 접미사'이다.

'올릴 양(揚)'을 쓴 '입신양명(立身揚名)'은 몸을 세워 이름을 올린다는 의미로 사회적으로 인정받고 출세하여 이름을 세상에 드날린다는 말이다. '들어맞을 부(符)'를 쓴 '명실상부(名實相符)'는 이름과 실상(實相)이 서로 들어맞는다는 의미로 알려진 것과 실제가 차이 없이 딱 들어맞는다는 의미이다.

'함자(銜字)는?', '성함(姓銜)은?'이라는 말을 듣는 경우가 있는데, 남을 높이어 그의 이름을 일컫는 말이다.

무궁화 無窮花

피고 지고 또 피어 무궁화라 했다. 노래 가사가 그러했다. '없을 무(無)', '다할 궁(窮)', '꽃 화(花)'로, 다함이 없는 꽃이기에 무궁화(無窮花)란다. 아닌 게 아니라 무궁화(無窮花)는 꽃이 피어있는 시간이 길었다. 꽃송이가 오래가기도 했지만 나무 전체의 꽃봉오리가 많았다. 이 꽃봉오리가 지면 저 꽃봉오리가 피어서 나무 전체의 꽃 피어있음이 다함이 없이 길었다.

그렇다면 무등산(無等山)은 왜 무등산일까를 생각해 본다. 등(等)을 찾아보았다. '무리', '같음', '등급', '기다림'의 의미를 지니고 있었다. 무리지음이 없다? 같음이 없다? 등급이 없다? 기다림이 없다?

생각하고 생각하니 답이 나왔다. 1교시 보다 앞선 수업이 0(영)교시이고 1순위 보다 앞선 순위가 0(영)순위인 것처럼, 등급(等)이 없는(無) 산(山), 등급을 정할 수 없는 산, 최고의 산이 무등산(無等山)이었다. 등수를 따질 수가 없을 정도로 훌륭한 산이라 해서 무등산(無等山)이었다.

유비무환(有備無患)이라고 하였다. 미리 준비가 되어 있으면 근심을 당하지 아니하고 준비가 되어 있으면 뒷걱정이 없다는 뜻이다. '있을 유(有)', '준비 비(備)', '없을 무(無)', '근심 환(患)'이다.

'다할 궁(窮)'이고 '궁리할 궁(窮)'이다. 가난하여 살림이 구차함을 '곤궁(困窮)'이라 하고 극도에 달함을 '궁극(窮極)'이라 하며 막다른 골목에서 그 상황을 이겨내려고 생각다 못하여 내는 계책을 궁여지책(窮餘之策)이라 한다. 사물을 처리하거나 밝히기 위하여 따져 헤아리며 깊이 생각함을 '궁리(窮理)'라 한다. 이치를 끝까지 파헤친다는 의미이다.

묵념 默念

순국선열(殉國先烈)에 대한 묵념을 올리자고 하였다. '순국선열'은 '따라죽을 순(殉)', '나라 국(國)', '먼저 선(先)', '절개 굳을 렬(烈)'로, 나라 위해 목숨을 바친 절개가 굳은 선비를 일컫는다. '묵념(默念)'은 눈을 감고 고개를 숙이라는 의미가 아니었다. '말 없을 묵(默)', '생각 념(念)'으로 말 없이 생각하라는, 순국선열에 대해 말 없이 추모하라는 의미였다.

'말 없을 묵(默)'이었다. 말 없는 가운데 마음속으로 서로 약속함을 '묵계(默契)'라 하고 보고도 못 본 체 내버려두거나 의견(意見)이나 제언(提言) 따위를 듣고도 못 들은 체하고 문제 삼지 않음을 '묵살(默殺)'이라 한다. 말없이 지나쳐 버리거나 알고도 모르는 체 넘겨버림을 '묵과(默過)'라 하고 소리 내지 않고 마음속으로 기도하는 일을 '묵도(默禱)'라 한다.

'묵비권(默秘權)이 있다'라는 말을 한다. '말 없을 묵(默)' '숨길 비(秘)' '권리 권(權)'으로 피고(被告)나 피의자(被疑者)가 자기에게 불리한 점에 대해 말하지 아니하고 비밀을 지킬 수 있는 권리(權利)를 말한다. '당할 피(被)', '알릴 고(告)'인 '피고(被告)'는 '알림(고소)을 당한 사람', '의심할 의(疑)'를 쓴 '피의자(被疑者)'는 '의심을 당한 사람'이라는 의미이다.

이제부터라도 묵념(默念)을 묵념답게 해야겠다. 순국선열에 대해 묵념을 할 때에 신발이나 땅바닥에 마음을 두지 말고 순국선열에 대해 추모하고 감사하고 본받겠다는 생각을 하여야겠다.

입을 다문 채 아무 말도 하지 않고 수행(참선)하는 일을 묵언수행(默言修行)이라 한다. 말을 함으로써 짓는 온갖 죄를 짓지 않고 스스로의 마음을 정화시키는 것을 목적으로 한다.

박애 博愛

기독교, 예수님 하면 떠오르는 단어는 '박애(博愛)'이다. 박애(博愛)는 '넓을 박(博)'에 '사랑 애(愛)'로, 널리 사랑한다, 모든 사람을 차별 없이 사랑한다는 의미이다.

박물관(博物館)의 '박(博)'도 '넓을 박(博)'이다. '넓을 박(博)', '사물 물(物)', '집 관(館)'으로 많은 사물이 있는 집, 고고학(考古學)의 자료, 미술품(美術品), 역사적 유물(遺物), 그 밖의 학술적 자료 등을 널리 모아 진열(陣烈)하여 많은 사람들에게 전시(展示)하는 곳이 박물관이다.

'볼 람(覽)'을 쓴 '박람회(博覽會)'는 많은 물건을 볼 수 있는 모임이고 '펼칠 전(展)'을 쓴 '전람회(展覽會)'는 생산물의 개량 발전 및 산업의 진흥을 위해 농업, 상업, 공업 등에 관한 다양한 물품을 모아 펼쳐 놓고 보도록 하는 행사이다.

전문 학술 분야에서, 연구가 깊고 뚜렷한 업적을 이룬 사람에게 대학에서 수여하는 가장 높은 학위, 그 학위를 받은 사람을 '박사(博士)'라 하고, 학문에 대한 소양이 넓고 아는 것이 많음을 '박학다식(博學多識)'이라 하며, 여러 방면으로 널리 알긴 하나 정통하지 못함 또는 널리 알되 능숙하거나 정밀하지는 못함을 '박이부정(博而不精)'이라 한다. 동서(東西) 고금(古今)의 서적(書籍)을 널리 읽고 그 내용을 잘(강하게) 기억(記憶)하고 있음은 '박람강기(博覽强記)'이다.

음(音)은 같은데 의미(意味)는 정반대인 '엷을 박(薄)'이 있다. 학문(學問)이나 생각이 얕음을 '얕을 천(淺)'을 써서 '천박(淺薄)'이라 하고 많지 않은 봉급(俸給)을 '봉급 봉(俸)'을 써서 '박봉(薄俸)'이라 하며 얇은 얼음, 살얼음, 근소한 차이를 '얼음 빙(氷)'을 써서 '박빙(薄氷)'이라 한다. '거칠 야(野)'의 '야박(野薄)'은 야멸차고 인정(人情)이 없다는 의미이다.

방기 放氣

국어사전에 '장(腸)에서 생겨 항문으로 나오는 구린내가 나는 기체'라고 쓰여 있는 '방귀'는 '내쫓을 방(放)', '공기 기(氣)'의 '방기(放氣)'에서 비롯되었고, '(몸에 있는) 공기를 내쫓는다'는 의미이다.

'방(放)'은 '놓다', '내쫓다', '방자하다', '내버려두다'는 의미를 지닌다. 방심(放心)에서는 '놓다', 추방(追放)에서는 '내쫓다', 방탕(放蕩)에서는 '방자하다'는 의미이고, 방임주의(放任主義)에서는 '내버려두다'는 의미인 것이다.

생각나는 대로 거리낌 없이 마구 말하는 것을 방담(放談)이라 하고, 물건을 내놓아 파는 것을 방매(放賣)라 하며, 내버려두는 것을 방치(放置)라 한다. 말이나 행동에 거짓이 많고 착실하지 못함을 '허랑(虛浪)'이라 하고, 주색(酒色)에 빠져 행실이 추저분함을 '방탕'이라 하는데, 이 두 말을 합하여 '허랑방탕(虛浪放蕩)'이라 한다.

일부러 불 지르는 것을 '방화(放火)'라 하고, 가두어 놓았던 물을 터서 흘려보냄을 '방류(放流)'라 하며 다른 것에 정신이 팔려서 마음을 놓아버림을 '방심(放心)'이라 한다. 배우는 것을 놓아 버린다고 해서 방학(放學)인데, 중요한 것은 방학(放學)이 선생님에게 배우는 일을 그만두는 것이지 공부 자체를 그만두는 것이 아니라는 사실이다. 익히고 탐구하고 알아가는 노력은 방학에도 계속되어야 하는 것이다.

'기(氣)'는 '기운', '숨', '자연현상', '기체'의 의미로 많이 쓰인다. '기력(氣力)이 정정하다'고 할 때의 '기(氣)'는 '기운'이라는 의미이고, '놀라서 기절(氣絶)할 뻔했다'라고 할 때의 '氣'는 '숨'이라는 의미이며, '기상관측(氣象觀測)'에서의 '氣'는 '자연현상'이라는 의미이다.

백범일지 白凡逸志

독립운동가이며 정치가인 백범 김구 선생의 친필자서전(親筆自敍傳)에 '백범일지(白凡逸志)'가 있다. '숨을 일(逸)'에 '뜻 지(志)'를 쓴 '일지(逸志)'는 글자 그대로는 '숨은 뜻'이고 국어사전에는 '세속을 벗어난 고결한 뜻'이라고 쓰여 있었다.

'일(逸)'은 '숨다', '달아나다'는 의미라 하였다. 어떤 사건이나 인물에 대해 세상에 널리 알려지지 않은 흥미로운 이야기를 일화(逸話)라 하고 도망쳐 달아남을 일주(逸走)라 한다. 뜻 있는 선비를 지사(志士)라 하고 뜻이 있어 지망(志望)함을 지원(志願)이라 하며 지원(志願)하는 뜻을 적어서 내는 서류(書類)를 지원서(志願書)라 한다.

처음에 세운 뜻을 끝까지 밀고 나감을 '초지일관(初志一貫)'이라 하고 사회사업 따위의 비영리사업이나 뜻있는 일에 특별히 마음을 써서 협력하고 도움 주는 사람을 '도타울 독(篤)'을 써서 '독지가(篤志家)'라 한다.

'입지전적(立志傳的) 인물(人物)'이라는 말을 듣는다. 뜻을 세워 이룬 전기문의 주인공 같은 인물이라는 의미이고 뜻을 세워서 고난을 잘 참고 노력하여 그 뜻을 이룬 사람을 일컫는다. 어떠한 사람에게 잘 보이기 위해서나 특별한 혜택을 받기 위해 뇌물(賂物)로 주는 금품을 '촌지(寸志)'라 하는데, 글자 그대로는 '작은(마디) 뜻'이다.

교사에게 촌지(寸志)를 주는 행위는 어리석음이다. 촌지를 주었다는 이유로 잘못을 지적 받지 못할 것이고, 그 이유로 그 아이는 자신의 잘못을 바로잡을 기회를 가질 수 없기 때문이다.

보우 保佑

"하느님이 보호하사 우리나라 만세"와 "하느님이 보우하사 우리나라 만세" 중에 무엇이 옳은 것인가를 물으니 대다수 학생들이 자신 있게 "하느님이 보우하사 우리나라 만세"가 옳다고 대답하였다. 다행이었고 자랑스러웠다. 그런데 왜 '보호'가 아니고 '보우'가 옳으냐고 물으니, 또 '보우'가 무슨 의미이냐고 물으니 잘 모른다고 하였고 그냥 외웠노라고 대답하였다. 의미에 대한 이해 없이 반복함으로 암기하였노라고 하였다.

'보호할 보(保)', '도울 우(佑)'의 '보우(保佑)'이다. 하느님께서 보호하여 주시는 것뿐 아니라 도와주기까지 하신다는 의미인 것이다. '천우신조(天佑神助)'라는 말이 있다. 하늘(天)이 돕고(佑) 신(神)이 돕는다(助)는 의미이다.

후렴구의 '대한 사람 대한으로 길이 보전하세'를 '대한사람 대한으로 길이 보존하세'로 잘못 알고 있는 사람도 많다. '있을 존(存)'의 '보존(保存)'은 잘 간수하여 남아있게 한다는 의미이고 '온전 전(全)'의 '보전(保全)'은 온전하게 보호한다는 의미이다. 그리고 이 구절은 대한 사람의 대한민국으로 오래도록 보호하여 안전하게 하자, 그러니까 일본인이나 미국인의 대한민국이 아니라 우리 대한민국 사람의 대한민국으로 영원토록 보호하여 안전하게 지켜나가자는 의미인 것이다.

노래 가사에서뿐만 아니라 일상생활에서도 우리는 의미도 모르는 채 어휘를 구사하는 경우가 많다. 국어사전을 친구하는 자세, 무슨 의미인가에 대해 고민하는 자세가 중요하다. 어휘의 정확한 의미를 아는 일은 지식 습득에는 말할 것도 없고 정서 함양에도 매우 중요한 일이기 때문이다.

부부 夫婦

남편과 아내를 뜻하는 '부부'에서, 앞의 '부'와 뒤의 '부'는 다르다. 앞의 부는 '남편 부(夫)'이고 뒤의 부는 '아내 부(婦)'이다. '유부남'은 아내가 있는 남자이니까 '있을 유(有)', '아내 부(婦)'의 유부남(有婦男)이고 '유부녀'는 남편이 있는 여자이니까 '있을 유(有)', '남편 부(夫)'의 유부녀(有夫女)이다.

부부(夫婦)는 한글로는 같고 한자로는 다르다. 그러고 보니 부부는 같기도 하고 다르기도 하다. 같기도 해야 하지만 다르기도 해야 한다. 남의 남편(男便)을 높여서 부군(夫君)이라 하고, 언니의 남편을 형부(兄夫)라 하며, 고모의 남편을 고모부(姑母夫)라 한다.

부창부수(夫唱婦隨)라는 말이 있다. '노래할 창(唱)', '따를 수(隨)'로, 남편이 주장하면 아내가 이에 따른다는 의미이고 가정에서의 부부 화합의 도리를 이르는 말이다. '다를 별(別)'을 쓴 부부유별(夫婦有別)은 부부 사이에는 인륜상 각각 일정한 직분이 있어 서로 침범하지 못할 구별이 있다는 말이다.

멀리 길 떠난 남편을 기다리다 그대로 죽어 돌이 되었다는 전설적인 돌을 '바랄 망(望)'을 써서 망부석(望夫石)이라 한다. '부(夫)'가 '남편'이라는 의미로만 쓰이는 것은 아니다. 농부(農夫), 어부(漁夫), 대장부(大丈夫) 등에서는 '사나이'라는 뜻이다.

둘이 다투는 틈을 타서 엉뚱한 제3자가 이익을 가로챔을 어부지리(漁夫之利)라 한다. 어부(漁夫)의 이익(利益)이라는 의미인데, 물새와 조개가 서로 다툴 때 지나가던 제3자인 어부가 둘을 잡아갔다는 고사에서 나온 말이다.

부활절 復活節

'부활(復活)하신 예수님'이라는 말은 '다시 부(復)', '살 활(活)'로, '다시 살아나신 예수님'이라는 의미이다.

'다시 부(復)'에 '살 활(活)'을 쓴 부활(復活)은 죽었다가 다시 살아나거나, 일단 폐지하였던 것을 다시 쓰거나, 쇠퇴하였던 것을 다시 일으킨다는 의미이다. '흥할 흥(興)'을 쓴 부흥(復興)은 다시 일으켜 흥하게 한다는 의미이다.

'復'는 '다시 부'로도 쓰이지만 '회복할 복', '갚을 복', '돌아갈 복'으로도 많이 쓰인다. 복구(復舊), 복귀(復歸), 복수(復讐), 회복(回復), 왕복(往復) 등이 그 예이다. '옛 구(舊)'를 쓴 복구(復舊)는 옛날로 돌아간다는 의미이고, '돌아갈 귀(歸)'의 복귀(復歸)는 본래 있던 자리나 상태로 돌아간다는 의미이며, '원수 수(讐)'의 복수(復讐)는 원수를 갚는다는 의미이다. 이전 상태로 돌이키는 일을 회복(回復)이라 하고, 갔다가 돌아옴을 왕복(往復)이라 한다.

'활(活)'도, 한 번 사용하고 버리는 글자가 아니라 계속 사용하는 글자, 살아있는 글자라는 의미의 활자(活字)나 살아 움직이는 힘이라는 활력(活力)에서는 '살다'는 의미이지만, 활발한 기운이나 활동적인 원기라는 활기(活氣)에서는 '생기 있다', 이리저리 잘 응용하고 변통하여 돌려쓴다는 활용(活用)에서는 '응용하다'는 의미이다.

'절(節)'의 의미도 다양하다. 절개(節槪)에서는 '당연히 지켜야 할 신의나 신념 등을 지키려는 태도', 절약(節約)에서는 '아끼다', 예절(禮節)에서는 '예의'라는 의미이다. 그리고 부활절(復活節), 광복절(光復節), 개천절(開天節), 삼일절(三一節) 등에서는 '경사스러운 날'이라는 의미이다.

불야성 不夜城

등불이나 네온사인 등이 환하게 켜져 있어 밤중에도 대낮같이 밝은 상태, 환락가나 번화가의 밤 풍경을 '불야성(不夜城)을 이루었다'라고 하는데, '밤 야(夜)', '성 성(城)'으로 '밤(夜)이 없는(不) 성(城)'이라는 의미이다.

밤의 경치를 야경(夜景), 밤에 잠자다가 오줌을 누는 병을 '오줌 뇨(尿)'를 써서 야뇨증(夜尿症), 밤의 어두운 때를 '어두울 음(陰)'을 써서 야음(夜陰)이라 한다. 밤에 학업을 이수(履修)하는 과정은 야학(夜學)이다.

야경국가(夜警國家)가 있다. 밤에만 경찰이 필요한 국가라는 의미로 국가의 임무는 국방과 치안 유지에만 국한되고 그 밖의 것은 자유방임(自由放任)하는 나라를 가리킨다.

나라를 지키는 군인을 '간성(干城)'이라 하는데, 이는 '방패 간(干)', '성 성(城)'으로 '방패와 성벽'이라는 의미이다. 성문(城門)을 굳게 닫고 성을 지키거나 어떠한 목적 아래 한 자리에 머물며 버티는 일을 농성(籠城)이라 하는데, '바구니 롱(籠)'으로 어떤 목적을 이루기 위하여 바구니처럼 성을 빙 둘러쌓고 머물면서 항의하였다는 의미이다.

성곽의 중심부, 또는 조직이나 단체 등의 중심을 '아성(牙城)'이라 하는데 '어금니 아(牙)'로, 어금니처럼 단단한 성(城)이라는 의미이다. 매우 튼튼히 둘러싼 것이나 그러한 상태를 비유하여 '철옹성(鐵甕城)'이라 하는데 '쇠 철(鐵)', '항아리 옹(甕)'으로 무쇠로 만든 항아리처럼 튼튼히 쌓은 산성(山城)이라는 의미이다.

'성 성(城)'과 비슷한 글자에 '이룰 성(成)', '성할 성(盛)', '정성 성(誠)', '밝을 성(晟)'이 있다.

불혹 不惑

40의 나이를 '의심할 혹(惑)'을 써서 '불혹(不惑)'이라 하는데, 공자가 40세에 이르러서야 비로소 세상일에 미혹되지 않았다는 데서 나온 말이다. 나이 40이 되기 전에는 세상일에 정신을 빼앗겨 갈팡질팡하거나 잘못된 판단을 하는 일이 많다는 의미에서 했던 말인 것 같다.

공자는 논어(論語)에서 일생을 회고하며 자신의 학문수양 발전 과정에 대해 말하였는데, "나는 15세가 되어 학문에 뜻을 두었고(五十有五而志于學), 30세에 학문의 기초를 확립했으며(三十而立), 40세가 되어서는 미혹되지 않았고(四十而不惑), 50세에는 하늘의 명을 알았다(五十而知天命), 60세에는 귀가 순하여져서 남의 말을 순순히 받아들일 수 있었고(六十而耳順), 70세에는 마음이 하고자 하는 바를 좇아도 법을 넘지 않았다(七十而從心所欲不踰矩)"가 그것이다. 이 말에서 열다섯을 '지학(志學)', 서른을 '이립(而立)', 마흔을 '불혹(不惑)', 오십을 '지천명(知天命)', 예순을 '이순(耳順)'이라고 하게 된 것이다.

70을 '고희(古稀)'라고 하는데, 당나라 시인 두보(杜甫)의 '인생칠십고래희(人生七十古來稀)'에서 유래한 말이다. 인간이 70까지 사는 일은 예로부터 드문 일이었다는 의미이다.

의심하여 수상하게 여김을 의혹(疑惑), 남을 꾀어서 정신을 어지럽게 함을 유혹(誘惑), 어지럽게 하여 홀리게 함을 '아찔할 현(眩)'을 써서 현혹(眩惑)이라 한다. 일을 당하여 정신이 헷갈려 어리둥절함을 당혹(當惑), 세상을 어지럽히고 백성을 속이는 것을 혹세무민(惑世誣民)이라 한다.

젊은이들의 실수, 어리석은 생각, 제멋대로 행동함에 대해 이해할 수 있어야 한다. 공자도 40살에 이르러서야 미혹되지 않았음을 생각하면서.

불후의 명작 不朽名作

'명작(名作)'이 이름 있는(훌륭한) 작품이라는 것은 누구나 아는 사실인데 '불후'의 의미가 무엇일까에 대한 생각은 이제야 해 본다. '아니 불(不)', '뒤 후(後)'로, '뒤에는 없다'라는 생각이 들긴 했지만. '아니 불(不)'은 맞지만 '뒤 후(後)'가 아니라 '썩을 후(朽)'였다. '썩지 아니할', '훌륭하여서 그 가치가 변하거나 없어지지 아니할'이라는 의미였다. 물건이나 시설 등이 오래되고 낡아 사용하기 어려운 상태를 노후(老朽)라 하고 오래 되어 빛깔이 변하고 낡고 썩어서 못 쓰게 됨을 후락(朽落)이라 한다.

'명(名)'은 '이름'이라는 의미로 많이 쓰이지만 '이름난', '유명한'이라는 의미로도 쓰이고 숫자 아래에서는 '단위(명)'로 쓰인다. 자기를 드러내지 않기 위해 이름을 밝히지 않는 상태인 '숨을 익(匿)'의 익명(匿名), 자기의 이름을 문서에 써넣거나, 서류나 문서의 내용에 찬동하거나 인정하는 의미로 자기 이름을 적는 일인 '쓸 서(署)'의 서명(署名), 더러워진 명예나 평판인 '더러울 오(汚)'의 오명(汚名), 성명, 주소, 직업, 신분, 전화번호 등을 적은 종이쪽지인 '직함 함(銜)'의 명함(名銜), 명부에서 이름을 빼어버리는 일인 '버릴 제(除)'의 제명(除名)에서는 '이름'의 의미이지만, 이름난 의사(醫師)를 일컫는 명의(名醫), 세상 사람들로부터 받은 높은 평가와 이에 따르는 영광인 명예(名譽), 훌륭하고 이름난 경치인 명승(名勝) 등에서는 '이름난', '유명한'이라는 의미이다.

명불허전(名不虛傳)이라는 말이 있다. 이름은 헛되이 전(傳)해지는 법이 아니라는 뜻으로, 명성이나 명예가 널리 알려진 데는 다 그럴 만한 이유가 있다는 말이다. 인사유명(人死留名)이라는 말도 있다. 사람은 죽어서 이름을 남긴다는 뜻으로, 사람의 삶이 헛되지 아니하면 그 이름이 길이 남는다는 말이다.

비목 碑木

초연이 쓸고 간 깊은 계곡, 깊은 계곡 양지 녘에 비바람 긴 세월로 이름 모를 이름 모를 비목이여, 먼 고향 초동친구 두고 온 하늘가 그리워 마디마디 이끼 되어 맺혔네.

'비목', '초연', '초동친구', 몰라도 상관없다고 이야기하는 사람도 있겠지만 노래를 노래답게 부르고 싶다면 아는 것이 좋다. 의미를 알아야만 노래를 완전하게 부를 수도 있고 감상할 수도 있기 때문이다.

'비(碑)'는 원래 어떤 인물이나 공적을 기념하기 위하여 돌에 글자를 새겨서 세워놓은 물건이다. '돌 석(石)'이 들어간 것만 보아도 알 수 있듯 원래는 돌로 만들어야 정상이다. 그러나 돌이 아닌 나무에 글자를 새겼기에 '비석(碑石)'이 아닌 '비목(碑木)'이다. 죽은 이의 신원(身元) 따위를 새겨 무덤 앞에 세우는 나무로 만들었던 비(碑)가 비목(碑木)이었던 것이다. 비목을 만든 것은 돌에 글자를 새길 수 없는 상황, 즉 전쟁 중이었기에 어쩔 수 없이 나무를 깎아 거기에 글자를 새겼던 것이리라.

'초연(硝煙)'은 '초석 초(硝)'에 '연기 연(煙)'인데, '초석'은 화약 및 폭발물질을 만드는 원료로 쓰이는 광석이다. 그러니까 '초연(硝煙)'은 '화약 연기'인 것이다.

'초동 친구'에서 '초'는 '땔나무할 초(樵)'이고 '동'은 '아이 동(童)'으로 함께 땔나무를 하였던 어릴 적 친구이다.

이제 의미를 생각하며 노래를 불러본다. 웃으면서 불러서는 안 되겠지. 의미를 안다면 웃음이 나오지 않을 것이겠지만.

사각지대 死角地帶

'복지 사각지대', '운전 사각지대'라는 말을 듣는다. '죽을 사(死)', '구석 각(角)'을 쓴 '사각(死角)'은 글자 그대로는 죽은 구석지의 땅이라는 의미이다. 군사 용어로는 '사정(射程) 거리 안에 있지만 장애물 때문에 총알이 미치지 못하는 범위'이지만 보통은 '가까운 곳이면서도 눈길이나 영향이 미치지 못하는 범위'를 가리킨다.

'죽을 사(死)'는 죽기를 무릅쓰고 쓰는 힘인 사력(死力), 목숨을 걸고 지키는 일인 사수(死守), 죽고 사는 것은 운명에 달려 있다는 '사생유명(死生有命)', 먹으면 죽는 독약인 사약(死藥), 죽은 사람과 다친 사람을 일컫는 사상자(死傷者) 등에 쓰인다.

'각(角)'이 '뿔'의 의미로 쓰이지만 '다투다', '각도', '뿔피리' 등의 의미로도 쓰인다. 사슴의 뿔을 녹각(鹿角), 서로 다투며 쫓아다님을 각축(角逐), 예리한 각이라는 뜻으로 직각보다 작은 각을 '날카로울 예(銳)'의 예각(銳角), 90도와 180도 사이의 각을 '무딜 둔(鈍)'의 둔각(鈍角), 북과 나발을 '북 고(鼓)'를 써서 고각(鼓角)이라 하는 것 등이 그 예이다.

쓰이지 않는 법령이나 문서를 '사문(死文)', 여러 차례 죽을 고비를 겪고 겨우 살아남음을 '구사일생(九死一生)', 세 남녀, 세 사람, 세 단체 사이의 관계를 '삼각관계(三角關係)'라 한다.

토사구팽(兎死狗烹)이라는 말이 있다. '토기 토(兎)', '죽을 사(死)', '개 구(狗)', '삶을 팽(烹)'으로, 토끼를 잡으면 (사냥)개를 (쓸모없어졌다 하여) 삶아 먹는다는 뜻으로 필요할 땐 요긴하게 써 먹고 쓸모가 없어지면 가혹하게 버린다는 말이다.

사이비 似而非

'사이비'라 했고 '돌팔이'라고도 하였다. 둘 다 '가짜'라는 의미인 줄은 알 수 있었지만 정확한 의미를 알고 싶은 마음에 국어사전을 펼쳤다. '같을 사(似)', '말 이을 이(而)', '아닐 비(非)'였다. '같다 그러나 (완전히) 같은 것은 아니다'는 의미로 겉으로는 비슷하지만 본질은 완전히 다른, 가짜라는 의미였다.

완전히 다르면 사이비도 못된다. 어느 정도 같으니까 사이비라도 된다. 그렇기 때문에 나는 사이비 의사가 아니다. 사이비 선생이 될 수 있을지는 몰라도.

'같을 사(似)'라고 하였다. 거의 똑같을 정도로 비슷한 상황을 '흡사(恰似)', 꿈이 아닌 것 같기도 하고 꿈인 것 같기도 한 상태를 '비몽사몽(非夢似夢)', 서로 비슷한 것을 '유사(類似)'라 한다.

춘래불사춘(春來不似春)이라는 말이 있다. '봄 춘(春)', '올 래(來)', '아닐 불(不)', '같을 사(似)', '봄 춘(春)'으로, 봄이 왔지만 봄 같지 않다는 의미이다. 좋은 시절이 왔지만 마음이나 상황은 그렇지가 못함을 일컫는 말이다.

'비(非)'는 '아니다'라는 의미로 많이 쓰이지만 '비방하다'는 의미로 쓰이기도 한다. 이치에 어긋나거나 도리에 맞지 않는 일을 '비리(非理)'라 하고 남의 허물을 드러내거나 꼬집어 나쁘게 말함을 '비난(非難)'이라 하며 옳으니 그르니 하는 말다툼을 '시비(是非)'라 한다.

사상이나 학술 따위의 중심에서 벗어난 흐름이나 경향을 '비주류(非主流)', 정상적인 상태가 아님을 '비상(非常)', 세금을 매기지 않음을 '비과세(非課稅)'라 한다.

사임 辭任

사임(辭任) 의사를 밝혔다는 뉴스를 만나곤 하는데, '사양할 사(辭)', '맡을 임(任)'의 '사임(辭任)'은 맡고 있던 일을 사양하여 그만 둔다는 의미이다.

'사(辭)'는 '말하다'는 의미와 '사양하다'는 의미로 쓰인다. 어휘를 일정한 순서로 싣고 그 발음, 의미, 어원을 해설한 책을 사전(辭典), 하고자 하는 말이나 편지의 내용을 사연(辭緣), 잔소리로 늘어놓는 말을 사설(辭說)이라 하는데, 이때는 '말하다'는 의미이고, 겸손하여 응하지 아니하거나 받지 아니한다는 사양(辭讓), 그만두겠다는 뜻을 적어서 내는 문서인 사표(辭表), 사퇴한다는 뜻인 사의(辭意)에서는 '사양하다'는 의미이다.

'임(任)'은 간섭하지 아니하고 내버려둔다는 방임(放任), 자기 뜻대로 하는 일이라는 임의(任意)에서는 '내버려두다'는 의미이지만 일정한 책임을 맡아보는 기간인 임기(任期), 직무를 맡겨서 등용한다는 임용(任用), 맡아서 해야 할 임무나 의무인 책임(責任)에서는 '맡다', '맡기다'는 의미다.

아름다운 말과 글귀를 미사여구(美辭麗句)라 하고, 굳게 사양함을 '단단할 고(固)'를 써서 고사(固辭)라 하며, 그 자리나 직위에 그대로 머물러 있음을 '머무를 유(留)'를 써서 유임(留任)이라 한다. 맡긴 임무를 내놓게 함은 '풀 해(解)'의 해임(解任)이다. 임명을 받아 임지로 가는 일은 '나아갈 부(赴)'의 '부임(赴任)'이고 임무에서 물러남은 '물러날 퇴(退)'의 '퇴임(退任)'이다.

배임수뢰(背任受賂) 혐의로 구속되었다는 뉴스를 만나기도 한다. '배반할 배(背)', '받을 수(受)', '뇌물 뢰(賂)'로, 본분의 임무를 배반하고 뇌물(賂物)을 받았다는 의미이다.

삼강오륜 三綱五倫

삼강오륜(三綱五倫)에서 삼강이 무엇이냐고 학생들에게 물으니 군위신강(君爲臣綱), 부위자강(父爲子綱), 부위부강(夫爲婦綱)이라 대답하였다. '삼강'에서 '강'이 무슨 의미냐고 하니까 생각해 보지도 않았단다.

'벼리 강(綱)'이다. '벼리'는 원래 그물의 위쪽에서 코를 꿰어 오므렸다 폈다 하는 줄을 가리키는데, '벼리'가 잘못되면 그물 전체가 쓸모없게 되기 때문에 그물에서 가장 중요한 부분이 바로 이 '벼리'이다. 그렇기 때문에 일이나 글에서 가장 핵심이 되고 뼈대가 되는 것을 이 벼리에 비유하는 것이다.

삼강(三綱)은 유교 도덕의 기본이 되는 세 줄거리이다. 임금은 신하의 벼리(근본, 핵심)가 되어야 한다는 말이 '군위신강(君爲臣綱)', 아버지는 자식의 근본이 되어야 한다는 말이 '부위자강(父爲子綱)', 남편은 아내의 근본이 되어야 한다는 말이 '부위부강(夫爲婦綱)'이다. 그물의 벼릿줄과 옷깃처럼 중요한 것이라는 의미로 일의 으뜸 되는 큰 줄거리를 '강령(綱領)'이라 하고 근본이 되는 중요사항이나 골자를 '요강(要綱)'이라 한다.

오륜(五倫)은 다섯 가지의 인륜, 즉 사람으로서 마땅히 지켜야 할 도리인데, 부모와 자식 사이에는 친함이 있어야 한다는 부자유친(父子有親), 임금과 신하 사이에는 의로움이 있어야 한다는 군신유의(君臣有義), 남편과 아내 사이에는 구별됨이 있어야 한다는 부부유별(夫婦有別), 어른과 아이 사이에는 순서가 있어야 한다는 장유유서(長幼有序), 친구 사이에는 믿음이 있어야 한다는 붕우유신(朋友有信)이 그것이다.

인간의 도리에 어긋남을 '어그러질 패(悖)'를 써서 패륜(悖倫)이라 하고 부자(父子), 형제(兄弟) 사이에 마땅히 지켜야 할 도리를 천륜(天倫)이라 한다.

삼진 三振

타자(打者)에게는 가장 치욕적이지만 투수(投手)에게는 가장 영예로운 것이 '삼진(三振)'이다. 야구에서 세 번의 스트라이크로 아웃되는 것을 일컫는데, '석 삼(三)', '떨 진(振)'으로 마음이 놀라서 세 번 떨었다는 의미이다.

들판에서 하는 경기이기에 '들 야(野)'의 '야구(野球)'이고, 던지는 선수이기에 '던질 투(投)'의 '투수(投手)'이며, 공을 잡는 선수이기에 '잡을 포(捕)'의 '포수(捕手)'이다.

'삼(三)'은 세 사람 다섯 사람이란 뜻으로 사람이나 집 등이 여기저기 흩어져 있음을 나타낸 삼삼오오(三三五五), 세 사람이 거짓말로 거리에 호랑이가 나왔다고 하면 믿게 된다는 뜻으로 근거 없는 말도 여럿이 하면 사람들이 믿게 된다는 삼인성호(三人成虎), 자주(하루 3번이니까) 자신의 행위를 반성한다는 삼성(三省), 죽은 지 사흘 만에 장사(葬事)지내는 일인 삼일장(三日葬) 등에 쓰인다.

'진(振)'은 떨쳐 일으킨다는 진작(振作), 학술이나 산업 따위가 떨쳐 일어나거나 떨쳐 일으킨다는 진흥(振興), 세력이 떨치지 못하거나 일이 잘 되어 가지 못한다는 부진(不振)에서처럼 '떨치다'는 의미로 많이 쓰이지만, 시계추처럼 일정한 주기로 움직이는 물체인 진자(振子), 흔들려 움직인다는 진동(振動)에서는 '움직이다'는 의미다.

'독서삼도(讀書三到)'라는 말이 있다. 구도(口到), 심도(心到), 안도(眼到)가 그것인데, 입, 마음, 눈이 책에만 이르러야 한다는 의미이다. 글을 읽어서 그 참뜻을 이해하려면 입도 마음도 눈도 오로지 글 읽기에 집중하여야 한다는 말인 것이다.

상봉 相逢

'이산가족(離散家族) 상봉(相逢)'을 이야기하고 서울에서 고향 친구를 상봉하였다고도 한다. '서로 상(相)', '만날 봉(逢)'의 상봉(相逢)은 서로 만난다는 의미이다. '서로 상(相)'이다. 그런데 '상(相)'에는 '서로'라는 의미뿐만 아니라 '모습', '재상'이라는 의미도 있다.

두 사람이나 사물이 서로 맞지 않거나 마주치면 서로 충돌하는 상태인 '상극(相剋)', 서로 마주 대한다는 상대(相對), 살갗과 뼈가 서로 만날 정도로 살이 빠지고 말랐다는 '피골상접(皮骨相接)'에서는 '서로'라는 의미이지만, '재상(宰相)'의 높임말인 '상공(相公)', 나아가서는 장수(將帥)요 들어와서는 재상(宰相)이라는 뜻으로 문무(文武)를 겸하여 장수와 재상의 벼슬을 두루 지냄인 '출장입상(出將入相)', 나라가 어려우면 어진 재상을 생각한다는 '국난사양상(國難思良相)'에서는 '재상'이라는 의미이다.

'봉(逢)'은 '만나다'는 의미이다. 맞닥뜨림을 봉착(逢着)이라 하고, 욕된 일 당함을 봉욕(逢辱)이라 하며, 남에게 욕을 당하거나 뜻밖의 재난 당함을 봉변(逢變)이라 한다. 변화를 만났다는 의미이다.

봉(夆)은 '받들 봉'인데, '뫼 산(山)'이 더해지면 '봉우리 봉(峰, 峯)'이고, '벌래 충(虫)'이 더해지면 '벌 봉(蜂)'이며, '실 사(糸)'와 만나면 '꿰맬 봉(縫)'이다. '사람 인(亻)'과 만나면 '급료 봉(俸)'이고, '나무 목(木)'과 만나면 '몽둥이 봉(棒)'이며, '풀 초(艹)'와 만나면 '쑥 봉(蓬)'이다.

상사병 相思病

이성(異性)을 생각하여 잊지 못해 생기는 병을 '상사병(相思病)'이라 한다. '상대 상(相)', '생각할 사(思)', '병 병(病)'으로 상대(어떤 이성)를 그리워한 나머지 생긴 병이라는 의미이다.

'상사'도 동음이의어가 많다. 서로 비슷하다는 '서로 상(相)', '같을 사(似)'의 상사(相似), 국군 하사관 계급의 하나인 '선비 사(士)'의 상사(上士), 자기보다 벼슬이 위인 사람인 '벼슬 사(司)'의 상사(上司), 상품의 유통에 관한 사업을 하는 기업인 '장사 상(商)', '회사 사(社)'의 상사(商社), 보통으로 있는 일인 '보통 상(常)'의 상사(常事), 초상(初喪)이 난 일인 '죽을 상(喪)'의 상사(喪事) 등이 그것이다.

'상(相)'에는 '서로', '모습', '재상'이라는 의미가 있다. 상호(相互), 상대(相對), 상부상조(相扶相助), 상견례(相見禮) 등에서는 '서로'라는 의미이지만, 사물의 참된 내용이나 모습을 일컫는 진상(眞相), 손금의 모양이나 손의 생김새로 운수나 길흉을 판단하는 수상(手相)에서는 '모습'이라는 의미이다. 그리고 상공(相公), 재상(宰相), 수상(首相)에서는 '벼슬아치'의 의미이다.

'따를 종(從)'을 쓴 상종(相從)은 서로 따르며 의좋게 지낸다는 의미이고, '이길 극(剋)'을 쓴 '상극(相剋)'은 두 사람 또는 사물이 서로 맞지 않거나 마주치면서 서로 충돌하는 상태라는 의미이며, '비빌 괄(刮)', '대할 대(對)'를 쓴 '괄목상대(刮目相對)'는 (현실이 아닌 것 같아서) 눈을 비비면서 상대방을 대한다(다시 바라본다)는 의미로 남의 학식이나 재주가 부쩍 늘었을 때 쓰는 표현이다.

선량 選良

국회의원 총선거(總選擧)에서 선량(善良)하고 능력 있는 선량(選良)들이 뽑히기를 소망해 보지만 결과를 보면 잘못된 선택이었다는 생각을 하게 되는 경우가 너무 많다. '선량'에는 '착하고 어질다'는 '선량(善良)'과 '선출된 인재'라는 '선량(選良)'이 있다. 국회의원의 또 다른 이름인 '선량'은 뽑힌 인재라는 의미의 '선량(選良)'이다.

'가리다', '뽑다'는 의미를 지닌 '선(選)'은 많은 사람 가운데에서 적당한 사람을 뽑아내는 일인 '선거(選擧)', 어떠한 기술에 뛰어나 여럿 가운데에서 뽑힌 사람이라는 '선수(選手)', 선거나 심사에서 뽑힌다는 '당선(當選)' 등에 쓰인다.

선거에서 뽑힘을 피선(被選)이라 하고 공(功) 들여 좋은 것을 골라 뽑는 일을 '정선(精選)'이라 하며 특별히 골라 뽑음, 입선작(入選作) 중 특히 우수한 작품을 '특선(特選)'이라 한다.

'량(良)'은 지체가 있는 좋은 집안인 '양가(良家)', 건전한 사고방식이나 판단력인 '양식(良識)', 사람으로서 마땅히 가져야 할 바르고 착한 마음인 '양심(良心)' 등에서처럼 '좋다', '어질다'는 의미로 많이 쓰인다.

매우 좋음을 양호(良好)라 하고 좋은 바탕을 양질(良質)이라 하며 좋은 약은 입에는 쓰다는 의미로, 충고하는 말은 귀에 거슬리나 결국은 유익함을 '양약고어구(良藥苦於口)'라 한다.

선거나 심사 등에서 뽑히지 못하고 떨어진 사람을 낙선자(落選者)라 하고, 정당의 공직 후보 선출 제도 또는 선거를 경선제(競選制)라 하며, 여럿 가운데서 쓸 것은 골라 쓰고 버릴 것은 버림을 취사선택(取捨選擇)이라 한다. 나라에서 뽑음은 국선(國選)이고, 어떤 직책의 사람을 국가 기관에서 뽑음은 관선(官選)이다.

소면 素麵

고기를 먹고 나면 종업원이 '밥'과 '소면' 중에 무엇을 먹을 것이냐고 묻는 경우가 있다. '소면'을 '작을 소(小)'의 '소면(小麪)'으로 생각하는 사람이 있는데, 작거나 가느다란 면(麵)이어서 소면이라 하는 것이 아니라 '채식 소(素)', '밀가루 면(麵)'으로 고기 없이 채소류로만 만든 밀가루 음식(국수)이라 해서 '소면(素麵)'이다.

흔히 '흴 소'라고 부르는 '素'는 '소복(素服)'에서처럼 '희다'는 의미로도 쓰이지만 '질박하다', '바탕', '본디', 그리고 '채소'라는 의미로도 쓰인다. '소박(素朴)'은 꾸밈없이 그대로라는 의미이고, 소양(素養)은 평소(平素)에 닦아 쌓은 교양(教養)이라는 의미이다. 바탕이 되는 재료이기에 소재(素材)이고, 본디부터 가지고 있는 성질이기에 소질(素質)이며, 고기나 생선 없이 채소만으로 된 반찬이기에 소찬(素饌)이다.

형태(形態)와 명암(明暗)을 위주로 하여 단색으로 그린 그림을 데생 또는 소묘(素描)라고 하는데, 이는 단순하게 그린 그림이라는 의미이다. 2, 3, 5, 7, 11처럼 1과 그 수 자신 외의 정수(整數)로는 똑 떨어지게 나눌 수 없는 정수를 '소수(素數)'라 하는데, 이는 '바탕이 되는 수'라는 의미이다.

차가운 국 등에 말아서 먹는 국수이기에 '찰 랭(冷)'의 냉면(冷麪)이고, 고기와 채소를 삶아서 볶은 중국 된장에 비볐기에 '삶을 자(煮)', '된장 장(醬)'의 자장면(煮醬麵)이다. 더운 장국에 만 국수는 '따뜻할 온(溫)'의 온면(溫麵)이다.

소인 消印

몇 월 몇 일자 소인(消印)까지 유효하다는 이야기를 듣는다. 우표(郵票) 및 수입인지(收入印紙)에 찍는 도장을 소인(消印)이라 하는데, '사라질 소(消)', '도장 인(印)'으로, 가치를 사라지게 하는 도장이라는 의미이다. 그렇기 때문에 소인(消印)이 찍히면 우표나 수입인지의 가치는 없어지는 것이다.

'소(消)'는 '사라지게 한다'는 의미이다. 독성(毒性)을 사라지게 한다고 해서 소독(消毒)이고, 하루하루를 보낸다 해서 소일(消日)이며, 사라지게 하고 물리쳐버린다 해서 소각(消却)이다.

돈이나 물건 또는 시간이나 노력 등을 써서 없애버린다 해서 소비(消費)이고 사라져 없어진다 해서 소멸(消滅)이다. '사라지게 할 소(消)', '막을 방(防)', '관청 서(署)'의 소방서(消防署)는 불을 사라지게 하고 화재나 사고를 예방하는 관청이다.

운동이나 자연 관찰을 겸하여 야외(野外)로 놀러 가는 일을 '소풍(消風)'이라 하는데, '갑갑한 마음을 사라지게 하기 위하여 바람을 쐰다'는 의미이다. '소화(消化)'는 먹은 음식을 사라지게 하고 변화시킨다는 의미인데, 배운 것을 잘 익혀서 자기 것으로 만든다는 의미까지 확대되었다.

'인(印)'은 '도장'이라는 의미와 '찍다'는 의미로 쓰인다. '서명 날인해 주십시오'라는 말을 듣는다. '쓸 서(署)', '이름 명(名)'의 서명(署名)은 이름을 펜으로 쓴다는 의미이고, '손으로 누를 날(捺)'에 '도장 인(印)'을 쓴 날인(捺印)은 도장을 손으로 눌러서 찍는다는 의미이다. 글이나 그림 사진을 종이나 기타 물체의 겉면에 옮겨 찍어서 여러 벌의 복제물을 만드는 일을 인쇄(印刷)라 하고, 도장 찍을 때 묻히는 붉은 색 재료를 '붉을 주(朱)'를 써서 인주(印朱)라 한다.

수양 收養

'수양(收養)딸로 며느리 삼기'라는 속담이 있다. 경위를 가리지 않고 제 편할 대로만 일을 처리함을 이르는 말이다.

몸과 마음을 단련하여 품성, 지혜, 도덕을 닦는다는 '닦을 수(修)', '기를 양(養)'의 '수양(修養)'도 있지만, 앞에서 말한 '수양(收養)'은 '거둘 수(收)', '기를 양(養)'으로, 남의 자식을 거두어서 제 자식처럼 기른다는 말이다. 낳지는 않았지만 데려다가 길러준 부모를 수양부모(收養父母)라 하고, 낳은 아들이 아닌데 데려다 기른 아들을 수양아들이라 한다.

'거둘 수(收)'는 감방(監房)에서 거두어들인다는 의미로 가두는 행위인 수감(收監), 어수선하게 흐트러진 물건들이나 마음을 거두어들이는 일인 수습(收拾), 물건을 박탈하는 형벌인 몰수(沒收) 등에 쓰인다.

외국에서 물품, 사상, 문화를 들여옴은 '실어낼 수(輸)'의 수입(輸入)이고, 개인이나 기업 등이 돈이나 물건 따위들을 벌어들이거나 거두어들이는 일은 '거둘 수(收)'의 수입(收入)이다. 책이나 문서에 기록하여 넣거나 모아서 싣는 일은 '기록할 록(錄)'을 써서 수록(收錄)이라 하고, 거두어들이거나 걷어치우는 일은 '거둘 철(撤)'을 써서 철수(撤收)라 하며, 수입과 지출의 셈을 맞추어 보는 일은 '줄 지(支)', '때릴 타(打)'를 써서 수지타산(收支打算)이라 한다.

'민심(民心)을 수습(收拾)해야 한다'라는 말을 듣는다. '백성 민(民)', '마음 심(心)', '거둘 수(收)', '주울 습(拾)'으로, 절망에 빠지고 화난 백성들의 마음을 거두어 주워서 바로잡아 편안하게 해 준다는 의미이다.

숙원 宿願

"조국의 평화통일(平和統一)은 우리 민족의 숙원(宿願)이다"라는 말을 자주 듣는다. '오랠 숙(宿)', '미워할 원(怨)'을 쓴, 오래 묵은 원한이라는 숙원(宿怨)도 있지만, 앞에서의 '숙원'은 '오랠 숙(宿)', '원할 원(願)'으로 '오랫동안 원했던 바', '오랫동안 바라던 소원'이라는 의미이다.

'숙환(宿患)으로 돌아가셨다', '숙취(宿醉)에는 무엇이 좋다'는 말을 듣는데, 모두 '오랠 숙(宿)'이다. 오래된 병을 숙환(宿患)이라 하고 오래 깨지 않는 취한 기운을 숙취(宿醉)라 한다. 단어(單語)를 이야기하고 숙어(熟語)를 이야기하는데, 일정한 뜻과 구실을 가지는 말의 최소 단위를 단어(單語)라 하고, 둘 이상의 낱말이 합해져 하나의 낱말과 같은 구실을 하는 말을 '익은 말, 사람들 사이에서 익숙하게 된 말'이라는 의미로 '익을 숙(熟)'을 써서 숙어(熟語)라 한다.

'숙(宿)'은 숙박(宿泊), 숙식(宿食), 숙소(宿所), 노숙(露宿), 여인숙(旅人宿)에서처럼 대부분 '묵다', '잠자다'는 의미로 쓰이지만, 직장 등에서 잠을 자면서 밤을 지키는 일인 숙직(宿直)에서는 '지키다', 오래전부터의 원수라는 숙적(宿敵), 오래 두고 해결해야 될 문제라는 숙제(宿題), 오래된 병(病)인 숙환(宿患)에서는 '오래된'이라는 의미이다.

한데서 잠을 자는 사람을 '노숙자(露宿者)'라 하는데, 이때의 '노'는 '길 로(路)'가 아닌 '드러낼 노(露)'이다. '한데서 몸을 드러내 놓고 잠자는 사람'이라는 의미이다. 오랜 동안 경험을 쌓아 익숙함은 '노련할 로(老)', '익숙할 숙(熟)'의 '노숙(老熟)'이다.

시사 示唆

'출마를 시사했다', '어렵게 출제할 것임을 시사했다'는 등의 뉴스를 접하곤 한다. '시사'는 '보일 시(示)', '넌지시 알릴 사(唆)'로, 미리 암시하여 넌지시 알려 준다는 의미이다. 그때그때의 세상 정세나 일어난 일이라는 의미를 지닌 '때 시(時)', '사건 사(事)'를 쓴 '시사(時事)'나, 영화를 개봉하기 전에 시험적으로 기자나 평론가 등에게 상영해 보여 주는 일인 '시험할 시(試)', '사진 사(寫)'의 '시사(試寫)'와 구별해야 한다.

'示'는 '보이다'와 '지시하다'는 의미를 지닌다. 모범 보여줌을 '시범(示範)', 위력(威力)이나 기세를 드러내 보임을 '시위(示威)', 관청에서 여러 사람에게 알릴 것을 글로 써서 게시함을 '고시(告示)', 넌지시 깨우쳐 줌을 '암시(暗示)'라 하는데, 이때의 '시(示)'는 모두 '보이다'는 의미이다. 명령이나 통지 등을 상부에서 하부로 문서로써 전하여 알림을 '시달(示達)', 지적하여 명령함을 '지시(指示)'라 하는데, 이때의 '示'는 '지시하다'는 의미이다.

어떤 뜻을 글이나 말로 드러내어 보이거나 가리킴은 '끌 제(提)'의 제시(提示)이고 위력(威力)이나 기세를 드러내어 보임은 '협박할 위(威)'의 시위(示威)이며 여러 사람에게 알리기 위해 써서 내붙임은 '걸 게(揭)'의 게시(揭示)이다. 분명(分明)하게 드러내 보이거나 가리킴은 '밝을 명(明)'의 명시(明示)이다.

말로 하지 않고 마음에서 마음으로 전하는 일을 염화시중(拈華示衆)이라 하는데, '잡을 염(拈)', '꽃 화(花)', '볼 시(示)', '무리 중(衆)'으로 꽃을 잡고 무리를 보았다는 뜻이고, 말이 아닌 마음으로 뜻을 전하였다는 의미이다. 말이나 글에 의하지 않고 마음으로 뜻을 전하는 경우에 쓰는 말이다.

시청자 視聽者

텔레비전을 보는 사람은 시청자라 하고 라디오를 듣는 사람은 청취자라 한다. '볼 시(視)', '들을 청(聽)', '사람 자(者)'로, 보고 듣는 사람이라 해서 시청자(視聽者)이고, '들을 청(聽)', '취할 취(取)', '사람 자(者)'로, 들어서 취하는 사람이라 해서 청취자(聽取者)이다. 애청자(愛聽者)는 듣기를 사랑하는 사람이라는 의미이다. '者'를 보통 '놈 자'라고 하는데 기분 나빠할 필요가 없다. '놈'이 지금은 낮춤말이지만 옛날에는 지금의 '사람'과 똑같은 의미의 평어(平語)였으니까.

볼 시(視)엔 볼 견(見)이, 들을 청(聽)엔 귀 이(耳)가 들어 있음을 주목해 볼 필요가 있다. 부분을 보면 전체를 대충은 알 수 있는데, 한자 역시 마찬가지이다. 나무 목(木)이 들어간 글자는 모두 나무와 관계가 있고, 쇠 금(金)이 들어간 글자는 모두 쇠, 금, 돈과 관계가 있으며, 물 수(水=氵)가 들어간 글자는 모두 물과 관계가 있다.

'視'라는 글자를 처음 보았다고 하더라도 '볼 견(見)'이 있으니 '보는 것'과 관계있다고 생각해 볼 수 있어야 하고, '聽'이라는 글자를 처음 보고서도 '귀 이(耳)'가 있으니 '듣는 것'과 관계있다고 생각할 수 있어야 한다는 말이다. 영어에서도 마찬가지이다. 'dyna'를 보고 '힘'을 생각하고 'dis'를 보고 '반대', '제거'를 생각하며 'dic'를 보고 '말(言)'을 생각할 수 있어야 하는 것이다.

업신여기거나 냉대하여 흘겨봄을 흰자위로 본다는 의미로 '흰 백(白)', '눈 안(眼)'을 써서 백안시(白眼視)라 하고, 따뜻하고 친밀한 마음으로 봄을 청안시(靑眼視)라 한다. 안중(眼中)에 두지 아니하고 무시함은 도외시(度外視)인데, 정도(程道), 그러니까 알맞은 한도에서 벗어났다고 본다는 의미이다.

실업가 實業家

실업자와 실업가는 달라도 너무 다르다. '열매 실(實)', '일 업(業)', '전문가 가(家)'의 실업가(實業家)는 상공업(商工業)이나 금융(金融) 등의 사업에 종사하는 사람을 가리키고 '잃을 실(失)', '사람 자(者)'의 실업자(失業者)는 직업을 잃거나 얻지 못한 사람을 가리킨다.

똑같은 '실'이지만 '열매 실(實)'이고 '잃을 실(失)'이다. 업(業=일)을 통해 열매를 맺으려는 사람은 실업가(實業家)이고 업(業=일)을 잃어버린 사람은 실업자(失業者)이다. '실(實)'은 '열매'라는 의미만 아니라 '실제', '참', '본질', '속'이라는 의미로 쓰인다. 실제의 느낌을 '실감(實感)', 거짓 없이 바르고 참됨을 '진실(眞實)', 실상의 본바탕을 '실질(實質)', 이름과 실상이 꼭 들어맞음을 '명실상부(名實相符)'라 한다.

'가(家)'가 '집'이라는 의미로만 쓰이는 것이 아니라 하였다. '집안', '자기 집', 그리고 '학문이나 기예의 전문가'라는 의미로도 쓰인다고 하였다. 집안의 형편을 '가세(家勢)', 한 집안의 예법을 '가례(家禮)', 한 가족을 단위로 하여 이루어진 생활공동체를 '가정(家庭)', 학문, 예술, 기술 부문에서 훌륭하게 뛰어난 권위를 이룬 사람을 '대가(大家)'라고 하는 것이 그 예이다.

자업자득(自業自得)이라는 말이 있다. 자기가 저지른 일의 과보(果報)를 자신이 얻는다는 의미로 자신의 잘못으로 인해 그 자신이 대가를 받게 되었을 때 쓰는 말이다. 여기서의 업(業)은 '몸과 입과 뜻으로 짓는 선악의 소행'이라는 의미이다.

실업가가 실업자를 위해 무엇을 할 수 있을 것인가를 고민할 수 있다면 세상이 지금보다는 좀 더 살만한 곳이 될 수 있을 것이라는 생각을 해 본다.

여론 與論

여론을 존중하는 정치를 하여야 한다고 하고 여론이 찬성 쪽으로 기울었다고도 한다. 여론을 조작하는 여론조사를 중단하라는 이야기도 자주 듣는다. 사회 대중의 공통된 의견을 '더불 여(與)', '논의할 론(論)'을 써서 '여론(與論)'이라 한다. '더불어 생각한 의견'이라는 의미이다.

사회 구성원 전원에 관계되는 일에 대하여 사회적으로 제시되는 각종 의견 중에서 대다수의 지지를 받고 있다고 인정되는 의견을 '더불 여(與)'를 써서 '여론(與論)'이라 하는 것이다.

백성과 더불어 함께 즐김을 '여민동락(與民同樂)'이라 하고, 행정부와 더불어 정치를 이끌어 가는 정당이라 해서 '여당(與黨)'이라 한다. '들판 야(野)'를 쓴 '야당(野黨)'은 들판처럼 험한 곳에서 정권 획득을 위해 고생하는 정당이라는 의미이다.

'여(與)'는 '주다'는 의미로도 많이 쓰인다. 금융기관에서 고객에게 돈을 빌려주는 일을 '여신(與信)'이라 하고, 증서나 상장 등을 내려주는 일을 '수여(授與)'라 하며, 자기 재산 등을 무상으로 상대편에게 주는 것을 '증여(贈與)'라 한다.

졸업장(卒業狀) 등을 주는 예식(禮式)을 '줄 수(授)'를 써서 수여식(授與式)이라 하고, 관청이나 회사 등에서 공적 등을 참작하여 급료와는 별도로 주는 돈을 '상 상(賞)', '줄 여(與)', '돈 금(金)'을 써서 상여금(賞與金)이라 한다. 참가하여 관계한다는 참여(參與)에서의 '여(與)'는 '참여하다'는 의미이다.

'에게', '께', '한테' 등 체언으로 하여금 무엇을 받는 자리에 서게 하는 부사격 조사를 '여격조사(與格助詞)'라 한다.

의원면직 依願免職

'의원면직 처리되었다'는 이야기를 듣는데, '벗어날 면(免)', '직분 직(職)'의 '면직'은 '직분에서 벗어났다'는 의미이고 '의지할 의(依)', '원할 원(願)'의 '의원(依願)'은 '원함(바라던 바)에 의지하여', '자신의 바람에 따라'라는 의미이다. 그렇기 때문에 '의원면직'은 남의 요구나 압력에 의해서가 아니라 자신이 원하였던 바에 의지해서 직에서 물러난다는 말인 것이다.

'의원' 역시 동음이의어가 많다. '병 고칠 의(醫)', '사람 원(員)'으로, 의사와 한의사를 통틀어 일컫는 의원(醫員), 병든 자를 치료하기 위한 시설을 한 집인 '집 원(院)'의 의원(醫院), 국회나 지방의회 같은 합의체의 구성원으로 의결권을 가진 사람인 '의논할 의(議)', '사람 원(員)'의 의원(議員), 그리고 원하는 바에 의한다는 '의지할 의(依)', '원할 원(願)'의 의원(依願)이 그것이다.

본인의 의사와 관계없이 그만 두게 하는 것을 직권면직(職權免職)이라 하는데, 직권(職權)이란 그 직무를 수행하기 위하여 가지고 있는 권한(權限)을 일컫는다. 인사권을 가진 책임자의 권한에 의해서 강제로 물러나게 하는 것이 '직권면직(職權免職)'인 것이다.

'의지할 의(依)'는 남에게 의지한다는 의뢰(依賴), 법에 따른다는 의법(依法), 병(病)으로 말미암아 군대에서 제대하는 일인 의병제대(依病除隊), 가정 사정으로 제대하게 되는 일인 의가사제대(依家事除隊) 등에 쓰인다.

'원할 원(願)'은 원하고 바라는 바인 원망(願望), 청원하는 내용을 적은 서류인 원서(願書), 바라는 내용이 이루어지기를 비는 일인 기원(祈願), 사정을 하소연하여 도와주기를 간절히 바라는 탄원(歎願) 등에 쓰인다.

이사 理事

자연인은 아니지만 법률상으로 인격이 주어진 권리와 의무의 주체를 '법인(法人)'이라 하는데, '법적인 사람'이라는 의미이다. 법인(法人)의 업무를 집행하고 또 원칙적으로 이를 대표하여 법률 행위를 하는 권한을 가진 업무집행기관을 이사회(理事會)라 하고 이 이사회의 구성원을 이사(理事)라 한다.

'다스릴 리(理)', '일 사(事)'의 '이사(理事)'는 일(事)을 다스리는(理) 사람을 가리킨다. 법인의 사무를 처리하며 이를 대표하여 권리를 행사하는 직위 또는 그러한 일을 맡은 사람이기에 '이사(理事)'라 하는 것이다. 회사의 경영을 직접 맡은 이사(理事) 이외의 회사 밖 전문가들을 이사회 구성원으로 선임(選任)하는 제도가 있는데, 이를 사외이사제(社外理事制)라 한다. 회사(법인) 밖에서 활동하는 이사(理事)라는 의미이다.

'이(理)'는 '다스리다', '이치', '깨닫다'라는 의미로 쓰인다. 전체를 거느려 관리하는 일이나 직책은 '거느릴 총(總)'의 '총리(總理)'이고, 사물의 정당한 조리나 도리에 맞는 근본 뜻은 '이치(理致)'이며, 사리를 분별하여 알거나 말과 글의 뜻을 깨쳐 아는 것은 '이해(理解)'이다. 머리를 다듬어 깎아 단정하게 하는 일을 '이발(理髮)'이라 하는데, '다스릴 이(理)', '머리털 발(髮)'로, 머리털을 다스린다는 의미이다.

차를 마시거나 밥을 먹는 일이라는 의미로 항상 있는 일이나 있을 수 있는 일이라는 말은 '다반사(茶飯事)'이고, 일은 반드시 정의(正義)로 돌아가는 것이 세상의 이치라는 말은 '사필귀정(事必歸正)'이며, 좋은 일에는 방해하는 마귀가 많이 있다는 말은 '호사다마(好事多魔)'이다. '개관사정(蓋棺事定)'이라 하였다. '덮을 개(蓋)', '널 관(棺)', '정할 정(定)'으로 관을 덮은 후에야(그 사람이 죽은 다음에라야) 비로소 일이나 사람의 가치가 정해진다는 의미이다.

일병 이병 一兵, 二兵

일병이 왜 이병보다 높은 계급인지가 항상 의심스러웠다. 작대기(?) 하나가 일병이고 둘이 이병이어야 옳은 것 아닌가? 친구들에게 물어보니 그냥 그렇게 약속한 것이라고, 이유가 없는 것이라고, 그러니까 외우면 그만인 것이라고 시큰둥하게 대답할 뿐이었다.

알려는 의지를 가지면 알 수 있게 된다는 말은 거짓이 아니었다. 일병은 일등병(一等兵)의 준말로 1등의 병사가 일병(一兵)이었고 이병은 이등병(二等兵)의 준말로 2등의 병사가 이병(二兵)이었다. 병사들 중에서 위에 있는 병사니까 상병(上兵)이었고 병사들 중에서 대장(우두머리)이니까 병장(兵長)이었다. 이유는 있었고, 이유를 깨닫게 됨은 즐거운 일이었다.

창작(創作)의 주인공으로 묘사(描寫)되는 나를 일인칭(一人稱)이라 하고 한 집안, 한 가족, 성(姓)과 본(本)이 같은 겨레붙이를 일가(一家)라 하며 한 조각의 붉은 마음, 곧 진정에서 우러나오는 충성된 마음을 일편단심(一片丹心)이라 한다. 질서나 체계가 정연하여 조금도 얼크러진 데나 어지러운 데가 없음을 '일사불란(一絲不亂)'이라 하는데, '실 사(絲)'에 '어지러울 란(亂)'이다.

한 가지 일을 하여 두 가지 이익 얻음을 '일석이조(一石二鳥)', '일거양득(一擧兩得)'이라 한다. '돌 석(石)', '새 조(鳥)'로, 하나의 돌을 던져 두 마리의 새를 잡는다는 의미이고 '들 거(擧)', '얻을 득(得)'으로 한 번 들어서 둘을 얻는다는 의미이다.

'일촌광음불가경(一寸光陰不可輕)'이라 하였다. '촌(寸)'은 길이(시간)의 단위, '광음(光陰)'은 시간이라는 합성어, '불가(不可)'는 안 된다는 의미, '경(輕)'은 가볍다는 의미이니까, 아주 짧은 시간일지라도 가볍게 여겨서는 안 된다는 말이다.

장학생 奬學生

장학생(奬學生)이 되었다고 좋아하였고 장학금(奬學金)을 받았다고 자랑하였다. 장학사(奬學士)가 방문한다는 소식에 학교가 긴장했던 때가 있었다.

장(奬)은 '장려하다', '칭찬하다', '돕다'는 의미이다. '장학금(奬學金)'은 학문에 대한 연구를 돕기 위하여 주는 돈이고 그 장학금(奬學金)을 받는 학생은 '장학생(奬學生)'이다. 또, 교육에 관한 기획, 지도, 조사, 감독에 관한 일을 맡은 교육공무원은 '장학사(奬學士)'인데, 배움을 돕는 관리(선비)라는 의미이다.

'학(學)'에 '배우다'는 의미만 있는 것이 아니다. '학문', '학생', '학교'의 의미도 있는데, 배워 익힌 학문과 예술을 '학문(學問)'이라 하고 학식이 많은 큰 학자를 '클 석(碩)'을 써서 '석학(碩學)'이라 한다.

학문을 굽히어 세상에 아첨한다는 뜻으로 정도를 벗어난 학문으로 세상 사람에게 아첨함을 곡학아세(曲學阿世)라 하고 형체를 초월한 영역에 관한 과학이라는 뜻으로, 사물의 본질이나 존재의 근본 원리 따위를 사유나 직관에 의해 연구하는 학문을 형이상학(形而上學)이라 한다.

학이시습지불역열호(學而時習之不亦說乎)라고 하였다. '배우고 그 배운 것을 익히면 어찌 기쁘지 않겠는가'라고 해석할 수 있다.

'생(生)'의 의미는 다양하다. '낳다', '삶', '기르다', '서투르다', '싱싱하다', '백성', '날 것' 등이 그것인데, '장학생(奬學生)'에서의 '생(生)'은 '학생(學生)'이라는 의미이다. '사(士)'는 선비, 벼슬, 군사라는 의미로 많이 쓰이지만, '장학사(奬學士)'에서는 칭호나 직업에 붙는 말로 쓰였다.

재수생 再修生

'다시 재(再)'에 '닦을 수(修)'를 쓴 재수생(再修生)은 알고 보면 아름다운 이름이다. 뭔가 부족하다고 느껴서 겸손한 자세로 다시 한 번 수양(修養)을 자처한 재수생(再修生)은 얼마나 겸손하고 얼마나 대견스러운가? 더 닦아야 할 일이 많음에도 불구하고 더 닦을 것이 없는 양 대충대충 넘어가는 사람보다 분명히 아름답다.

이름만 아름다운 것이 아니라 재수(再修) 그 자체도 아름답다. 지적(知的) 능력을 키워가는 것은 물론이고 가난한 재수(再修) 생활을 통해 한없는 겸손을 배울 수 있고, 육체적 정신적 고통(苦痛)을 이겨내는 지혜(智慧)도 깨우칠 수 있기 때문이다. 같은 내용의 책을 두 번째 출판하는 것을 재판(再版)이라 하고, 무너진 것을 다시 일으켜 세우는 일을 재건(再建)이라 한다.

죽게 되었다가 다시 살아나거나, 전과자(前科者) 등이 다시 올바른 생활을 시작하거나, 버리게 된 물건을 다시 살려서 쓰게 만들거나, 신앙을 가져 새로운 영적 생활을 시작하거나, 잊어버렸던 일을 다시 기억해 내거나, 어떤 종류의 생물에서 손상된 생체가 다시 자라나 원래상태로의 조직체가 만들어지거나, 녹음(錄音) · 녹화(錄畵)한 테이프나 레코드로 본디의 음이나 영상을 다시 들려주거나 보여주는 것을 '다시 재(再)', '낳을 생(生)'을 써서 재생(再生)이라 한다. 다시 생겨나도록 한다는 의미이다.

'수(修)'가 '닦다', '익히다'는 의미로만 쓰이는 것이 아니다. 꾸민다는 의미의 '수식(修飾)'에서는 '꾸미다', 고장나거나 허름한 데를 고친다는 '수리(修理)'에서는 '고치다'는 의미이다.

전보 轉補

조직원의 능력 개발을 유도하고 조직 목적의 효율성을 도모하기 위해 자리를 옮기는 일을 인사이동(人事移動)이라 하는데, 여기에는 수직적 이동인 승진(昇進)과 수평적 이동인 전직(轉職) · 전보(轉補)가 있다. 직위가 오름은 승진(昇進)이고, 책임과 곤란성의 정도가 서로 다른 직급으로 옮김은 전직(轉職)이며, 책임이나 직급의 변화 없이 근무지만 이동하는 임용행위는 전보(轉補)이다. '오를 승(昇)', '나아갈 진(進)'으로 직급이 올라감은 승진(昇進), '구를 전(轉)', '임무 직(職)'으로 업무를 바꿔 일함은 전직(轉職), '구를 전(轉)', '보충할 보(補)'로, 장소만 바꾸어 빈자리를 메워 일함은 전보(轉補)인 것이다.

'굴릴 전(轉)'이다. 자기 허물을 남에게 덮어씌움을 '시집갈 가(嫁)'를 써서 '전가(轉嫁)'라 하고, 빙빙 돌아서 구르는 일을 '돌 회(回)'를 써서 '회전(回轉)'이라 하며, 이리 저리 굴러다니는 것을 '전전(轉轉)한다'고 한다. 현역(現役)에서 예비역(豫備役)으로 편입되는 것을 '전역(轉役)'이라 하고, 기계나 수레를 움직여 굴러가게 하는 일을 '운전(運轉)'이라 한다. '전용(轉用)'이라는 말이 있다. 굴려서 사용한다는 의미로 쓰기로 되어 있는 곳에 쓰지 않고 다른 곳에 돌려쓰는 것을 말한다.

자기 자신이나 다른 사람의 실패(失敗)를 위로할 때 '전화위복', '새옹지마'라는 말을 쓴다. 재앙(禍)이 굴러(轉) 복(福)이 된다(爲)는 말이 '전화위복(轉禍爲福)'이고, 국경지방(塞) 늙은이(翁)의(之) 말(馬)이 국경을 넘어갔다가(흉(凶)), 다른 말을 데리고 돌아 왔다가(길(吉)), 그 말 때문에 아들이 다리가 다쳤다가(흉(凶)), 다리가 다쳤기에 싸움터에 나가지 않아서 목숨을 잃지 않았다(길(吉))는 이야기에서 나온 말이 '새옹지마(塞翁之馬)'이다.

전철 電鐵

전철과 지하철은 다르다. 전기(電氣)로 가니까 '전기 전(電)'의 전철(電鐵)이고 땅 아래로 가니까 '땅 지(地)', '아래 하(下)'의 지하철(地下鐵)이다. 전철(電鐵)은 전기철도(電氣鐵道)의 준말이고 지하철(地下鐵)은 지하철도(地下鐵道)의 준말이다. 전철(電鐵)과 지하철(地下鐵)은 같기도 하고 다르기도 하다.

'전(電)'은 '번개'라는 의미였는데 언제부터인가 여기에 '전기'의 의미가 더하여졌고 이어 '전자'의 의미가 덧붙여졌다. 번개가 친 것처럼 갑자기 공격함을 '전격(電擊)'이라 하고 번개 빛과 부싯돌의 불이 번쩍하는 것이라는 뜻으로 몹시 짧은 시간, 또는 아주 빠른 동작을 '전광석화(電光石火)'라 한다.

전기가 통하고 있는 도체에 몸의 일부가 닿아 충격을 느끼는 일을 '감전(感電)', 전기가 방출되는 현상을 '방전(放電)', 송전(送電)이 잠깐 끊어지는 현상을 '정전(停電)', 멀리 떨어진 두 지점 사이에서 전파를 이용하여 하는 통신을 '무전(無電)', 무전(無電)이나 전보(電報)치는 일을 '타전(打電)'이라 한다.

'철(鐵)'은 철갑(鐵甲), 철창(鐵窓), 철골(鐵骨), 철판(鐵板), 철사(鐵絲) 등에서처럼 일반적으로는 '쇠'라는 의미로 많이 쓰이지만, 짧은 한마디 경구(驚句)로 사람 마음의 급소를 찌름을 비유하는 말인 작은 쇠로 사람을 죽인다는 의미의 촌철살인(寸鐵殺人)에서는 '무기'라는 의미이다. 변경할 수 없는 규칙을 일컫는 철칙(鐵則)에서는 '굳은'이라는 의미이고 '전철(電鐵)'에서는 '철도'의 준말이다.

전광판(電光板)은 전광게시판(電光揭示板)의 준말로 수많은 전구(電球)를 켰다 껐다 함으로써 문자나 그림 등을 나타나게 하여 정보를 알리는, 주로 실외(室外)의 장소에 설치된 장치를 가리킨다.

정근상 精勤賞

일정 기간 동안 하루도 빠짐없이 모든 날 출근(出勤)하거나 출석(出席)하는 것, 그러니까 모든(皆) 날 등교(登校)하거나 출근(出勤)하는 것을 '모두 개(皆)', '근무할 근(勤)'을 써서 '개근(皆勤)'이라 하는 것인 줄은 이미 알고 있었지만 '정근'이 무슨 의미인가에 대해서는 도저히 생각이 떠오르지 않았다.

사전(辭典)을 펼쳐보았더니 정근(精勤)이라 쓰여 있었고 '정성스러울 정(精)', '근무할 근(勤)'이었다. '정성스럽게 출근(등교)하였다'는 의미로 해석해 보았다. 모든(皆) 날은 아니지만 그런대로 정성스럽게, 1년에 3일 이내만 결석하고 다른 날은 열심히 근무(등교)하였기에 정성스럽게 출석(근무)하였다고 칭찬하여 상(賞)을 주는 것이리라.

'정(精)'의 의미는 매우 다양하다. 정화(精華), 정결(精潔), 정미소(精米所)에서는 '깨끗하다'는 의미이고, 정신(情神)과 기력(氣力)이라는 정기(精氣)에서는 '정신'이라는 의미이다. 참되고 성실한 마음인 정성(精誠)에서는 '정성스러움'이고, 마음이나 생각인 정신(精神)에서는 '마음'이며, 정밀(精密), 정교(精巧), 정독(精讀), 정선(精選)에서는 '자세함'이다.

'근(勤)'은 근검(勤儉), 근로(勤勞), 근면(勤勉) 등에서는 '부지런하다'이지만, 근무(勤務), 근속(勤續), 개근(皆勤)에서는 '임무', '근무하다'는 의미이다.

'상(賞)'은 '상을 주다'는 의미로 쓰이는 것이 일반적이지만 봄 경치를 즐기는 사람들을 일컫는 '상춘객(賞春客)', 예술 작품을 음미하여 이해하고 즐긴다는 '감상(鑑賞)', 놀이로 즐기며 감상한다는 '완상(玩賞)'에서는 '감상하다'는 의미이다.

정기예금 定期預金

정기예금과 정기적금은 어떻게 다를까? '정기', '예금', '적금'의 정확한 의미는 무엇일까? '정할 정(定)', '기간 기(期)'의 '정기(定期)'는 기간을 정하였다는 의미이고 '미리 예(豫)', '돈 금(金)'의 '예금(預金)'은 미리 들여놓은 돈이라는 의미이며 '적금(積金)'은 '쌓을 적(積)', '돈 금(金)'으로 돈을 쌓아간다는 의미이다.

그러니까 정기예금(定期預金)은 금융기관과 일정한 기간을 정해놓고 그 기간 안에는 돈을 찾지 않겠다는 계약(契約)하에 돈을 맡기는 일이고, 정기적금(定期積金)은 기간을 정해 놓고 돈을 일정액씩 쌓아가는 일이다.

'정할 정(定)'이라 하였다. 법으로 정함을 법정(法定)이라 하고 이미 정해진 법이나 규칙 따위를 고쳐 다시 정함을 개정(改定)이라 하며 미루어 생각하여 결정함을 추정(推定)이라 한다.

범위나 수량 따위를 제한하여 정함 또는 그 한도를 한정(限定)이라 하고, 사실이 아니거나 아직은 사실인지 아닌지 분명하지 아니한 것을 임시로 사실인 것처럼 정함을 가정(假定)이라 한다.

우리말에는 없지만 인도유럽어에 있는 품사가 '머리 관(冠)'의 관사(冠詞)인데, 명사 앞에 붙어 강한 지시나 한정의 뜻을 나타내는 관사를 정관사(定冠詞)라 하고, 불특정한 사물을 나타내는 명사 앞에서 '하나의', '어떤'의 뜻을 나타내는 관사를 '정해지지 않은'이라는 의미로 부정관사(不定冠詞)라 한다.

'혼정신성(昏定晨省)'이라 하였다. '저녁 혼(昏)', '새벽 신(晨)', '살필 성(省)'이다. (부모님께) 저녁에는 잠자리를 정해 드리고 새벽에는 안부를 살핀다는 뜻으로 자식이 아침저녁으로 부모의 건강을 챙겨드리고 살피는 효성을 일컫는다.

준장 准將

군인 계급에서 별 넷을 대장(大將)이라 하고, 별 셋을 중장(中將)이라 하며, 별 둘을 소장(少將)이라 한다. 별 하나는 '준장(准將)'이다. 별 하나가 '소장(少將)'일 것 같은데…….

'준(准)'은 '비길 준', '버금 준'이고, '準'으로 쓰기도 한다. 그러니까 '准'이나 '準'이 들어간 단어는 정확하지 않고 비슷한 것, 아니면 한 단계 낮은 것을 가리킨다. 정교사(正教師)에 미치지는 못하나 정교사와 거의 같은 수준의 교사로 인정한다 해서 준교사(準教師)이고, 결승(決勝)은 아니나 결승에 버금가는 경기라 해서 준결승(準決勝)이며, 우승은 아니지만 우승 못지않은 성적이라 해서 준우승(準優勝)이다.

정부나 공공단체가 주도하는 각종 성금 모금을 '준조세(準租稅)'라며 못마땅해 하는 사람이 있다. 세금(稅金)은 아니지만 세금이나 마찬가지, 그러니까 세금에 버금가는 강제성을 지녔기 때문에 붙인 말이다.

서열이나 차례에서 첫째의 다음이 되는 것을 '버금'이라 하는데, '준(准)'뿐 아니라 '아(亞)', '차(次)', '중(仲)', '부(副)'도 '버금'이라는 의미이다. 열대보다는 덜 더운 아열대(亞熱帶), 수석(首席)의 다음인 차석(次席), 둘째 형인 중형(仲兄), 회장의 다음 지위인 부회장(副會長) 등이 그 예이다.

준(准)은 '승인하다'는 의미로도 쓰인다. 행정부의 행위에 대하여 입법부가 승인하는 일을 '인준(認准)'이라 하고, 조약의 체결에 대하여 국가가 최종적으로 확인 동의함을 '비준(批准)'이라 한다.

1등만 인정받는 시대임이 안타깝다. 모두가 1등이 될 수 없음을 알면서도 2등, 3등은 인정하지 않는 것은 모순(矛盾) 중의 모순 아닌가?

중차대 重且大

'중차대(重且大)한 문제', '이 중차대한 시기에……'라는 말을 듣는다. '중요할 중(重)', '또 차(且)', '큰 대(大)'로, 중요하고 또 크다는 의미로 중요함을 강조하여 이르는 말이다.

'무겁다', '중요하다', '겹치다'는 의미로 쓰이는 '중(重)'을 '가운데 중(中)'과 구분하지 못하고 쓰는 경우가 많다. '중형'이라는 말만 하여도 크지도 작지도 않고 중간되는 크기라는 '가운데 중(中)'의 중형(中型), 육중하게 크고 무거운 모양인 '무거울 중(重)'의 중형(重型), 크고 무거운 형벌인 '무거울 중(重)', '형벌 형(刑)'의 중형(重刑), 자기의 둘째형인 '둘째 중(仲)'의 중형(仲兄)이 있음을 알아야 한다.

'중(重)'은 중후(重厚), 경중(輕重), 체중(體重)에서는 '무겁다', 중요(重要), 존중(尊重), 중태(重態), 중상(重傷)에서는 '중요하다', 구중궁궐(九重宮闕), 중복(重複)에서는 '겹치다'는 의미이다.

구리(銅), 철(鐵), 납(鉛)처럼 비중 5이상의 금속을 중금속(重金屬), 목숨이 위태로울 만큼 크게 앓는 병을 중병(重病)이라 한다. '가운데 중(中)'을 쓴 중병(中病)은 중도에서 뜻밖에 생기는 탈이라는 의미이고 [중뼝]으로 발음해야 한다.

'차설(且說)'은 소설 등에서 화제를 돌리려 할 때 그 첫머리에 상투적으로 쓰는 말이다. '차치하고'라는 표현을 쓰기도 하는데, 내버려두고 문제 삼지 않는다는 의미이다.

은인자중(隱忍自重)이라는 말이 있다. '숨을 은(隱)', '참을 인(忍)', '스스로 자(自)', '무거울 중(重)'으로, 밖으로 드러내지 않고 참고 감추어 몸가짐을 신중히 한다는 의미이다.

착륙 着陸

'착륙'은 '붙을 착(着)', '땅 륙(陸)'으로 땅에 붙는 것이고 '이륙'은 '떠날 이(離)', '땅 륙(陸)'으로 땅에서 떠나는 것이다. '착(着)'은 '붙다'는 의미뿐 아니라 입다, 이르다, 시작하다는 의미도 지니고 있다.

색을 칠하거나 하여 빛깔이 나게 함을 착색(着色)이라 하고, 새로운 생각이나 구상이 마음에 떠오르는 일을 착상(着想)이라 하며, 옷을 입음, 또는 남의 물건이나 돈을 몰래 자기가 차지함을 착복(着服)이라 한다. 공사 시작함을 착공(着工), 어떤 일을 시작하기 위해 손을 댐을 착수(着手), 뜀틀 경기에서 발이 땅에 닿음을 착지(着地), 목적지에 다다름을 도착(到着), 자리에 앉음을 착석(着席)이라 한다.

'륙(陸)'은 '육지'의 의미이다. 지역이 넓은 큰 육지라 해서 대륙(大陸)이고, 지반이 융기하거나 침강하여 육지를 만드는 지각 변동이라 해서 '만들 조(造)' '육지 륙(陸)'의 조륙운동(造陸運動)이다. 물이 아닌 땅에 놓은 다리라 해서 '육교(陸橋)'이고, 육지와 섬을 이은 다리라 해서 '연륙교(連陸橋)'이며, 부드럽게 땅에 도착하였다 해서 연착륙(軟着陸)이다.

언행의 앞뒤가 맞지 않아 모순됨을 '자가당착(自家撞着)'이라 한다. '칠 당(撞)'에 '붙을 착(着)'으로 자기의 집을 쳐부수었다가 붙였다는 의미이다.

기업가는 정치인에게 정치자금을 제공하고 정치인은 반대급부로 기업가에게 여러 가지 특혜를 베푸는 것과 같은 정치인과 기업가 사이의 부도덕한 밀착 관계를 '정경유착(政經癒着)'이라 한다. '정치 정(政)', '경제 경(經)', '병 나을 유(癒)', '붙을 착(着)'으로, 정치와 경제가(병이 나아서) 살과 살이 맞닿은 것처럼 붙어있다는 의미이다.

철면피 鐵面皮

도무지 부끄러운 줄 모르는 뻔뻔스러운 사람을 '철면피(鐵面皮)'라 한다. '쇠 철(鐵)', '얼굴 면(面)', '가죽 피(皮)'로, 얼굴 가죽이 철(鐵)로 되어 있다는 뜻이고, 상황이 달라졌음에도 얼굴 표정에 변화가 없다는 의미이다. 뻔뻔스럽고 염치없는 사람을 이르는 말이다.

얼굴이 두꺼워서 부끄러움이 없음을 후안무치(厚顔無恥)라 하는데, '두터울 후(厚)', '얼굴 안(顔)', '없을 무(無)', '부끄러울 치(恥)'이다. 청렴함과 부끄러움을 깨뜨렸다는 파렴치(破廉恥)도 같은 의미인데, '깨뜨릴 파(破)', '청렴할 염(廉)', '부끄러울 치(恥)'이다.

'철(鐵)'은 '쇠 철'이다. '쇠'는 '굳세고 변치 않는 물건'이다. 그렇기 때문에 "남산 위에 저 소나무 철갑(鐵甲)을 두른 듯, 바람 서리 불변함은 우리 기상일세"라는 애국가 가사는 소나무가 우리의 기상인데, 우리의 기상은 쇠로 된 갑옷 같아서 바람이 불고 서리가 온다고 하더라도 변치 않는다는 의미이다.

굳센 주먹을, 쇠같이 단단한 주먹이라 해서 '철권(鐵拳)'이라 하고, 변경할 수 없는 규칙을, 쇠로 된 규칙이라 해서 '철칙(鐵則)'이라 한다. 철석(鐵石)같이 믿었다는 '쇠와 돌같이 굳고 단단하게 믿었다'는 의미이다. 짧은 경구(警句)로 마음을 찔러 감동시킴을 촌철살인(寸鐵殺人)이라 한다. '촌철(寸鐵)'은 원래 '작고 날카로운 쇠붙이나 무기'를 가리키는데, '경계하는 말이나 글귀'의 비유로 많이 쓰인다.

'면(面)'은 '낯(얼굴)', '앞', '표면', '보다', '향하다', '평면' 등의 의미로 쓰인다. '탈'을 거짓 얼굴이라는 의미로 '가면(假面)'이라 하고, '얼굴에 대는 칼 또는 그 일'을 '얼굴 면(面)' '칼 도(刀)'를 써서 '면도(面刀)'라 한다.

초등학교 初等學校

처음에는 어색하더라도 자주 사용하다 보면 자연스럽게 되는가 보다. 초등학교(初等學校)라는 말만해도 그렇다. '국민학교'가 '초등학교'로 바뀐 뒤 한동안 매우 어색하였는데, 시간이 흐른 지금은 오히려 '국민학교'가 더 어색한 말이 되고 말았다. '처음 초(初)', '등급 등(等)'으로 첫 번 등급의 학교가 초등학교(初等學校)다.

갑오개혁 이후 근대적 교육제도를 도입할 때에는 소학교(小學校)였다가 1906년에 보통학교(普通學校)로, 그리고 1941년에는 국민학교(國民學校)로 바뀌었다. 그런데 이 '국민학교(國民學校)'라는 명칭에서의 '국민(國民)'이 '그 나라의 국적(國籍)을 가지고 있는 사람'이라는 의미가 아니라, 당시 일본 천황의 신하된 백성이라는 '황국신민(皇國臣民)'의 준말이었다. 이것이 계속 문제가 되었었는데 차일피일 미루다가 1996년 민족정기 회복 차원에서 초등학교(初等學校)로 바꾼 것이다.

초지일관(初志一貫)이라는 말이 있다. '처음 초(初)', '뜻 지(志)', '꿰뚫을 관(貫)'으로 처음에 세운 뜻을 끝까지 꿰뚫고 나간다는 의미이다.

'등(等)'은 '우리들'이라는 오등(吾等)에서는 '무리', '등고선(等高線)', '등식(等式)', '이등분(二等分)'에서는 '같다', '일등(一等)', '차등(差等)'에서는 '등급'이라는 의미이다.

'교(校)'는 교장(校長), 교훈(校訓), 교가(校歌) 등에서처럼 대부분 '학교'라는 의미로 쓰이지만, 교열(校閱), 교정(校正)에서는 '교정본다'는 의미이다. 교정지와 원고를 대조하여 잘못되고 빠진 글자를 바로 잡는 일을 '교정'이라 한다.

축지법 縮地法

왜 축지법이라 하는 것인지에 대해 늘 궁금했었다. 다리를 길게 하는 것이 축지법인 것도 같았고 빨리 달리는 것이 축지법인 것도 같았다. 국어사전에는 도술에 의하여 땅을 줄여 먼 거리를 가깝게 하는 일이라 적혀 있었다.

한자를 보니, '오그라들 축(縮)', '땅 지(地)', '방법 법(法)'이었다. 땅을 오그라들게 하는 방법이 축지법이었다. 생각해보니 땅을 줄이는 것은 상대적으로 내 보폭이 커진 것과 마찬가지였다.

줄여서 작아짐, 또는 줄여서 작게 함은 '축소(縮小)'이고, 덜리고 줄어서 적어짐, 덜고 줄여서 적게 함은 '감축(減縮)'이며, 짧게 줄어듦, 짧게 줄임은 '단축(短縮)'이다. 눌러서 쭈그러뜨림, 많은 내용을 간추려 요약함은 압축(壓縮)이고, 한데 엉겨 굳어짐, 어느 한 점으로 집중되게 함은 응축(凝縮)이며, 어떤 물건이 오그라들거나 줄어듦은 수축(收縮)이다.

재정(財政)의 기초를 단단하게 하기 위해 지출을 줄임은 긴축(緊縮)이고, 진하게 졸아 붙이거나 진하게 졸임은 농축(濃縮)이며, 군비축소의 준말로 군비 규모를 줄이는 일은 군축(軍縮)이다.

'지(地)'는 땅의 의미로 많이 쓰이고, 땅은 또 '뭍(바다 이외의 부분)', '지구', '논밭', '장소', '나라'라는 의미로 쓰인다. 그리고 역지사지(易地思之)에서는 '처지', 지위(地位)에서는 '신분', 소지(素地)에서는 '바탕'이라는 의미이다.

손오공이 지녔던, 길이를 마음대로 늘이거나 줄이면서 신통력을 발휘했던 몽둥이가 '여의봉'이었는데, '같을 여(如)', '뜻 의(意)', '몽둥이 봉(棒)'으로, 뜻과 같이 되도록 만드는 몽둥이라는 의미였다.

쾌유 快癒

"심심한 위로와 함께 조속한 쾌유를 기원한다"는 이야기를 듣는다. '심할 심(甚)', '깊을 심(深)'의 '심심(甚深)'은 심하게 깊다는 의미이고, '이를 조(早)', '빠를 속(速)'의 '조속(早速)'은 이르고도 빠르다는 의미이다.

'쾌(快)'는 '시원하다'와 '빠르다'는 의미로 쓰이는데, '쾌유(快癒)'에서는 '시원하다'로, '병이 시원하게 나았다'는 의미이다. '쾌(快)'는 '시원하다'와 '빠르다'는 의미로 쓰인다고 하였는데, 상쾌(爽快), 쾌활(快活), 쾌청(快晴), 쾌감(快感), 쾌거(快擧), 경쾌(輕快), 불쾌(不快), 명쾌(明快)에서는 '시원하다'는 의미이고, 쾌속(快速), 쾌주(快走)에서는 '빠르다'는 의미이다. '즐거울 락(樂)'을 쓴 '쾌락(快樂)'은 기분이 좋고 즐겁다는 의미이고, '허락할 락(諾)'을 쓴 '쾌락(快諾)'은 선선히 승낙한다는 의미이다.

'병(病)'에 관한 명칭도 다양하다. 부모의 병(病)은 친환(親患)이고, 아내의 병은 내환(內患)이며, 자녀의 병은 아환(兒患)이다. 또 상대방의 병을 높이어 환후(患候), 병후(病候), 신후(愼候)라 하고, 높은 어른이 앓는 병을 미령(靡寧)이라 한다. 치료하기 어려운 병은 고황지질(膏肓之疾), 종신지질(終身之疾)이라 한다. '명치끝 고(膏)' '명치끝 황(肓)'으로 옛날엔 명치끝에 생긴 병은 고칠 수 없었다 한다.

돈이나 물품을 필요한 데에 선뜻 내어 줌을 쾌척(快擲)이라 하고, 속도가 매우 빠른 배를 쾌속선(快速船)이라 하며, 속도가 매우 빠른 소형의 배를 쾌속정(快速艇)이라 한다. 어지럽게 뒤얽힌 사물이나 말썽거리를 단번에 시원스럽게 처리함을 '쾌도난마(快刀亂麻)'라 하는데 '어지러울 난(亂)', '삼 마(麻)'로, 쾌도(快刀), 즉 잘 드는 칼로 어지러워진 삼 가닥을 잘라 바르게 한다는 의미이다.

팔절지 八折紙

대학노트를 펼친 크기의 종이, 펼쳐진 신문지의 반의 반 크기의 종이를 왜 팔절지라고 하느냐고 묻지 않는 학생에게도 잘못이 있지만, 왜 팔절지라고 하는지 아느냐고 묻지 않았던 선생님에게도 잘못은 있다. 팔절지의 두 배 크기를 4절지라고 하고 팔절지의 반절의 크기를 16절지라고 하는 이유를 몰라도 상관없지만, 모르는 것이 잘못은 아니지만, 알면 재미있지 않을까?

선생님께서는, "제지회사에서 종이를 만들 때 신문 용지 2배만한 크기의 종이를 만드는데, 이 종이를 온전한 종이라는 의미로 '온전 전(全)'을 써서 전지(全紙)라 하고 그 전지(全紙)를 2개로 잘랐다 하여 '끊을 절(切)'을 써서 2절지(二切紙), 4개로 잘랐다 하여 4절지(四切紙)라고 하는 거야"라고 설명해 주셨어야 하지 않았을까? 선생님의 임무는 알려 주는 것보다 이해시켜 주는 것이어야 하니까.

요즈음은 종이 크기를 이야기할 때 A4, B4라는 말을 많이 한다. 제지(製紙) 회사에서 종이를 크게 A형, B형으로 만들어 내는데, A형은 841㎜×1189×㎜의 크기이고 B형은 1030㎜×1456㎜의 크기이다.

A형을 4번 잘랐다 해서 A4이고 B형을 4번 잘랐다 해서 B4이다. A3은 A형을 3번 잘랐으니까 4번 자른 A4의 두 배 크기이고 B5는 B형을 5번 잘랐으니까 4번 자른 B4의 절반의 크기이다.

돈을 넣는 물건을 '지갑'이라 하는데, '종이 지(紙)'에 '작은 상자 갑(匣)'을 쓴다. 지금은 대부분 가죽과 헝겊으로 만들지만 과거에는 종이로 만들었기에 '지갑(紙匣)'이라 하였다.

피서 避暑

겨울 방학, 아들 녀석은 피서 가자고 졸라댔다. 놀러 가는 것을 피서로 알고 있었다. '피서(避暑)'는 놀러가는 것을 일컫는 말이 아니라 '피할 피(避)', '더위 서(暑)'로, 더위를 피하는 것이 피서(避暑)이다. 그러니까 피서(避暑)는 여름에만 쓸 수 있는 말인 것이다.

봄, 가을, 겨울에 놀러 가는 것을 일컫는 말은 없다. 다만 봄에 놀러 다니는 사람을 '감상할 상(賞)', '봄 춘(春)'을 써서 상춘객(賞春客)이라 하고, 가을에 놀러 다니는 사람은 단풍객(丹楓客)이라 하면 될 것 같다. 겨울에는 (옛날에는) 놀러 다니는 사람들이 별로 없어 만들어진 말이 없는 것 같다.

계절과 관계없이 놀러 다니는 사람을 일컫는 말에 행락객(行樂客), 관광객(觀光客), 여행객(旅行客) 등이 있는데, '다닐 행(行)'에 '즐길 락(樂)'의 행락은 다니면서 즐긴다는 의미이다. 소풍(逍風)은 '거닐 소(逍)'에 '바람 풍(風)'으로 천천히 거닐면서 바람을 쏘인다는 의미이다.

'피할 피(避)'는 벼락을 피하는 바늘이라는 피뢰침(避雷針), 임신을 피한다는 피임(避妊), 공을 피하는 놀이라는 피구(避球), 재난을 피하여 멀리 옮겨간다는 피난(避難), 난리를 피한다는 피란(避亂), 몸을 피한다는 피신(避身), 피할 수 없다는 불가피(不可避), 꺼리고 피한다는 기피(忌避) 등에 쓰인다.

'더위 서(暑)'는 '불탈 염(炎)'의 염서(炎署), '사나울 폭(暴)'의 폭서(暴暑), '독할 혹(酷)'의 혹서(酷暑)에 쓰이는데, 모두 엄청난 무더위라는 의미이다. 피서(避暑)의 방법 중 최고(最高)는 독서(讀書)가 아닐까 생각해 본다.

하객 賀客

어떤 유명인이 장례식장에 가서 주위를 돌아보면서, "하객(賀客)이 참으로 많다"라고 했단다. 아니! 장례식장에서 하객(賀客)이라니? '하'가 '축하할 하(賀)'인 줄 몰랐던 모양이다.

똑똑히 알아야 창피당하지 않는다. 하객(賀客)은 '축하할 하(賀)'로, 축하하러 온 손님을 말하고, 상가(喪家)에 조의(弔意)를 표하기 위하여 참석한 사람은 '조상할 조(弔)', '물을 문(問)', '손님 객(客)'의 조문객(弔問客)이라는 사실을.

'치하할 하(賀)'라고 하였다. 기쁘고 즐거운 일에 대하여 축하의 뜻을 표함을 '경하(慶賀)'라 하고, 축하(祝賀)하는 예식(禮式)을 '하례(賀禮)'라 하며, 축하(祝賀)하러 온 손님을 '하례객(賀禮客)'이라 한다. 근하신년(謹賀新年)은 '삼가 새해 맞이함을 축하한다'는 말이다.

'손님 객(客)'이다. 물건을 항상 사러 오는 손님을 '돌아볼 고(顧)'를 써서 '고객(顧客)', 차, 배, 비행기 등을 타기 위해 온 손님을 '탈 승(昇)'을 써서 '승객(乘客)', 관광(觀光)하러 다니는 사람을 '관광객(觀光客)', 영화, 연극, 무용 등의 무대 공연을 구경하는 사람을 '관객(觀客)', 검술에 조예가 뛰어난 사람을 검객(劍客), 손님의 자리를 객석(客席)이라 한다.

반갑거나 달갑지 않은 손님을 불청객(不請客)이라 한다. '아니 불(不)', '청할 청(請)'으로 청하지 않았는데 찾아온 손님이란 뜻이다. 왕명으로 내려오는 벼슬아치를 묵게 하던 집을 객사(客舍)라 했다. '손님 객(客)', '집 사(舍)'로, 손님이 묵는 집이라는 의미였다.

한정식 韓定食

음식점에서 정해진 식단에 따라 차리는 음식, 그러니까 식단이나 식품 내용이 일정한 요리를 '정할 정(定)', '음식 식(食)'을 써서 '정식(定食)'이라 하고, 정식 중에서 한국(韓國) 식단(食單)에 따라 차리는 음식을 '한정식(韓定食)'이라 한다. 한국 전통의 정해진 식사라는 의미이다.

서양의 음식이라 해서 '양식(洋食)'이고 일본의 음식이라 해서 '일식(日食)'이며 중국의 음식이라 해서 '중식(中食)'이다. 여럿이 모여 함께 음식을 먹는다 해서 '회식(會食)'이고, 서양 요리에서 식사 후에 먹는 과일이나 아이스크림 등의 간단한 음식을 나중에 먹는 음식이라 해서 '후식(後食)'이라 한다.

'한(韓)'은 '대한제국(大韓帝國)', '대한민국(大韓民國)'의 약칭(略稱)으로 '한(韓)'이 들어간 단어는 모두 우리나라와 관계가 있다. 한국 고유의 의복을 '한복(韓服)'이라 하고 한국 사람을 '한인(韓人)'이라 하며 유과, 유밀과, 강정, 다식 등 우리 전통 과자류를 '한과(韓菓)'라 한다. 또, 한국에서 발달한 의술을 '한방(韓方)', 한국 재래종의 소를 '한우(韓牛)', 한국 재래의 제조법으로 만든 종이를 '한지(韓紙)', 한국의 화폐를 '한화(韓貨)'라 한다.

'머무를 주(駐)'를 쓴 주한(駐韓)은 한국에 머무르고 있다는 뜻이고, '방문할 방(訪)'을 쓴 방한(訪韓)은 한국을 방문한다는 뜻이며, '올 래(來)'를 쓴 내한(來韓)은 한국에 왔다는 뜻이다. '치료할 의(醫)'를 쓴 한의원(韓醫院)은 한국에서 발달한 의술로 환자를 치료한다는 의미이고, '집 옥(屋)'을 쓴 한옥(韓屋)은 한국식 집이라는 의미이다.

할부 割賦

'활부판매'라 말하는 사람이 있는데, '활부'가 아니라 '할부'가 옳다. '나눌 할(割)', '줄 부(賦)'로, 나누어 준다는 의미이다. 돈을 한꺼번에 전부 받는 것이 아니라 나누어서 받기로 약속하고 판매하는 것을 할부판매(割賦販賣)라 한다.

할복자살(割腹自殺)하는 사람이 있었다. '나눌 할(割)', '배 복(腹)', '스스로 자(自)', '죽일 살(殺)'로, 배를 나누고(찔러) 스스로를 죽이는 일을 일컫는다. 일정한 금액에 얼마를 더 얹음을 할증(割增), 몫을 갈라 나눔을 할당(割當), 아끼는 것을 선뜻 잘라 사랑의 마음으로 내어놓음을 할애(割愛), 땅을 나누어 차지하여 세력을 형성함을 할거(割據)라 한다.

'부(賦)'는 '주다'는 의미이다. 국가나 공공단체가 국민에게 의무적으로 책임지우는 노역을 '부역(賦役)', 세금 등을 구체적으로 결정하여 매기는 일을 '부과(賦課)', 지니거나 가지도록 하여 줌을 '부여(賦與)'라 한다.

경제적 목적에 이용될 수 있는 모든 천연자원을 부존자원(賦存資源)이라 하는데, '줄 부(賦)', '있을 존(存)'으로 (하늘이) 주어서 (가지고) 있는 자원이라는 의미이다. 인간은 태어나면서부터 자유와 평등을 누릴 하늘이 준 권리가 있다는 학설이 천부인권설(天賦人權說)인데, 이는 '하늘 천(天)', '줄 부(賦)', '사람 인(人)', '권리 권(權)', '주장 설(說)'로, 하늘이 사람의 권리(權利)를 주었다는 주장이다.

유대인들이 옛날부터 행하던 의식(儀式) 중 하나에 할례(割禮)가 있는데, 이는 '나눌 할(割)', '예식 례(禮)'로, 글자 그대로는 '나누는 예식'이다. 남자가 태어난 지 여드레 만에 생식기 끝의 살가죽을 조금 끊어 내는 풍습인데, 세속과의 인연을 끊는다는 의미로 행하여졌다고 한다.

현상금 懸賞金

현수교, 현수막, 현판식, 현상모집, 현상금에 '현'이 들어가 있다. '현(懸)'은 '매달다'는 의미이다.

'매달 현(懸)'이라 하였다. '늘어뜨릴 수(垂)', '다리 교(橋)'의 현수교(懸垂橋)는 '매달아 늘어뜨린 다리', 즉 구름다리이고, '휘장 막(幕)'의 현수막(懸垂幕)은 매달아 늘어뜨린 휘장(揮帳)이며, '널빤지 판(板)'의 현판식(懸板式)은 판을 매다는 의식(儀式)이다. 상(賞)을 매달아 놓고 모으는 일은 현상모집(懸賞募集)이고, 상으로 매달아 놓은 돈은 현상금(懸賞金)이다.

이현령비현령(耳懸鈴鼻懸鈴)이라는 말이 있다. '귀 이(耳)', '방울 령(鈴)', '코 비(鼻)'로, 귀에 걸면 귀고리 코에 걸면 코걸이라는 의미이고, 어떤 사실이 이렇게도 저렇게도 해석됨을 일컫는 말이다.

"무엇이 사회의 주요 현안으로 떠올랐다", "각종 현안을 다루기 위한 임시 국회 소집을 요청했다"에서의 '현안'을 '현재의 안건'으로 이해하는 사람이 많다. 그러나 '현안'은 '현안(現案)'이 아닌 '현안(懸案)'이다. '현재의 안건'이라는 의미가 아니라 '매달려 있는, 해결이 안 되어 걸려 있는 안건'이라는 의미이다.

'금(金)'은 '쇠', '금(gold)', '귀하다', '돈'의 의미로 쓰인다. '쇠붙이'를 뜻하는 금속(金屬)에서는 '쇠'의 의미이고, 금으로 만든 왕관인 금관(金冠)에서는 '금(gold)', 생활의 본보기로 삼을만한 짧은 말인 금언(金言)에서는 '귀하다', 그리고 상으로 주는 돈인 상금(賞金)에서는 '돈'의 의미이다. 성씨(姓氏)를 나타내기도 하는데, 이때는 '김'으로 발음한다.

횡설수설 橫說竪說

조리 없이 말을 함부로 지껄임을 '가로 횡(橫)', '말씀 설(說)', '세로 수(竪)', '말씀 설(說)'을 써서 횡설수설(橫說竪說)이라 한다. 횡(橫)은 동서(東西) 또는 좌우(左右)로 '가로지르다'는 의미이고, 수(竪)는 남북(南北) 또는 상하(上下)로 '서다', '세우다'는 의미이기에, 횡설수설(橫說竪說)은 좌우(左右)로 말했다가 상하(上下)로 말했다가 가로질러 말했다가 세워서 말했다가 한다는 의미로 아무런 체계 없이 제멋대로 이야기함을 뜻한다.

횡(橫)은 '가로지르다'에서 '뜻밖에'로, 그리고 다시 '사납다'와 '제멋대로'라는 의미로까지 확장되었다. 횡(橫)은 가로쓰기를 일컫는 횡서(橫書)에서는 '가로지르다', 뜻밖의 재앙(災殃)으로 인한 죽음인 횡사(橫死)에서는 '뜻밖에', 성질이나 행동이 몹시 사납다는 횡포(橫暴)에서는 '사납다', 마음대로 결단하여 실행한다는 전횡(專橫)에서는 '제멋대로'의 의미이다. 수(竪)는 똑바로 서거나 세운다는 '수립(竪立)' 정도에 쓰인다.

남의 물건을 정당하지 않게 가로채서 차지함을 '가로지를 횡(橫)', '차지할 령(領)'을 써서 '횡령(橫領)'이라 한다. 가로질러 차지했다는 의미이다. '령(領)'이 '옷깃', '요소', '거느리다', '우두머리'라는 의미도 있지만 '횡령(橫領)', '점령(占領)'에서는 '차지하다'는 의미이다. 횡단보도(橫斷步道)는 차가 다니는 길을 가로질러 끊어서 걸어 다닐 수 있도록 만든 길이다.

'설(說)'은 '말하다'는 의미로 많이 쓰이지만, '사설(師說)', '슬견설(虱犬說)', '애련설(愛蓮說)'에서는 뜻과 이치를 풀어 밝히고 자기 의견을 진술하는 문체의 이름이다.

후원 後援

후원회(後援會), 후원자(後援者), 후원군(後援軍)이 있었기에 가능하였노라고 말한다. '뒤 후(後)', '도울 원(援)'의 '후원(後援)'은 뒤에서 도와준다는 의미이다. '전(前)'이나 '선(先)'의 상대가 되는 말인 '후(後)'는 뒤에 생기는 근심이라는 후환(後患), 뒤떨어짐이라는 낙후(落後), 이전의 잘못을 깨닫고 뉘우친다는 후회(後悔) 등에 쓰인다.

친권자(親權者)가 없는 미성년자(未成年者)나 금치산자(禁治産者)를 보호하며 그들의 법률 행위를 대리하는 사람을 후견인(後見人)이라 하고, 자기보다 늦게 태어난 사람인 후배들을 가히 두려워해야 한다는 의미로 젊은이란 장차 얼마나 큰 역량을 나타낼지 헤아리기 어려운 존재이므로 존중하며 소중히 다룰 일이라는 말은 '두려워할 외(畏)'의 후생가외(後生可畏)이다.

성화(聖畵) 속에 나타나는 인물을 감싸는 금빛이나 어떤 인물 또는 사물을 더욱 빛나게 하는 배경을 후광(後光)이라 하고, 일이 잘못된 뒤에는 뉘우쳐도 어찌할 수 없음을 후회막급(後悔莫及)이라 한다.

사후약방문(死後藥方文)이라는 말이 있다. 죽은 후에 약방문(약을 짓기 위해서 약재 이름과 분량을 적은 종이)을 쓴다는 말로 때를 놓치고 난 뒤에 기울이는 헛된 노력을 일컫는다. 밥을 먹은 뒤는 식후(食後)이고, 의식이 끝난 후는 식후(式後)이며, 오시(午時 11시~13시) 이후의 시간은 오후(午後)이다.

어떤 일이 일시에 많이 일어남을 우후죽순(雨後竹筍)이라 하는 이유는 죽순이 비가 온 뒤에 매우 빠르게 성장하는 속성을 지녔기 때문이다. 먼저 경치를 묘사하고 후에 정서를 표현하는 방법을 선경후정(先景後情)이라 한다.

02

사고력을 확장시키는 인문 어휘

가공 可恐

'가공할만한 무기'라 하였다. 무기(武器)를 고쳐서 새롭게 만든다는 의미인가? 그렇다면 '~할 만한'이라는 표현보다는 '~한'이 더 좋을 듯한데……

의심(疑心)을 품는 것은 좋은 일이라고 하였다. 의심(疑心)을 품는 일이 앎의 기초(基礎)가 되기 때문이고 지식 축적의 시작(始作)이 되기 때문이라고 하였다. 특히, 학습(學習)하는 과정에서 의문을 품는 일은 지식 습득의 바탕이 된다고 하였다. 물론 의심이 의심으로만 끝나서는 안 된다는 것은 두 말할 필요가 없지만.

'장인(匠人)의 솜씨가 더해진'이라는, '물품을 만들려고 천연물이나 밑감에 손질을 더하다'는 '더할 가(加)', '장인 공(工)'의 '가공(加工)'도 있지만, '가공할 만한 무기'라는 문장에서의 '가공'은 '가능할 가(可)', '두려워할 공(恐)'으로, '가히 두려워할 만하다'는 의미의 '가공(可恐)'이다. '가공(可恐)할만한'이라는 형태로 쓰인다.

'시렁 가(架)'에 '하늘 공(空)'을 쓴 '가공(架空)'도 있다. 하늘에 건너지른다는 의미이다. 공중에 건너질러 있는 것은 어찌 보면 뿌리가 없는 것이라고 볼 수 있다. 그렇기 때문에 '가공(架空)'에는 '공중에 건너지른다'는 의미뿐 아니라 '근거 없는 일', '상상으로 지어낸 일'이라는 의미도 있다.

가공비, 가공산업, 가공식품, 가공무역, 가공창고에서는 '가공(加工)'이고, 가공적, 가공삭도, 가공의치, 가공자산에서는 '가공(架空)'이며, '가공(두려워할만)할'에서는 '가공(可恐)'이다.

가관 可觀

'금강산의 경치는 참으로 가관이었다'라 말하기도 하고 '저 녀석의 잘난 체 하는 모습은 정말로 가관이다'라 말하기도 한다. '가히 가(可)', '볼 관(觀)'의 '가관(可觀)'은 서로 반대되는 두 가지 의미로 사용되고 있다. '매우 훌륭하여 가히 볼만함'이라는 칭찬의 의미와 '하는 짓이나 몰골 따위가 꼴불견이거나 구경거리'라는 비웃음의 의미가 그것이다.

한 단어가 이렇듯 서로 상대되는 의미로 사용되는 경우는 흔치 않은데, 이렇게 상대적 의미로 쓰이는 것은 이 단어가 반어법으로 쓰이기 때문이다. '반어법(反語法)'이란 표현하려는 본뜻과 반대되는 말을 함으로써 문장의 표현 효과를 한결 높이려는 표현 방법인데, 인색함을 이야기하면서 '참 많이도 준다'라고 하거나 못 생겼음을 이야기하면서 '굉장히 미인이다'라고 표현하는 것이 그 예이다.

'관(觀)'은 관찰(觀察)에서는 '보다', 관념(觀念)에서는 '생각, 견해', 미관(美觀)에서는 '경치, 모습'이라는 의미이다. '소매 수(袖)', '손 수(手)', '곁 방(傍)', '볼 관(觀)'의 수수방관(袖手傍觀)은 소매에 손 넣고 곁에서 보고만 있다는 뜻으로 어떤 일을 당하였을 때 관여하지 않고 옆에서 보고만 있는 것을 말한다.

'밝을 명(明)', '같을 약(若)', '불 화(火)'의 명약관화(明若觀火)는 밝기가 불을 보는 것 같다는 뜻으로, 더 말할 나위 없이 분명하고 명백하다는 말이다. '앉을 좌(坐)', '우물 정(井)', '볼 관(觀)', '하늘 천(天)'의 좌정관천(坐井觀天)은 우물 속에 앉아 하늘을 쳐다본다는 뜻으로 견문(見聞)이 매우 좁을 때, 세상 물정을 너무 모를 때 쓰는 말이다.

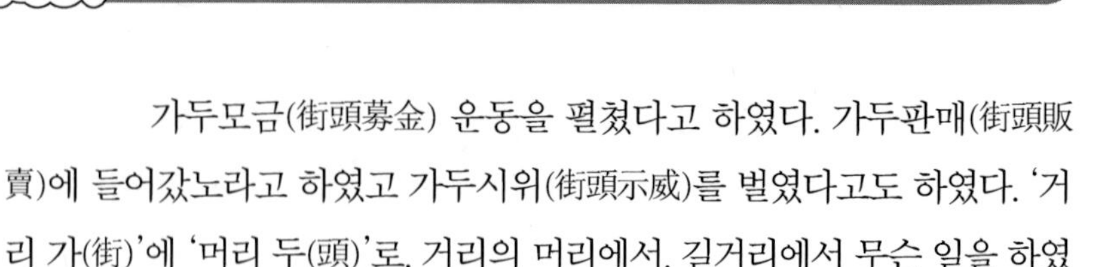

가두 街頭

가두모금(街頭募金) 운동을 펼쳤다고 하였다. 가두판매(街頭販賣)에 들어갔노라고 하였고 가두시위(街頭示威)를 벌였다고도 하였다. '거리 가(街)'에 '머리 두(頭)'로, 거리의 머리에서, 길거리에서 무슨 일을 하였다는 의미이다.

'거리 가(街)'이다. 큰길의 양쪽에 줄지어 심은 나무를 가로수(街路樹)라 하고, 길거리를 밝히기 위하여 가설해 놓은 등을 가로등(街路燈)이라 하며, 큰길가를 따라 늘어선 마을을 가촌(街村)이라 한다. '을지로 3가(三街)'에서는 '지역'이라는 의미이다.

'콩 두(豆)'에 '머리 혈(頁)'이 더해진 '머리 두(頭)'는 '동물의 머리'라는 의미로도 쓰이지만 '순서가 앞에 있다', '앞장서다'는 의미로도 많이 쓰인다. 동물을 세는 단위이기도 한데, 숫자를 헤아릴 때 머리 수를 세다 보니까 그렇게 되었으리라 생각된다. 우두머리를 '머리 두(頭)', '눈 목(目)'을 써서 '두목(頭目)'이라 하는 이유는 머리와 눈이 신체 중에서 중요한 부분이기 때문이었을 것이라 생각된다.

쑥대강이처럼 헙수룩하게 흐트러진 머리털을 '쑥 봉(蓬)', '어지러울 란(亂)', '터럭 발(髮)'을 써서 봉두난발(蓬頭亂髮)라 하고, 매우 위태롭고 어려운 지경을 백 자나 되는 장대 끝 위에 있다는 의미로 '일백 백(百)', '자 척(尺)', '장대 간(竿)'을 써서 백척간두(百尺竿頭)라 하며, 여럿 중에서 특히 뛰어난 학식이나 재능을 선두(머리)에 서서 가고 뿔처럼 두드러진다는 의미로 '머리 두(頭)', '뿔 각(角)'을 써서 두각(頭角)이라 한다.

가정법 假定法

임시로 정하거나 거짓으로 정함, 사실이 아니거나 사실인지 아닌지 아직 분명하지 않은 것을 사실인 것처럼 인정하는 것을 '임시 · 거짓 가(假)'에 '정할 정(定)'을 써서 '가정(假定)'이라 하는데, 임시 또는 거짓으로 정해 놓고 하는 말하기 방법이라는 의미이다. 동사가 뜻하는 내용이 가정(假定)이나 소망임을 나타내는, 그러니까 말하는 사람이 자신이 말하는 문장의 내용에 대하여 사실을 사실 그대로 나타낸 것이 아니라 가정, 상상, 소원임을 나타내는 형태를 가정법(假定法)이라 한다.

가정법(假定法)에는 현재, 과거, 과거완료, 미래의 4가지 종류가 있는데, 현재의 불확실한 일이나 미래에 대한 가정, 의심을 나타내는 '가정법 현재', 현재 사실의 반대를 가정, 상상, 의심하는 내용을 나타내는 '가정법 과거', 과거 사실의 반대이며 과거 사실에 대한 순수한 가정인 '가정법 과거완료', 미래에 대한 강한 의심이나 불가능한 일에 대한 가정(假定) 또는 주어의 의지 욕망을 나타내는 '가정법 미래'가 그것이다.

거짓으로 꾸몄다고 해서 '꾸밀 장(裝)'의 '가장(假裝)'이고, 임시로 일컫는다 해서 '일컬을 칭(稱)'의 '가칭(假稱)'이며, 임시로 지은 건물이라 해서 '가건물(假建物)'이다. 말이나 행동을 속마음과 달리 거짓으로 꾸민 것을 '수식할 식(飾)'을 써서 '가식(假飾)'이라 한다.

살아가면서 '만약'을 생각해 보는 것은 재미있는 일이면서 동시에 지식과 지혜를 키워가는 중요한 일이다. 가능한 스스로에게 자주자주 '만약'이라는 말을 던져보는 습관을 갖는 것이 중요하다는 말이다.

각광 脚光

전주(全州)가 영상 관광단지로 각광(脚光)을 받고 있다고 하고, 어떤 가수의 노래가 각광(脚光)을 받고 있다고도 한다. 어떤 사물이나 사건이 사회적 관심이나 흥미를 끌게 되었을 때 사용하는 표현이 '각광(脚光)'이다.

'다리 각(脚)'에 '빛 광(光)'을 쓴 '각광(脚光)'은 원래 무대의 앞쪽 다리 쪽에 장치하여 출연자(出演者)의 다리를 비추는 빛이다. '각광(脚光)'은 출연자의 다리를 보여주기 위함이 아니라 다리가 있는 아래쪽에서 몸 전체를 비추어서 인물을 두드러지게 보여주기 위한 불빛이다.

'각'을 '다리 각(脚)'이라 하였다. 다리의 기운에 관계되는 병이기에 '각기병(脚氣病)'이고, 다리 선의 아름다움이기에 '각선미(脚線美)'이다. 연극이나 영화에서 무대의 모양, 배우가 한 말이나 동작 등을 적은 글, 또는 어떤 일을 하기 위하여 미리 구체적으로 짠 계획은 '각본(脚本)'이고, 소설이나 실화나 전설 등을 연극이나 영화로 만들기 위한 극본이나 시나리오로 고쳐 쓰는 일은 '각본의 색깔(형식)을 고친다'해서 '각색(脚色)'이다. '각본(脚本)'에는 어떤 일을 위해 미리 꾸며놓은 계획이라는 의미도 있다.

왜 '다리 각(脚)'을 쓰는 것일까 고민했는데, '각(脚)'에 '본질', '토대'라는 의미도 있었기 때문이었다. 생각해 보니 다리가 신체의 '본질', '토대'가 되는 것도 분명하였다.

숨기려 하던 정체가 저도 모르게 드러났을 때 '마각(馬脚)을 드러냈다'라고 한다. 말이 다리를 드러냈다는 의미인데, 연극에서 말의 다리로 분장한 사람이 자기 모습을 드러냈다는 뜻으로 숨기고 있던 부정적 정체나 좋지 않은 본심을 드러냈다는 의미이다.

각서 覺書

의견이나 희망을 전달하거나 기억하기 위하여 적어 두는 문서, 또는 어떤 일의 이행을 약속하는 뜻으로 상대에게 주는 문서, 또는 국가원수나 외교사절이 서명한 국가 사이에서 교환되는 외교 문서를 '깨달을 각(覺)', '글 서(書)'를 써서 각서(覺書)라 한다. '(잊어버렸을 때) 깨닫도록 적어 놓은 글'이라는 의미이다.

'각(覺)'은 먼저 깨달은 사람이라는 '선각자(先覺者)'에서는 '깨닫다', 숨겨 있던 사실이 드러난다는 '발각(發覺)'에서는 '드러나다', 보고 듣는 감각을 일컫는 '시청각(視聽覺)'에서는 '감각'이라는 의미이다.

스스로 깨달음, 또는 자기 체험으로 올바른 방법을 깨닫는다는 '자각(自覺)', 환상으로 느낀다는 의미로 감각기관을 자극하는 외부 사물이 없음에도 마치 그 사물이 있는 것처럼 일어나는 감각인 '환각(幻覺)', 중추신경을 자극시켜 잠이나 피로감을 억제하는 약인 '각성제(覺醒劑)', 깨어서 정신을 차린다는 '각성(覺醒)' 등에도 '깨달을 각(覺)'을 쓴다.

'서(書)'는 '글'이라는 의미뿐 아니라 '책', '문서', '편지', 그리고 '쓰다'는 의미로도 쓰인다. 책을 얹는 선반인 서가(書架)에서는 '책'의 의미이지만, 글자로 기록한 문서 특히 사무에 관한 문서인 서류(書類)에서는 '문서', 서간문(書簡文)에서는 '편지', 그리고 정서(淨書)에서는 '쓰다'는 의미인 것이다.

각서(覺書)에 특별한 양식은 없지만 의사표시만은 분명히 해야 한다. 흠이 없는 각서를 작성하려면 친필(親筆)로 작성을 하고 사실 관계, 이해관계자(利害關係者)의 신원, 날짜를 정확하게 기재하고 누가 무엇을 책임을 지겠다는 것인지를 정확히 기재해야 하는 것이다.

간과 看過

'간과(看過)할 수 없다', '간과(看過)해서는 안 된다'는 이야기를 듣는다. '볼 간(看)', '지나칠 과(過)'로, '보고 그냥 지나친다'는 의미이다. 보긴 보았는데, 알긴 알았는데, 중요하지 않다고 생각하여 관심 두지 않고 내버려둔다는 의미이다. 묵과(默過)라는 말도 있다. '말없을 묵(默)'으로 말없이 지나쳐 버렸다는 의미이다. 중요한 것인 줄 알기는 했지만 여러 가지 이유로 말하지 아니하고 모른 체 지나쳐 버린다는 의미이다.

'看'은 '볼 간'이다. 환자나 노인을 보살피고 보호하는 일인 간호(看護), 보살피어 지키는 일인 간수(看守), 보아서 깨뜨려서 알아낸다는 간파(看破) 등에 쓰인다. 盲은 '소경 맹'이고, 眉는 '눈썹 미'이며, 眠은 '잠잘 면', 省은 '살필 성', 眼은 '눈 안', 督은 '살펴볼 독'이다. 모두 '눈 목(目)'이 들어 있고 '눈', '보는 일'이라는 의미를 지니고 있다.

'과(過)'에는 '지나다'와 '지나치다', 그리고 '허물'이라는 의미가 있다. 과거(過去), 과로(過勞), 과정(過程), 과격(過激), 과잉(過剩), 과객(過客)에서는 '지나다', '지나치다'는 의미이고 과실(過失), 과오(過誤), 대과(大過)에서는 '허물'이라는 의미이다.

'과즉물탄개(過則勿憚改)'라는 말이 있다. '말 물(勿)', '꺼릴 탄(憚)'으로 허물이 있은즉 고치는 것을 꺼리지 말라는 의미이다. '과유불급(過猶不及)'이라는 말도 있다. '같을 유(猶)', '미칠 급(及)'으로 지나친 것은 미치지 아니한 것과 같다는 의미이다. 그렇다. 모자란 것만 나쁜 것이 아니라 지나친 것도 좋지 못하다. 치우침이 없는, 지나치거나 모자람이 없는 중용(中庸)이 최고이다.

감개무량 感慨無量

감개무량(感慨無量)하다는 말을 듣는다. 상(賞)을 받고서도, 유명한 작품을 감상(鑑賞)하고서도, 오랜만에 보고 싶은 사람을 만나고서도 감개무량(感慨無量)을 이야기한다. 매우 감격하여 마음속 깊이 느낀 느낌이 그지없음을 표현할 때 '느낄 감(感)', '느낄 개(慨)', '없을 무(無)', '헤아릴 량(量)'을 쓰는데, '느끼고 느낌이 헤아릴 수 없다'는 의미이다.

'개(慨)'는 분하게 여기어 탄식한다는 개탄(慨嘆), 몹시 분하게 여긴다는 분개(憤慨), 의롭지 못한 일이나 잘못되어가는 세태(世態) 따위에 대해서 슬프고 분하여 마음이 북받친다는 비분강개(悲憤慷慨)에서처럼 대부분 '슬퍼하다'는 의미로 쓰이지만 감개(感慨)에서는 '느끼다'는 의미이다.

'무량(無量)'은 헤아릴 수 없다, 헤아릴 수 없을 만큼 많다는 의미이다. '량(量)'은 '헤아리다', '용량', '부피 재는 기구', '너그러운 마음'이라는 의미로 쓰이는데, 사용한 물의 분량을 측정하는 기계인 수량계(水量計)에서는 '헤아리다', 분량을 잰다는 계량(計量)에서는 '용량(用量)', 자와 되와 저울을 아우른 '도량형(度量衡)'에서는 '부피 재는 기구', 넓은 마음과 깊은 생각인 '도량(度量)', '아량(雅量)'에서는 '너그러운 마음'이다.

일정한 곳에 일정한 시간 동안 내린 비의 양을 '내릴 강(降)', '비 우(雨)'를 써서 '강우량(降雨量)'이라 하고, 일정한 곳에 일정한 시간 동안 내린 눈의 양을 '내릴 강(降)', '눈 설(雪)'을 써서 '강설량(降雪量)'이라 한다. '강수량(降水量)'은 비, 눈, 우박 등으로 지상에 내린 물의 총량이다.

갑부 甲富

돈이 많은 '부자(富者) 중의 부자(富者)'를 '갑부(甲富)'라 하고 사물을 몇 종류로 나눌 때 첫째 종류를 일러 '갑종(甲種)'이라 한다. 근로의 대가로 받은 소득을 갑종근로소득(甲種勤勞所得)이라 하고 이에 대해 원천징수하는 소득세를 갑종근로소득세(甲種勤勞所得稅), 줄여서 '갑근세(甲勤稅)'라 한다.

갑(甲), 을(乙), 병(丙), 정(丁), 무(戊), 기(己), 경(庚), 신(申), 임(壬), 계(癸)를 십간(十干)이라 하는데, 이 십간(十干) 중에 '갑(甲)'이 첫 번째이기에 '갑(甲)'에 '첫째'라는 의미가 붙은 것이다. 신분이나 이름이 알려지지 아니한 평범한 사람을 '갑남을녀(甲男乙女)'라 하는데, 갑(甲)이라는 남자와 을(乙)이라는 여자, 즉 어떤 남자와 어떤 여자라는 뜻이다. 그러니까 '갑부(甲富)'나 '갑남을녀(甲男乙女)에서의 '갑(甲)'을 우리는 '갑옷 갑'이 아니라 '첫째 갑'이라 이름 붙여야 하는 것이다.

'甲'은 '갑옷', '껍데기'라는 의미로도 쓰인다. 갑주(甲冑), 갑각류(甲殼類), 갑판(甲板), 장갑(掌匣)에서의 '갑(甲)'은 '갑옷', '껍데기', '단단한 것'이라는 의미이다. 게나 새우의 등과 같이 딱딱한 등딱지로 된 동물을 갑각류(甲殼類)라 하고, 큰 배나 군함 위에 나무나 철판으로 깐 평평하고 넓은 바닥을 갑판(甲板)이라 한다. 자라를 '단단한 물고기'라 해서 갑어(甲魚)라 하고, 거북이의 등딱지나 짐승의 뼈에 새긴 글자를 갑골문자(甲骨文字)라 한다. '남산 위의 저 소나무 철갑을 두른 듯'이라는 애국가 구절은 남산 위에 있는 소나무가 빽빽하게 들어 차 있는 모습을 철로 만든 갑옷을 두른 것에 비유한 표현이다.

자기의 의견을 내세우며 남의 의견 반박함을 '갑론을박(甲論乙駁)'이라 하는데, 갑이 의견을 논(論)하면 을이 반박(反駁)한다는 의미이다.

강박관념 强迫觀念

강박관념에 사로잡혔다는 말을 듣는다. '억지로 강(强)'에 '다가올 박(迫)'을 쓴 '강박(强迫)'은 무리하게 남의 의사를 꺾고 억지로 어떤 행위를 하게 한다는 의미이고, '볼 관(觀)', '생각 념(念)'을 쓴 '관념(觀念)'은 견해나 생각이라는 의미이다. 그렇기 때문에 아무리 물리치려고 애써도 그 의사(意思)에 거역(拒逆)하여 마음속에서 떠나지 않는 생각, 머리에 들어박히어 떠나지 아니하는 생각이 '강박관념(强迫觀念)'인 것이다. 특정 사물이나 관념에 괴팍스러울 정도로 집착하는 것을 '편집적 강박증'이라 한다. 옷이라든가 몸매, 우표, 일, 건강 등이 흔히 집착의 대상이 된다고 하는데, 편집적 강박증은 대개 고집스럽고 독특한 습관 정도로 치부되어 버리지만, 정도가 지나치면 정상생활에 지장을 줄만큼 심각한 병으로 치달을 수 있다고 한다.

말이나 글에서, 다른 사람에게 어떤 부분이나 요소나 내용을 분명히 깨달아 알도록 중요하다고 말하거나 여러 번 말하는 것을 강조(强調)라 하고, 강하게 함 또는 강하게 됨을 강화(强化)라 하며 위력을 써서 남의 자유의사를 누르고 무리하게 행함을 강제(强制)라 한다.

타협하거나 굽힘이 없이 힘차고 굳셈을 '단단할 경(硬)'을 써서 강경(强硬)이라 하고, 태도가 완고(頑固)하고 의지(意志)가 굳셈을 완강(頑强)이라 한다. 강제로 행함, 무리를 하면서까지 행함을 강행(强行)이라 하고, 폭행, 협박 등의 수단을 쓰는 도둑을 '훔칠 도(盜)'를 써서 강도(强盜)라 한다.

'굳을 고(固)', '정할 정(定)'의 '고정관념(固定觀念)'은 사람의 마음속에 늘 자리하여 흔들리지 아니하는 생각, 사람의 머리에서 떠나지 않고 외계의 동향이나 상황의 변화에 의해서도 변혁되기 어려운 생각을 일컫는다.

개연성 蓋然性

소설(小說)을 '개연성 있는 허구'라 이야기하기도 하는데, 개연성(蓋然性)이란, '대개 개(蓋)', '그러할 연(然)', '성질 성(性)'으로, '대개 그러할 것으로 추측되는 성질'이라는 의미이다. '개(蓋)'가 여기에서는 '대개'라는 의미로 쓰였지만 석실(石室) 위에 덮던 돌인 개석(蓋石), 뚜껑이나 덮개를 덮는다는 복개(覆蓋), 이엉으로 지붕 이는 일인 개초(蓋草)에서는 '덮다'는 의미이다.

'연(然)'은 필연(必然), 연즉(然則), 연후(然後)에서는 '그러하다'는 의미이고, 자연(自然), 태연(泰然)에서는 '상태를 나타내는 접미사'이다. 비바람에 가볍게 나부끼거나 훌쩍 떠나가는 모양을 '표연(飄然)'이라 하고 범위나 내용이 갈피를 잡을 수 없게 어렴풋함을 '막연(漠然)'이라 한다. '불 화(火)'가 더해진 '燃'은 '불탈 연'이다.

'개관사정(蓋棺事定)'이라는 말이 있다. '관의 뚜껑을 덮은 뒤에야 일(그 사람의 가치)이 결정된다'는 의미로 사람의 가치를 쉽게 판단해서는 안 된다는 말이다. 반드시 그러하다는 것이 아니라 'A는 B일 수 있다'와 같이 가능성이 있다고 생각하는 것을 '개연적 판단(蓋然的 判斷)'이라 하고, 힘은 산이라도 빼어 던질 만하고 기(氣)는 세상을 덮을 만큼 웅대함을 '뺄 발(拔)'을 써서 '역발산기개세(力拔山氣蓋世)'라 한다.

크고 원대하여 부끄러움이 없는 마음을 '호연지기(浩然之氣)'라 한다. 크게(浩) 그러하리라(然) 생각하여 마음 쓰지 않는 기상(氣)이라는 의미이다. 도의(道義)에 근거를 두고 굽히지 않고 흔들리지 않는 바르고 큰마음이다. '없을 무(無)', '할 위(爲)'의 '무위자연(無爲自然)'은 하는 일 없이 자연에 동화되어 살아간다는 의미로, 인공(人工)을 더하지 않은 그대로의 자연 또는 그런 이상적인 경지를 일컫는다.

객관 客觀

'손님, 나그네 객(客)'에 '볼 관(觀)'을 쓴 '객관(客觀)'은 '손님이나 나그네가 보는 관점'이라는 의미로 자기 혼자만의 생각에서 벗어나 제3자의 처지에서 사물을 보거나 생각하는 일을 가리킨다. 이와는 달리 자기만의 생각, 그러니까 자기만의 치우친 생각은 '주인, 자신 주(主)'의 '주관(主觀)'이다. '주인 혼자만의, 자기 마음대로의 관점'이라고 해석하면 된다.

있는 그대로 보아서 사실적으로 그리는 것을 '객관묘사(客觀描寫)'라 하고, 개인적인 것보다 제3자적 입장에 서는 성질을 '객관성(客觀性)'이라 하며, 개인적 생각을 떠나 보편타당성을 가진 것을 '객관적(客觀的)'이라 한다. 또 주관적인 것을 객관적인 것이 되게 하는 일, 그러니까 경험을 조직하고 통일하여 보편타당성을 가진 지식을 만들어 가는 일을 '객관화(客觀化)'라 한다.

'관(觀)'은 '보다'라는 의미로 많이 쓰이지만 '생각', '관념', '관점', '견해', '경치', '모습', '보이다'는 의미로도 쓰인다. 되어가는 형편을 제3자의 처지에서 바라보는 것을 '관망(觀望)'이라 하고, 사물을 볼 때 그 사람이 보는 처지를 '관점(觀點)'이라 하며, 사물에 널리 통달한 식견이나 관찰을 '달관(達觀)'이라 한다.

평가 방법은 교육의 방법이나 질을 다르게 한다. 객관식(客觀式)에서 벗어나야 한다. 가짜 주관식(主觀式)(단답형)도 문제는 많다. 서술형이어야 한다. 물론 문제는 있다. 객관성 확보가 그것이다. 그러나 구더기 무섭더라도 장은 담가야 하듯, 선생님의 양심을 믿고 완전 서술형으로 바꾸어야 교육의 질도 높아지지 않을까?

경시 輕視

미천(微賤)하고 작다는 이유로 사람을 경시(輕視)해서는 안 된다는 속담에 '기러기도 백 년의 수(壽)를 가진다', '가만 바람이 대목을 꺾는다'가 있다. '제비는 작아도 알을 낳는다', '담비는 작아도 범을 잡아먹는다' 등의 속담도 같은 의미이다. 대수롭게 여기지 않고 가볍게 보는 것을 '가벼울 경(輕)', '볼 시(視)'를 써서 '경시(輕視)'라 한다.

'경(輕)'은 '가볍다', '업신여기다'는 의미로 쓰인다. 가벼움과 무거움, 중요한 것과 중요하지 않는 것을 경중(輕重)이라 하고, 말과 행동이 진중하지 못하고 가벼운 것을 '경솔(輕率)'이라 하는데, 이때의 '경(輕)'은 '가볍다'는 의미이고, 경멸(輕蔑)하다에서의 '경(輕)'은 '업신여기다'는 의미이다.

깊이 생각하지 않고 경솔하게 행동함을 경거망동(輕擧妄動)이라 하고, 말과 행동이 가볍고 방정맞음을 경망(輕妄)이라 하며, 재주는 있으나 경박한 사람을 경박재자(輕薄才子)라 한다.

'보다'는 의미의 한자에 '시(視)', '관(觀)', '람(覽)', '견(見)'이 있는데, '시(視)'는 자세히 보는 것을 말하고, '관(觀)'은 자세히 생각해서 보는 것을 말하며, '람(覽)'은 비교해서 보는 것, '견(見)'은 그냥 보는 것을 말한다.

시력(視力)이 미치는 범위를 시계(視界)라 하고, 돌아다니며 실지 사정을 살펴봄을 시찰(視察)이라 하며, 물체의 형태를 분간하는 눈의 능력을 시력(視力)이라 한다.

경직 硬直

'경직된 자세', '경직된 근육', '경직된 제도'라는 말을 듣는다. '단단할 경(硬)', '곧을 직(直)'의 경직(硬直)은 '단단하여 꿋꿋해짐', '생각이나 태도 등이 매우 딱딱함'이라는 의미이다.

'돌 석(石)'에 '고칠 경(更)'이 더해진 '경(硬)'은 '단단하다', '굳다'는 의미이다. 타협하거나 굽힘이 없이 힘차고 굳세다는 강경(强硬), 굳어서 단단하게 된다는 경화(硬化), 입천장 앞쪽의 뼈가 있는 단단한 부분인 경구개(硬口蓋), 된소리의 다른 이름인 경음(硬音), 연골(軟骨)의 상대 개념으로 굳고 단단한 뼈인 경골(硬骨)등에 쓰인다.

동맥경화증(動脈硬化症)이라는 병이 있다. 동맥이 단단하게 변화하는 병 증세라는 의미이다. 혈관에 주로 콜레스테롤 등의 지방성 물질이 쌓여 혈관 통로가 좁아지고 탄력성을 잃게 되는 질병을 말한다. 비슷한 글자에 '고칠 경(更)', '다시 갱(更)', '편할 편(便)', '클 석(碩)' 그리고 '채찍 편(鞭)'이 있다.

'경(硬)'과 상대적인 의미의 글자에 부드럽다는 의미의 '연(軟)'이 있다. 단단한 성질이 '경성(硬性)'이고 부드러운 성질은 '연성(軟性)'이다.

직(直)은 '곧다', '바로'의 의미이다. 꿋꿋하고 곧음을 강직(剛直)이라 하고 반듯하게 드리움을 수직(垂直)이라 한다. 눈을 돌리지 않고 똑바로 내쏘아 봄을 직시(直視)라 하고 자기가 믿는 대로 기탄(忌憚)없이 말함을 직언(直言)이라 한다.

고무적 鼓舞的

고무적인 반응을 보였노라고 하였다. 고무적인 방향으로 생각해 보겠노라고도 하였다. '고무'가 고무장갑이나 고무신의 '고무'가 아닌 것은 분명하였지만……. '북 고(鼓)', '춤출 무(舞)'였다. 북 치고 춤출 정도로 신나고 기분이 좋다는, 북을 쳐서 춤을 추게 할 정도로 즐겁고 신나게 한다는 의미였다.

'거짓 가(假)', '꾸밀 장(裝)'으로 거짓으로 꾸밈이 가장(假裝)이고, '춤출 무(舞)', '뛸 도(跳)'로, 춤추고 뛰는 일이 무도(舞蹈)이니까, 가장무도회(假裝舞蹈會)는 얼굴이나 옷차림을 딴 모습으로 꾸미고 춤추며 노는 모임이다. 귓구멍 안쪽에 있는 갓 모양의 둥글고 얇은 막을 북처럼 소리 내는 얇은 막이라는 의미로 '북 고(鼓)', '얇은 꺼풀 막(膜)을 써서 '고막(鼓膜)'이라 하고, 북 치고 피리를 불면서 용기와 기운을 북돋우어 일으키거나 의견이나 사상 등을 열렬히 주장하여 널리 선전하는 일을 '북 고(鼓)', '불 취(吹)'를 써서 '고취(鼓吹)'라 한다.

'고복격양(鼓腹擊壤)'이라는 말이 있는데, '두드릴 고(鼓)', '배 복(腹)', '칠 격(擊)', '땅 양(壤)'으로, 배 두드리고 땅을 치며 논다는 의미이고, 태평성대(太平聖代)를 일컫는다.

고지식하여 융통성(融通性)이 없음을 '교주고슬(膠柱鼓瑟)'이라 한다. '아교 교(膠)', '기둥 주(柱)', '거문고 슬(瑟)'로, 북과 거문고의 기둥(기러기발)을 아교(접착제)로 붙여 놓았다는 의미이다. 기둥을 아교로 붙여 음조를 바꿀 수 없어 한 가지 소리밖에 내지 못하듯 규칙에 얽매여 변통할 줄 모른다는 말이다.

여럿이 어우러져 추는 춤을 '군무(群舞)'라 하고, 춤추는 일을 업으로 삼는 여자를 '계집 희(姬)'를 써서 '무희(舞姬)'라 한다. 노래, 춤, 연극 등을 위해 객석 정면에 만들어 놓은 단을 '무대(舞臺)', 노래하면서 춤을 추는 일을 '가무(歌舞)'라 한다.

곤욕 困辱

곤욕을 치렀다고 하고 곤욕을 겪었다고도 한다. 심한 모욕(侮辱)을 당하였다는 의미이다. '어려울 곤, 괴로울 곤(困)'이고 '욕될 욕, 더럽힐 욕(辱)'이다. 가난하고 곤란함을 '곤궁(困窮)'이라 하고 가난하여 살기가 어려움을 '빈곤(貧困)'이라 한다. 수치와 모욕을 '치욕(恥辱)'이라 하고 영예(榮譽)와 치욕(恥辱)을 '영욕(榮辱)'이라 한다.

'어지러울 혹(惑)'을 쓴 '곤혹(困惑)'은 다른 의미이다. '나는 그의 예기치 못한 청혼(請婚)에 곤혹(困惑)을 느꼈다'에서처럼 곤란한 일을 당해 어지럽거나 어떻게 해야 할지 모르는 상태를 일컫는 말이다.

'곤(困)'은 '지치다', '어렵다', '가난하다'는 의미이다. 나른하고 고달픔을 '노곤(勞困)'이라 하고, 가난하여 살기 어려움을 '빈곤(貧困)'이라 하며, 가난하고 곤란함을 '곤궁(困窮)'이라 한다.

'혹(惑)'은 '미혹하다', '어지럽다'는 의미이다. 세상을 어지럽게 함을 '혹세(惑世)'라 하고, 마음이 어둡고 흐려서 무엇에 홀림을 '미혹(迷惑)'이라 하며, 남을 꾀어서 정신을 어지럽게 함을 '유혹(誘惑)'이라 한다.

어떤 일을 하는 입장, 상황, 조건 등이 좋지 않아 어렵거나 까다로운 상태 또는 경제적으로 몹시 어렵고 궁핍함을 일러 '곤란(困難)'이라 하고, 가난하고 궁색하여 살기 어려움, 또는 내용 따위가 모자라거나 텅 빔을 일러 '빈곤(貧困)'이라 한다. 봄날에 느끼는 나른한 기운의 증세는 '춘곤증(春困症)'이다.

과분 過分

역량이 없으면서도 분수에 넘치는 사치한 것을 좋아할 때 '살진 놈 따라 붓는다', '없는 놈이 자 두 치 떡 즐긴다'는 속담을 쓰고 자기에게는 당치도 않는 과분(過分)한 짓을 할 때 '하늘 보고 손가락질 한다'는 속담을 쓴다. '지나칠 과(過)', '분수 분(分)'의 과분(過分)은 '분수에 지나치다'는 의미이다.

'과(過)'는 '지나치다', '허물' 그리고 '건너다'는 의미로 쓰인다. 지나치게 격렬함을 과격(過激), 예정된 수효나 필요한 수효에서 남는 것을 과잉(過剩), 지나치게 일을 하여 고달프게 되는 것을 과로(過勞)라 하는데, 이때에는 '지나치다'는 의미이고, 과오(過誤), 과실(過失)에서는 '허물'이라는 의미이며, 과거(過去), 과도기(過渡期), 과정(過程)에서는 '건너다'는 의미이다.

'과즉물탄개(過則勿憚改)'라 하였다. '허물 과(過)', '곧 즉(則)', '말 물(勿)', '꺼릴 탄(憚)', '고칠 개(改)'로, 잘못을 범한 즉시 고치는 것을 꺼리지 말아야 한다는 의미이다. 잘못을 범하는 것보다 잘못했을 때 고치지 않음이 더 어리석다는 말이다.

중용(中庸)을 강조할 때 '과유불급(過猶不及)'이라는 말을 쓴다. '지나칠 과(過)', '같을 유(猶)', '아니 불(不)', '미칠 급(及)'으로 지나친 것은 미치지 않는 것과 같으니 지나쳐서는 안 된다는 의미이다.

논어(論語)에 '과이불개시위과의(過而不改是謂過矣)'라는 말이 나온다. '허물 과(過)', '그러나 이(而)', '이것 시(是)', '말할 위(謂)', '어조사 의(矣)'로, '허물 있을 때 그러나 고치지 않음, 이것을 잘못이라 이른다'는 의미로 잘못한 것 그 자체가 아니라 잘못한 줄 알았으면서도 고치지 않는 것이 진정한 잘못이라는 말이다.

관계대명사 關係代名詞

우리말의 문장 구조는 영어와 다르다. 우리말에서는 앞의 말이 뒤에 나오는 말을 꾸며 주지만 영어에서는 주어 동사가 있는 문장의 경우, 뒤에서 앞의 말을 꾸민다. 예를 들어, 우리말 문장 '그는 수영을 잘하는 학생이다'를 보자. '수영을 잘하는'이 뒤에 나오는 '학생'을 꾸며 준다. 이번에는 영어로 옮긴 문장을 보자. He is a student who can swim well(그는 학생이다. 수영을 잘하는)에서, 뒤에 나오는 'who can swim well(수영을 잘하는)'이 앞의 'a student'를 꾸민다.

사물의 이름을 명사(名詞)라 하고 그 명사를 대신하는 말을 대명사(代名詞)라 한다. '관계(關係)'는 앞 문장과 뒤 문장을 관계 맺어 주는 역할을 한다는 의미이다. 그러니까 관계(關係)를 맺어 주면서 대명사(代名詞) 역할까지 하는 품사, 위 문장에서 'who'와 같이 접속사와 대명사 역할을 동시에 해 주는 품사가 관계대명사(關係代名詞)인 것이다.

일의 성패나 추이를 가름하는 중요한 부분이나 요인을 '관건(關鍵)'이라 하는데, '빗장 관(關)', '열쇠 건(鍵)'으로, '빗장과 열쇠처럼 중요하다'는 의미이다. 다른 영역으로 나아가기 위하여 꼭 거쳐야 할 단계나 중요한 고비를 '관문(關門)'이라 하고, 세관에서 수출입 물품에 부과하는 세금을 '관세(關稅)'라 한다. 마음이 끌려 신경 쓰거나 주의 기울임을 '관심(關心)'이라 하고, 넘기기 어려운 일이나 고비를 '난관(難關)'이라 한다.

'오불관언(吾不關焉)'이라는 말이 있다. 나는 그 일에 상관(相關)하지 아니한다는 의미이다. 세월(歲月)을 비유하여 '백대지과객(百代之過客)'이라 하였는데, 3천 년(100×30년) 만의 나그네, 한 번 가면 영원히 돌아오지 않는 나그네라는 뜻이다.

관념적 觀念的

비교적 오랜 시간에 걸쳐 알게 모르게 이루어진 생각이나 의식, 현실과 동떨어진 추상적이고 이론적인 생각 또는 대상에 대한 인간의 인식이나 의식 내용을 관념(觀念)이라 하는데, 고정관념(固定觀念)이니 시간관념(時間觀念)이니 하는 경우에 쓰인다.

그런데 이 관념(觀念)에 '적(的)'이 붙은 '관념적(觀念的)'은 현실에 의하지 않고 추상적 공상적인 것이라는 의미이다. 그렇기 때문에 새로운 생각을 찾아 전개되는 글, 또는 새로운 소재를 연상시켜 써내려 가는 글, 인생에 비유시켜 써 나가는 글, 여러 생각을 나열한 글을 '관념적(觀念的)'이라 하는 것이다.

'볼 견(見)'이 들어간 '볼 관(觀)'은 사물을 잘 살펴본다는 '관찰(觀察)'에서는 '보다'라는 의미이지만, 관념(觀念), 관점(觀點), 달관(達觀)에서는 '생각', 미관(美觀), 경관(景觀), 장관(壯觀)에서는 '경치', 그리고 군대의 위세를 보인다는 관병(觀兵)에서는 '보이다'는 의미이다.

'지금 금(今)'에 '마음 심(心)'이 더해진 '념(念)'은 '염려(念慮)', '염두(念頭)', '묵념(黙念)', '단념(斷念)', '잡념(雜念)' 등에서처럼 대부분 '생각'이라는 의미로 많이 쓰이지만 '염불(念佛)'에서는 '읊다'는 의미이다.

생각이 없고 생각이 없다는 뜻으로 자기를 잊어버리는 경지에 이르러 조금의 생각도 없음을 '무념무상(無念無想)'이라 하고, 어떤 사람의 마음속에 잠재하여 항상 머리에서 떠나지 않고 외계의 동향이나 상황의 변화에 의해서도 변혁되기가 어려운 생각을 '고정관념(固定觀念)'이라 한다. '굳을 고(固)', '정할 정(定)'으로 굳어져 정하여진 생각이라는 의미이다.

관사 冠詞

a, an이나 the를 '관사(冠詞)'라 한다. '머리 관(冠)', '품사 사(詞)'로, 단어의 머리에 붙은 말이라는 의미이다. 관사(冠詞)는 우리말에는 없는 품사인데, 셀 수 있는 명사가 하나 있을 때에 '하나의'라는 뜻을 갖지만 우리말로는 굳이 해석하지 아니한다.

관사에는 정관사와 부정관사가 있는데, 말 그대로 정해진 것을 가리킨다 해서 정관사(定冠詞)이고, 정해지지 않는 것을 가리킨다 해서 부정관사(不定冠詞)이다. 이미 앞에서 말한 명사를 다시 말하거나, 앞에서 말한 대상이 아니더라도 상황으로 보아 어느 것을 가리키는 것인지가 분명할 때 the를 쓰는데, 이 the를 정관사(定冠詞)라 한다. 정해진 것을 가리키면서 명사의 머리에 놓이는 품사라는 의미이다. a나 an을 '부정관사(不定冠詞)'라고 하는 것은 '아니 부(不)' '정할 정(定)'으로 정해지지 않는 그 무엇을 가리키기 때문이다.

관례(冠禮), 혼례(婚禮), 상례(喪禮), 제례(祭禮)를 통틀어 관혼상제(冠婚喪祭)라 하는데, 관례(冠禮)는 아이가 어른이 될 때 올리는 예식을 일컫는다. '머리 관(冠)'을 쓴 이유는 관례를 행할 때 남자는 머리에 갓을 쓰고, 여자는 머리에 쪽을 쪘기 때문이다.

영국 왕실이 영국의 가장 뛰어난 시인에게 내리는 명예 칭호가 '계수나무 계(桂)'를 쓴 '계관시인(桂冠詩人)'이다. 고대 그리스와 로마 시대에 명예의 상징으로 월계수로 관(갓)을 만들어 씌워준 데서 유래한다. 지난날 '관리가 관복을 입을 때 쓰던 검은 비단으로 만든 모자'를 사모(紗帽), 관리가 입던 공복(公服)을 관대(冠帶)라 하였는데, 관대(冠帶)는 '옷 의(衣)', '갓 관(冠)', '묶을 속(束)', '띠 대(帶)'인 의관속대(衣冠束帶)의 준말이다.

귀납법 歸納法

미루어 생각하여 논하는 것, 그러니까 알고 있는 사실을 바탕으로 알지 못하는 것을 미루어 생각하는 것을 추론(推論) 또는 추리(推理)라 하는데, 논리적으로 이야기하면, 미리 알려진 어떤 판단(전제)에서 새로운 판단(결론)을 이끌어 내는 사고 작용을 말한다.

추론에는 연역적(演繹的) 추론과 귀납적(歸納的) 추론이 있다. 관찰과 실험을 통해 구체적인 사실을 수집 정리해서 보편적 법칙을 유도해 내는 학문 연구 방법은 귀납법(歸納法)이고 일반적인 원리로부터 논리의 절차를 밟아서 낱낱의 사실이나 명제를 이끌어내는 방법은 연역법(演繹法)이다.

'돌아갈 귀(歸)', '들일 납(納)'은 '구체적 사실을 통해 일반적 결론을 들여놓는다'로 해석할 수 있고 '통할 연(演)', '캐낼 역(繹)'은 '일반적인 원리를 통하여 새로운 구체적 사실을 캐낸다'로 해석할 수 있다.

'엄마는 죽는다, 아빠도 죽는다, 동생도 죽는다. 엄마 아빠 동생은 사람이다. 그러므로 모든 사람은 죽는다'는 구체적인 앞 네 문장을 통해 마지막 문장 '그러므로~'라는 일반적 사실을 결론으로 이끌어냈기에 귀납법(歸納法)이고, '모든 동물은 죽는다. 사람은 동물이다. 그러므로 사람은 죽는다'는 '모든~'과 '사람은~'이라는 일반적 원리를 통해서 '그러므로~'라는 새로운 구체적 사실을 결론으로 이끌어냈기에 연역법(演繹法)이다.

'돌아갈(올) 귀(歸)'이다. 외국에서 본국으로 돌아옴을 귀국(歸國), 객지에서 고향으로 돌아옴을 귀향(歸鄕), 스스로 돌아서서 따라오거나 복종함을 귀순(歸順)이라 한다.

극적 劇的

극적인 역전승을 거두었다 하고 극적으로 상봉하였노라고도 한다. 극적 갈등, 극적 효과라는 말도 있다.

'극적 (劇的)'의 '극(劇)'이 '연극 극'이니까 '극적(劇的)'이라는 표현은 연극(演劇)의 특성을 띤다는 의미로 어떤 사태가 갑작스럽거나 놀라운 데가 있으면서 동시에 감동적이거나 인상적인 것을 일컫는다. 연극(演劇)이나 드라마처럼 일부러 꾸며놓은 것과 같다는 의미인 것이다.

연극(演劇)뿐 아니라 만화(漫畵)나 드라마나 영화(映畵)에서도 사건은 긴박감 있게 전개되고 역전(逆轉)되는 경우가 대부분이다. 이런 경우, 그러니까 현실적으로 일어나기 힘든 상황을 일컬어 한 편의 드라마를 보는 것 같다고 하여 '극적(劇的)'이라고 하는 것이다.

사람들의 이목을 끄는 우발적이고도 우스꽝스러운 일, 또는 아주 짧은 단편적인 연극을 촌극(寸劇)이라 하고 판소리와 창을 중심으로 이루어지는 전통 연극을 창극(唱劇)이라 한다.

'극(劇)'은 '연극'이라는 의미와 함께 '심하다'는 의미도 지니고 있다. 정도에 지나치게 맹렬함을 '극렬(劇烈)', 잘못 사용하면 생명이 위태롭고 신체장애가 오는 독한 약을 '극약(劇藥)', 아주 심함을 '극심(劇甚)'이라고 하는 경우가 그것이다.

희곡을 내용에 따라 분류하면 비극(悲劇), 희극(喜劇), 희비극으로 나누고 비극은 다시 운명비극, 성격비극, 상황비극으로 나눈다. 비극이 주는 효과를 아리스토텔레스는 '카타르시스'라고 하였는데, 그리스어로는 '정화(淨化)', '순화(純化)'라는 의미이다. 예술작품에서 인물이 당하는 고난과 패배 등이 관객에게 억압당한 느낌을 주는 것이 아니라 해방감이나 상쾌함을 주는 것이라 이해한 것이다.

긍지 矜持

'허영(虛榮)은 긍지(矜持)가 아니라 비굴함의 표상이다'라는 말이 있고 '긍지 있는 인간이 되고 싶다면 허영심을 감추어야 한다'는 말도 있다. '자랑할 긍(矜)', '가질 지(持)'의 '긍지(矜持)'는 자랑하는 마음을 가진다는 의미이고, 자신하는 바가 있어 스스로 자랑하는 마음을 일컫는다.

'긍(矜)'은 '자랑하다'와 '가엾이 여기다'는 의미로 쓰인다. 스스로 자랑스럽게 여기는 마음인 자긍심(自矜心)에서는 '자랑하다'이지만 불쌍하게 여긴다는 '긍휼(矜恤)'이나 불쌍하고 가엾다는 '가긍(可矜)'에서는 '가엾이 여기다'는 의미이다.

'지(持)'는 '가지다', '잡다', '지니다'는 의미를 지닌다. 어떤 상태를 오래 버티어 견딤을 '지구(持久)'라 하고 오래 버티어 내는 힘을 '지구력(持久力)'이라 하며 적을 지치게 하거나 아군의 구원병이 도착하기를 기다리기 위하여 빨리 결판내지 않고 오래 끌고 가는 싸움을 '지구전(持久戰)'이라 한다. 변하지 않고 늘 가지고 있는 의견을 지론(持論)이라 하고, 오랫동안 낫지 않아 늘 지니고 있는 병을 지병(持病)이라 한다.

'자신의 주장을 끝까지 견지(堅持)하였다'라고 한다. 주의나 주장이나 태도 등을 굳게 지니거나 지켰다는 의미이다. 어떤 상태를 그대로 지니어 감을 유지(維持)라 하고 찬동하여 원조함을 지지(支持)라 한다.

다른 회사의 주식을 보유함으로써 그 회사를 독점적으로 지배하는 회사를 지주회사(持株會社)라 하는데, 지배하는 회사를 모회사(母會社), 지배받는 회사를 자회사(子會社)라 한다. '가질 지(持)', '주식 주(株)'로, 주식을 가진 회사라는 의미이다.

난이도 難易度

난이도에 따라 체계적으로 구성하였다고 하였다. 난이도에 따라 희비(喜悲)가 교차(交叉)되었다고도 하였다. 어려울 난(難), 쉬울 이(易), 정도 도(度)이다. 학습, 운동, 기술 등의 어렵고 쉬운 정도를 '난이도(難易度)'라 한다.

치료하기 어려운 병을 '난치병(難治病)'이라 하고, 청력이 약하여 소리를 잘 들을 수 없는 상태를 '난청(難聽)'이라 하며, 이해하기 어려움을 '난해(難解)'라 한다.

난형난제(難兄難弟)라는 말이 있다. 누구를 형이라 해야 하고 누구를 아우라 해야 할지 어렵다는 뜻으로 누구를 더 낫다고 할 수 없을 정도로 둘이 서로 비슷한 경우를 이를 때 쓰는 말이다.

'도(度)'를 '정도 도'라 하였다. 따뜻함의 정도를 온도(溫度)라 하고, 공기 중에 수증기가 포함되어 있는 정도를 습도(濕度)라 하며, 높이의 정도를 고도(高度)라 한다. 각 크기의 정도 또는 사물을 보거나 생각하는 방향을 '각도(角度)'라 하고, 강한 정도를 '강도(强度)'라 하며, 오염(汚染)된 정도(程度)를 오염도(汚染度)라 한다. 적도(赤道)를 기준으로 지구를 남북으로 재는 좌표를 위도(緯度)라 하고, 위치를 나타내는 좌표축 중에서 세로로 된 것을 경도(經度)라 한다. '씨줄 위(緯)', '날줄 경(經)'이다. 피륙 따위를 짤 때 위아래로 놓인 줄을 씨(기초)가 된다 해서 씨줄이라 하고, 좌우로 놓인 줄을 날아다닌다 해서 날줄이라 한다.

'난이도(難易度)가 높다'는 표현은 옳지 못하고 '난도(難度)가 높다', '난도(難度)가 낮다'로 표현하여야 옳다. 또, 대부분의 시험(試驗)은 상대평가(相對評價)이고 등수를 가리는 절차이기에 어렵게 출제되었다고 슬퍼할 일도, 쉽게 출제되었다고 기뻐할 일도 아니다. 난이도(難易度)가 중요한 것이 아니라는 말이다.

낭만적 浪漫的

자주 사용하면서도 정확한 의미를 모르는 단어가 많은데, '낭만적(浪漫的)'이라는 단어도 그 중의 하나이다. 현실과 이성(理性)보다는 이상(理想)과 감정을 중시하는 특성이 있는 비현실적이며 이상적인 달콤함을 추구함을 낭만적(浪漫的)이라 한다.

다른 단어와는 달리 '낭만적'은 한자의 뜻과는 관계가 없는 글자이다. 'romantic'이라는 단어를 의미와는 관계없이 일본인들이 음만을 빌려서 '浪漫'으로 표기하였는데, 이 '浪漫'이라는 말을 우리가 그대로 가져와 쓰고 우리 발음 '낭만'으로 발음하였기 때문이다. 어쨌든, 비현실적이고 공상적인 것을 일컬을 때, 색다른 분위기를 표현했거나 그리움을 강하게 나타낼 때, 상상수법이 돋보일 때 낭만적(浪漫的)이라 하는 것이다.

미국도 아름다운 나라여서 '미국(美國)'인 것이 아니고, 영국(英國)도 꽃이 많은 나라여서 영국이 아니며, 독일(獨逸)도 홀로 숨은 나라여서 독일이 아니다. 뜻과 관계없이 비슷한 음을 찾아 표기했을 뿐이다.

어떤 뜻을 나타내는 한자가 없을 때, 그 단어 발음에 맞는 다른 문자를 원래의 뜻과는 관계없이 빌려 썼는데, 이런 표기를 '거짓 가(假)', '빌릴 차(借)'를 써서 가차(假借)라 한다. 거짓으로 음(音)만을 빌려 적었다는 의미이다. 아세아(亞細亞), 호주(濠洲), 구라파(歐羅巴), 몽고(蒙古), 서반아(西班牙), 이태리(伊太利), 인도(印度) 등도 모두 가차(假借)이다.

보통의 가차(假借) 표기는 이해되지만 몇몇 가차 표기는 이해되지 않는데, 이것은 우리 발음에 따라 우리가 표기한 것이 아니고, 중국이나 일본이 자기 발음에 맞춰 표기했고 우리는 그 글자를 그대로 사용하기 때문이다. 중국과 일본 발음이 우리와 다르기 때문에 발생한 결과이다.

내막 內幕

중국 전국시대의 야전(野戰)에서는 적장(敵將)의 목을 베면 전쟁(戰爭)이 끝나게 되어 있었다. 당연히 장수(將帥)의 침소(寢所)는 외막(外幕)을 친 뒤 다시 내막(內幕)을 쳐서 쥐새끼 한 마리 드나들지 못하도록 엄중히 경계(警戒)하였다.

그러므로 일반 병사들은 그 속이 어떻게 생겼는지 그 속에서 어떤 일이 일어나는지 알 수가 없었다. 그리하여, 겉으로 드러나지 않는 일의 내용을 내막(內幕)이라 하게 되었다. '막(幕)'은 '휘장 막'이다. 휘장(揮帳)은 여러 폭의 피륙을 이어서 만든 둘러치는 막이다.

남모르게 적과 통하는 것을 '통할 통(通)'을 써서 내통(內通)이라 하고 안에서 시중드는 사람을 '모실 시(侍)'를 써서 내시(內侍)라 한다. 나라 안에서 일어나는 반란이나 소동을 내란(內亂)이라 하고 나라 안의 근심을 '근심 환(患)'을 써서 내환(內患)이라 한다.

내(內)는 내용(內容)에서는 '안', 내란(內亂)에서는 '나라 안', 내각(內閣)에서는 '대궐', 내자(內子)에서는 '아내', 내간(內簡)에서는 '부녀자'라는 의미로 해석해야 한다. '먹는 약'을 '약 먹을 복(服)'을 써서 '내복약(內服藥)'이라 하고 내부에서 저희끼리 일으키는 분쟁을 '어지러울 홍(訌)'을 써서 내홍(內訌)이라 한다.

외유내강(外柔內剛)이라는 말이 있다. '부드러울 유(柔)', '굳셀 강(剛)'으로 겉으로 보기에는 부드러우나 속은 굳세고 꿋꿋하고 강하다는 의미이다.

냉소 冷笑

웃음에도 여러 가지가 있는데, 미소(微笑), 고소(苦笑), 홍소(哄笑), 조소(嘲笑), 실소(失笑), 냉소(冷笑) 등이 그것이다. '작을 미(微)'를 쓴 '미소(微笑)'는 소리 내지 않고 빙긋이 웃는 웃음을 말하고, '쓸 고(苦)'를 쓴 '고소(苦笑)'는 쓴웃음, 그러니까 속으로는 마땅치 않으면서도 마지못해 웃는 웃음이나 기가 막히거나 어이 없어 웃는 웃음을 말하며, '떠들 홍(哄)'을 쓴 '홍소(哄笑)'는 입을 크게 벌리고 떠들썩하게 웃는 웃음을 말한다.

'조롱할 조(嘲)'를 쓴 '조소(嘲笑)'도 있다. 남을 비웃는 것, 또는 그 웃음을 '조소(嘲笑)'라 한다. '잃을 실(失)', '잘못할 실(失)'을 쓴 '실소(失笑)'는 어처구니가 없어 자기도 모르게 웃음이 나오는 것을 말하고 '찰 냉(冷)'의 냉소(冷笑)는 업신여겨 비웃는 차가운 웃음을 말한다.

동정심이 없고 불친절함을 '냉담(冷淡)'이라 하고, 쌀쌀하게 대접함을 냉대(冷待)라 하며, 외기(外氣)의 기온보다 온도가 낮은 피를 '냉혈(冷血)'이라 한다. 군사행동까지는 이르지 않지만 서로 적대시하고 있는 국가 간의 대립 상태를 '냉전(冷戰)'이라 한다.

농작물이 자라는 동안 차가운 날씨를 만나서 입는 손해를 냉해(冷害)라 하고, 따뜻한 정(情) 없이 매정하고 쌀쌀한 마음을 냉정(冷情)이라 하며, 감정에 좌우되지 않고 차분함을 '고요할 정(靜)'을 써서 냉정(冷靜)이라 한다.

'칠 박(拍)', '손바닥 장(掌)'의 박장대소(拍掌大笑)는 손뼉을 치며 크게 웃는다는 말이고, '깨뜨릴 파(破)', '얼굴 안(顔)'의 파안대소(破顔大笑)는 얼굴을 망가뜨리면서(마음껏) 웃는다는 의미이다.

노출 露出

'바가지는 깨진 데서 샌다'라는 속담이 있다. 나쁜 버릇을 가지면 그 버릇에서 나쁜 행동이 드러난다는 의미이다. '내 밑 들어 남 보인다'는 속담은 자기 스스로의 부주의(不注意)한 말이나 행동으로 자기의 추(醜)한 점이나 결점(缺點)을 드러낸다는 의미이다. '드러낼 노(露)', '나타낼 출(出)'의 '노출(露出)'은 겉으로 드러나거나 드러낸다는 의미이다.

'로(露)'는 '비 우(雨)'에 '길 로(路)'가 더해져서 만들어졌는데, '雨'는 의미, '路'는 음을 나타낸다. '露'가 의미는 '비'와 관계있고 발음은 '로'와 관계있다는 말이다. 찬이슬이 내려서 가을다운 기운을 더해 주는 날을 백로(白露), 풀잎에 맺힌 이슬을 초로(草露), 비와 이슬을 아울러 우로(雨露)라 한다.

'로(露)'는 '이슬'의 의미보다 '드러내다' 의미로 더 많이 쓰인다. 있는 그대로 숨기지 않고 드러냄을 '노골적(露骨的)', (몸을) 드러내놓고 잠잠을 '노숙(露宿)', 곡식 등을 한데에 쌓아둠을 '노적(露積)'이라 한다. 한데에 무대를 마련한 극장을 노천극장(露天劇場)이라 한다.

'출(出)'이 노출(露出)에서는 '나타내다'는 의미이지만 출생(出生)에서는 '낳다', 외출(外出)에서는 '떠나가다', 출중(出衆) 특출(特出)에서는 '뛰어나다', 출품(出品), 출자(出資), 산출(産出)에서는 '내놓다'는 의미이다.

맹자(孟子)에 '출호이자 반호이자야(出乎爾者 反乎爾者也)'라는 말이 있다. 너에게서 나온 것이 너에게로 돌이켜간다는 의미로 선(善)에는 선(善)이 돌아가고 악(惡)에는 악(惡)이 돌아간다는 의미이다.

다반사 茶飯事

'거짓말을 다반사(茶飯事)로 한다'라고 말한다. 거짓말을 예사로운 일처럼 자주 한다는 의미이다. '다반사(茶飯事)'는 '차 다(茶)', '밥 반(飯)', '일 사(事)'로, 차 마시고 밥 먹는 일이란 의미이다. 차 마시고 밥 먹는 것은 하루에도 서너 차례, 자주 있는 일이다. 특별한 일이 아니고 늘 있어서 이상하거나 신통할 것이 없는 일인 것이다.

'다(茶)'는 '차'로도 발음하고 '다'로도 발음한다. 차(茶)를 차려 놓고 간단히 지내는 제사라 해서 '차례(茶禮)'이고, 차와 과자를 파는 가게라 해서 '다과점(茶菓店)'이며, 차를 마시며 쉴 수 있게 한 공간이라 해서 '다방(茶房)'이다. 차를 대접하거나 마실 때의 방식이나 예의범절을 '다도(茶道)'라 한다.

'飯'이라는 글자는 '食'이 들어갔으니 '먹는 것'과 관계가 있고 '反'이 들어갔으니 '반'으로 발음해 볼 수 있다고 생각해 볼 수 있다. 그렇다. '밥 반'이다. 밥 먹을 때 곁들여 마시는 술이라 해서 '반주(飯酒)'이고, 밥에 곁들이어 먹는 고기, 생선, 야채 따위로 만든 음식이라 해서 '반찬(飯饌)'이며, 밥을 먹는 가게라 해서 '반점(飯店)'이다. 중국에서는 호텔을 '반점(飯店)'이라 하는데, 호텔이 잠자는 역할보다 먹는 역할을 더 크게 하였기 때문이 아닐까 생각해 본다.

'먹을 식(食)'이 들어간 글자는 모두 '먹는 일'과 관계가 있다. '飢'는 '주릴 기'이고, '飮'은 '마실 음'이며, '飼'는 '먹일 사'이다. '飽'는 '배부를 포'이고, '餠'은 '떡 병'이며, '餓'는 '굶주릴 아'이다.

답청 踏青

최초의 가사 작품인 '상춘곡(賞春曲)'에 '답청(踏靑)으란 오늘하고 욕기(浴沂)란 내일 하세'라는 구절이 나온다. 욕기(浴沂)는 기수에서 목욕한다는 말이고 답청(踏靑)은 푸른 풀을 밟는다, 즉 봄 소풍을 간다는 말이다.

단풍(丹楓)의 아름다움을 이야기하는 사람도 많지만 봄의 새싹, 한 여름의 신록(新綠)을 더 좋아하는 사람이 많고, 신록 사이를 거니는 일을 그 어떤 일보다 즐기는 사람도 많다.

'답(踏)'은 '밟다'는 의미이다. 실제로 가서 자세히 조사하는 일을 '조사할 사(査)'를 써서 답사(踏査)라 하고, 선인(先人)의 행적을 따라 행함을 '계승할 습(襲)'을 써 답습(踏襲)이라 하며, 먼 길이나 험한 길을 끝까지 걸어 나감을 답파(踏破)라 한다.

'고답적(高踏的)'이라는 말이 있다. 높은 곳만을 밟는다는 의미로, 현실세계와 동떨어진 것을 고상한 것으로 여기는 태도나 경향을 이르는 말이다.

'청(靑)'은 '푸를 청'인데 '젊음', '봄' 등의 의미로도 쓰인다. 젊은 나이를 청춘(靑春)이라 하고, 맑은 날씨를 청천(靑天)이라 한다. 역사(歷史)를 '청사(靑史)'라 하기도 하는데, 이는 종이가 없었을 때 푸른 대껍질에 역사를 기록한 데에서 나온 말이다.

淸은 맑을 청, 請은 요청할 청, 晴은 날씨 맑을 청, 精은 정밀할 정, 情은 감정 정, 그리고 睛은 눈동자 정이다.

청출어람이청어람(靑出於藍而靑於藍)이라는 말이 있다. 청색(靑色)은 남색으로부터 나왔지만 남색보다 더 푸르다는 의미로 제자나 후진이 스승이나 선배보다 더 뛰어남을 이르는 말이다. 앞의 '靑'은 명사로 '청색', '而' 다음의 '靑'은 형용사로 '푸르다'는 의미다.

대중 大衆

대중교통(大衆交通), 대중가요(大衆歌謠), 대중식당(大衆食堂)을 고급스럽지 못한 것을 일컫는 말로 이해하는 사람이 많은데, '대중(大衆)'은 결코 질이 나쁘거나 떨어진다는 의미가 아니다. '큰 대(大)', '무리 중(衆)'으로 수많은 무리, 수많은 사람, 그러니까 신분의 구별 없이, 남녀노소의 구별 없이 한 사회의 대다수를 이루는 사람의 무리를 일컬어 대중(大衆)이라 하는 것이다. 가끔씩은 노동자, 농민 등의 일반 근로계급이라는 의미로도 쓰인다.

그렇기 때문에 대중교통(大衆交通)은 많은 사람들이 타고 다니는 버스, 지하철, 택시 등을 일컫고, 대중가요(大衆歌謠)는 남녀노소(男女老少) 신분의 구분 없이 모든 사람이 좋아하는 음악을 말한다. 대중식당(大衆食堂)은 많은 사람들이 부담 없이 이용하는 식당을 말하고, 대중목욕탕(大衆沐浴湯)은 일반 대중이 함께 이용할 수 있는 목욕탕을 말한다.

그런데 대중 문학(大衆文學)에서의 '대중(大衆)'의 의미는 약간 다르다. 대중문학도 원래는 다른 '대중(大衆)'의 의미와 마찬가지로 대다수 사람이 즐기는 문학이라는 의미였을 텐데 시간이 흐르면서 문학이라는 말과 어울려서는 '질이 낮은', '흥미 위주의'라는 의미로 변한 것이다. 그러니까 대중문학(大衆文學)은 순수 문학(純粹文學)의 반대 개념으로, 주로 통속적(通俗的)인 내용을 다룬 문학이라고 이해해야 하는 것이다.

어떤 사물이 일반 대중 사이에 널리 퍼져 친근하게 됨을 대중화(大衆化)라 하고, 일반 대중이 널리 공통적으로 갖고 있는 성질을 대중성(大衆性)이라 하며, 널리 일반 민중을 중심으로 한 것을 대중적(大衆的)이라 한다.

대치 對峙

국민들의 원성(怨聲)과 걱정은 아랑곳하지 않고 양보 없는 대치(對峙) 상태를 계속하는 여야(與野)를 보면 마음이 아프다.

서로 마주 대하여 우뚝 서서 팽팽하게 버팀을 '대할 대(對)', '우뚝 솟을 치(峙)'를 써서 대치(對峙)라고 하는데, 동음이의어에 다른 것으로 바꾸어 놓는다는 '대신할 대(代)', '둘 치(置)'의 대치(代置), 마주 대하게 놓는다는 '대할 대(對)'의 대치(對置)가 있다.

'대(對)'는 '대답하다', '서로 마주 향하다', '대립', '대비'의 의미로 쓰인다. 양자(兩者)가 맞서서 우열(優劣)을 가린다는 대결(對決), 물음이나 부름 또는 요구 등에 답한다는 대답(對答), 맞서서 서로 응한다는 대응(對應), 무엇에 대응하기 위하여 미리 준비한다는 대비(對備), 서로 맞대어 비교한다는 대비(對比), 어떤 일에 대처할 방책인 대책(對策) 등이 그 예이다. 대우탄금(對牛彈琴)은 소를 상대로 거문고를 연주한다는 의미로 어리석은 자에게 중요한 것을 일러주어도 소용없다는 말이다.

서로 마주 보고 말함을 대담(對談)이라 하고, 맞선 것이 같다는 의미로 어느 한쪽이 낫거나 못하지 아니하고 서로 비슷함을 대등(對等)이라 하며, 외부에 대하여 비밀인 것을 대외비(對外秘)라 한다. 대증요법(對症療法)이라는 것이 있다. 증세에 대하여만 치료한다는 의미로 병의 근원을 다스리기 어려워 겉에 드러난 증상만 치료하는 것을 이른다.

엄마 아빠가 대치상태일 때 아이들이 불안하고 불편하다는 것을 안다면 여야(與野)는 이제라도 대치상태를 마무리할 지혜를 발휘하여야 할 것이다.

도야 陶冶

'인격을 도야(陶冶)한다'고 하고 '학문(學問)을 도야(陶冶)한다'고 한다. '질그릇 도(陶)', '쇠불릴 야(冶)'를 쓴 도야(陶冶)는 원래, 도자기를 구워 만드는 일과 금속을 주조하는 일을 가리키는 말이었는데 '훌륭한 인격이나 재능을 갖추려고 몸과 마음을 닦는 일'이라는 의미로 쓰인다.

'질그릇 도(陶)'이다. 질그릇을 도기(陶器)라 하고 질그릇, 오지그릇, 사기그릇을 통칭하여 도자기(陶瓷器)라 하며, 옹기장이를 도공(陶工)이라 한다. '가마 요(窯)'를 쓴 도요지(陶窯地)는 옛날에 토기나 도자기 따위를 굽던 가마터를 가리키고, 요업(窯業)은 질그릇이나 사기그릇 따위를 만드는 산업을 가리킨다.

즐기거나 좋아하는 것에 마음이 쏠리어 취하다시피 되는 것을 도취(陶醉)라 하는데, '질그릇 도(陶)'를 쓰는 이유는 도자기를 굽는 일이 나름대로 즐기고 취할 만큼의 좋은 일이었기 때문이었으리라 생각해본다.

'야(冶)'는 '단련하다', '쇠 불리다'는 의미이다. 광석에서 쇠붙이를 골라내거나 합금하여 만드는 일을 야금(冶金)이라 하고, 예쁘게 단장한 남자를 야랑(冶郞)이라 한다. 비슷한 글자에 '다스릴 치(治)'와 '찰 랭(冷)'이 있다.

인격 도야(陶冶)에 도움이 되는 명언을 인용해 본다. "현명한 말은 자주 메마른 땅에 떨어지지만 친절한 말은 결코 버려지지 않는다." "사람들이 당신에게 친절하기를 기다리지 말고 그들에게 친절을 먼저 보이십시오." "아주 작은 친절행위 하나는 장대한 의도보다 더 값집니다." "착한 사람의 인생 중 최고는 작고 기억도 되지 않는 친절과 사랑의 행위이다."

동사 動詞

움직임을 나타내는 말을 '움직일 동(動)'을 써서 동사(動詞)라 하는데, 동사(動詞)에는 스스로 움직임을 나타내는 '스스로 자(自)'를 쓴 자동사(自動詞)와 남의 힘에 의해 움직이는 그러니까 그 자체만으로는 문장을 만들지 못하고 목적이가 있어야만 하는, 스스로는 어렵고 다른 단어(목적어)의 도움을 받아야만 의미가 형성되는 '다를 타(他)'를 쓴 타동사(他動詞)가 있다.

give, endow, supply처럼 누구에게 무엇을 준다는 의미를 나타내는 '줄 수(授)', '줄 여(與)'를 쓴 수여동사(受與動詞)가 있고, feel, smell, sound, taste처럼 감각 기관을 통하여 외부의 상황을 인식하는 작용을 하는 '알 지(知)', '깨달을 각(覺)'을 쓴 지각동사(知覺動詞)도 있다. make, let, get, have처럼 일을 하게끔 부리는(시키는) 것을 나타내는 '부릴 사(使)', '부릴 역(役)'을 쓴 사역동사(使役動詞)도 있고 can, will, do, may 등과 같이 동사 앞에 쓰이어 그 동사의 뜻을 보충하고 도와주는 '도울 조(助)'를 쓴 '조동사(助動詞)'도 있으며 동사에 ~ing를 붙인 형태로 동사와 명사의 성질을 함께 지닌 '동사 동(動)', '명사 명(名)'의 동명사(動名詞)도 있다.

일을 함 또는 기계 따위를 움직여 일하게 함을 가동(稼動)이라 하고, 남을 추기어 일을 일으키게 함을 '부추길 선(煽)'을 써서 선동(煽動)이라 한다. 흔들려 움직임 또는 어수선하고 떠들썩하여 갈팡질팡함을 '흔들릴 요(搖)'를 써서 동요(動搖)라 하고, 질서를 어지럽히며 마구 행동함을 '어지러울 난(亂)'을 써서 난동(亂動)이라 한다. 흔들어도 꿈적하지 않음은 '흔들 요(搖)'의 요지부동(搖之不動)이다. '놀랄 경(驚)', '하늘 천(天)'의 경천동지(驚天動地)는 하늘을 놀라게 하고 땅을 움직이게 한다는 뜻으로 세상을 크게 놀라게 함을 일컫는 말이다.

만전 萬全

'보안(保安)에 만전(萬全)을 기하였다'라 하고, '안전사고 예방에 만전(萬全)을 기하여야 한다'라고도 한다. '많을 만(萬)', '온전할 전(全)'의 '만전(萬全)'은 많이 온전하다, 아주 완전하다는 의미이다.

'만(萬)'은 '천(千)의 열 배'를 나타내는 숫자(數字)로 쓰이기도 하지만 '많다'는 의미로 쓰여 재미있는 단어를 많이 만든다. 여러 가지 느낌이나 온갖 생각을 '만감(萬感)'이라 하고, 온갖 고난을 '어려울 난(難)'을 써서 '만난(萬難)'이라 하며, 절대로 없음을 '만무(萬無)'라 한다. 드물게 있는 일을 10,000번에 1번이라는 의미로 '만일(萬一)'이라 하고, 아주 부당(不當)함을 천 번 합당치 않고 만 번 합당치 않다는 의미로 천부당만부당(千不當萬不當)이라 한다.

만 살의 나이까지 끝없이(한계 없이) 사는 것을 '목숨 수(壽)' '끝 강(疆)'을 써서 '만수무강(萬壽無疆)'이라 하고, 아주 오랜 옛날을 '만고(萬古)'라 한다. 천 번 매운 맛을 보고 만 번 쓴맛을 보았다는 의미로 마음과 몸을 여러 가지로 수고롭게 하고 애씀이 '천신만고(千辛萬苦)'인데, 이때의 '천(千)'과 '만(萬)'은 열 배의 차이가 나는 숫자가 아니라 둘 다 똑같이 '많다'는 의미이다.

규정된 점수 중 가장 높은 점수, 결점이나 부족한 데가 없이 아주 만족할 만한 상태인 '만점(滿點)'이나 사람이 가득 들어찬 상태인 만원(滿員)에서의 '만'은 '꽉 찰 만(滿)'이다. 만원사례(滿員謝禮)라는 현수막을 가끔씩 보게 된다. '꽉 찰 만(滿)', '사람 원(員)', '감사할 사(謝)', '예절 예(禮)'로, 정해진 인원을 다 채우게 해 주어서 감사의 예의를 나타낸다는 의미이다. 극장 등에서 자리가 없어 더 이상 관객을 받지 못한다는 완곡한 표현이다.

만화 漫畵

만화를 친구처럼 생각하는 사람들이 있고 만화도 중요한 산업의 하나로 자리 잡았다고 생각하는 사람도 많다. 풍자나 우스갯거리 등의 내용을 선화(線畵)로서 경쾌하고 익살스럽게 그린 그림을 '만화(漫畵)'라 하는데, 이때의 '만(漫)'은 '문득 생각나는 대로 한다', '부질없다'는 의미이다. 붓 가는대로 경쾌하고 익살스럽고 과장되게 그린 그림이 '만화(漫畵)'인 것이다.

재미있고 익살스러운 말로 세상과 인간을 풍자한 이야기를 '만담(漫談)'이라 하고, 어수선하여 통일성이 없음을 '산만(散漫)'이라 한다. 온갖 꽃이 피어 아름답게 흐드러짐을 백화난만(百花爛漫)이라 하고, 일정한 생각 없이 생각나는 대로 하는 평(評)을 '만평(漫評)'이라 한다.

'화(畵)'는 '그림 화'이다. 그림을 그리는 일을 전문으로 하는 사람을 화가(畵家)라 하고, 화가(畵家)를 높여 화백(畵伯)이라 하며, 화가들의 사회를 화단(畵壇)이라 한다. 그림 등 미술품을 전시하는 시설을 화랑(畵廊)이라 하고, 붓글씨를 쓰거나 그림을 그릴 때 쓰는 종이를 화선지(畵宣紙)라 한다.

하지 않아도 될 쓸데없는 일을 덧붙여 하다가 도리어 일을 그르침을 화사첨족(畵蛇添足)이라 한다. '뱀 사(蛇)', '더할 첨(添)', '발 족(足)'으로, 뱀을 그린 다음 발을 그리다가 뱀 그리기 내기에서 졌다는 고사에서 나온 말이다. 가장 요긴한 부분을 마무리하여 일을 완성시킴을 화룡점정(畵龍點睛)이라 하는데, '점찍을 점(點)', '눈동자 정(睛)'으로 용을 그릴 때 눈동자를 그려 넣자마자 그 용이 하늘로 올라갔다는 고사(故事)에서 나온 말이다. 실용성이 없음을 '그림 화(畵)'에 '떡 병(餠)'을 써서 '화중지병(畵中之餠)'이라 하는데, 그림 가운데의 떡이라는 의미로 보기에는 먹음직스럽지만 먹을 수는 없다는 말이다.

명암 明暗

'밝을 명(明)', '어두울 암(暗)'을 쓴 명암(明暗)의 글자 그대로의 뜻은 밝음과 어두움인데, 그림이나 사진 등에서 입체감을 느끼게 하는 색의 농담(濃淡)이나 강약(强弱)을 나타내는 말로도 많이 쓰인다. 그리고 '우리 인생은 명암(明暗)이 교차한다'에서는 '기쁨과 슬픔', '행복과 불행'을 비유하는 말이다.

해(日)와 달(月)이 더해져서 만들어진 '밝을 명(明)'은 '밝다', '밝히다', '나타나다', '좋다', '하얗다', '맑다' 등의 의미를 지니는데, 맑은 거울과 잔잔한 물이라는 의미로 맑고 고요한 심정을 일컫는 명경지수(明鏡止水), 의심의 여지가 없이 매우 분명하다는 명명백백(明明白白), 학문이나 기예 등에 뛰어난 사람인 명장(明匠), 총명하고 사리에 밝아서 이치에 맞게 일을 처리하며 자신을 잘 보전한다는 명철보신(明哲保身), 밝기가 불을 보는 것과 같다는 의미로 분명(分明)한 사실을 일컫는 명약관화(明若觀火) 등에 쓰인다.

어두울 암(暗)은 어둡고 캄캄하다는 암흑(暗黑)에서는 '어둡다', 앞날에 대한 희망이 없다는 암담(暗澹)에서는 '분명하지 못하다', 바로 밝히지 않고 넌지시 알린다는 암시(暗示), 법적으로 매매가 금지된 물품을 몰래 사고판다는 암거래(暗去來), 남 몰래 장사지낸다는 암매장(暗埋葬)에서는 '남 몰래'의 의미이고, 오래 기억할 수 있도록 외운다는 암기(暗記)에서는 '외다'는 의미이다.

의심암귀(疑心暗鬼)라는 말이 있다. 의심하는 마음이 어두운 귀신(鬼神)을 만든다는 뜻으로 의심이 있으면 대수롭지 않은 일까지 두려워서 불안해 한다는 말이다.

목례 目禮

허리가 아닌 목을 굽혀 하는 인사이기에 '목례'라 하는 줄 알았는데 아니었다. '목례'는 목으로 하는 인사 예절이 아니라 눈으로 하는 '눈인사'였다. '눈 목(目)'으로, 눈짓으로 가볍게 하는 인사가 '목례(目禮)'였던 것이다.

'수인사를 나누었다', '수인사를 하였다'라고도 하는데, '수인사'의 '수'는 '손 수(手)'가 아니라 '닦을 수(修)'이다. 그렇기 때문에 '수인사(修人事)'는 '악수를 하였다'는 말이 아니라 '인사를 닦았다', '인사를 차렸다'는 의미인 것이다.

'눈 목(目)'이 들어간 글자는 대부분 '눈', '살피다'는 의미를 지니고 있다. 눈썹 미(眉), 눈 안(眼), 눈동자 정(睛), 볼 간(看), 살필 성(省), 감독할 독(督), 볼 첨(瞻), 잠잘 면(眠), 눈감을 명(瞑) 등의 글자에 모두 '눈 목(目)'이 들어 있음을 통해서도 확인할 수 있다.

'눈 목(目)'에 '망할 망(亡)'이 더해지면 '소경 맹(盲)'이다. 눈(目)이 망(亡)하면 앞이 보이지 않는 것이고 그런 사람을 맹인(盲人)이라 하는 것이다.

'목불인견(目不忍見)'이라는 말이 있다. '눈 목(目)', '아니 불(不)', '참을 인(忍)', '볼 견(見)'이다. 눈(目)으로 보는(見) 것을 참을(忍)수 없다(不)는 의미로 차마 눈 뜨고 볼 수 없는 참혹한 상태를 일컫는 말이다.

'인사(人事)'는 국어사전에 '만나고 헤어질 때 공경의 뜻으로 예(禮)를 나타내는 일'이라 쓰여 있는데, 글자 그대로는 '사람의 (마땅히 해야 할) 일'이다. 언제든, 어디에서든, 누구에게든 목례(目禮)를 기분 좋게 주고받는 것은 행복(幸福)을 만들어 가는 지름길일 것이라는 생각을 해 본다.

반발 反撥

'부당(不當)한 처사(處事)에 반발(反撥)하고 있다'는 뉴스를 만난다. '상대에 대하여 언짢게 여겨 그에 반항하는 태도를 나타내는 일'을 '돌이킬 반(反)', '퉁길 발(撥)'을 써서 '반발(反撥)'이라 하는데, '돌이키게 하려고 퉁긴다'는 의미이다.

'반(反)'은 '반대하다'는 의미뿐 아니라 '되풀이하다'는 의미로도 쓰인다. 사물의 방향이나 내용이 맞서서 서로 다르다는 '반대(反對)', 쳐들어오는 적을 되받아 공격한다는 '반격(反擊)', 정권을 타도하기 위한 조직적인 폭력활동인 '반란(反亂)', 공산주의를 반대한다는 '반공(反共)'에서는 '반대하다'는 의미이지만, 반복(反復)에서는 '되풀이하다'는 의미인 것이다.

누운 채 이리 저리 뒤척이면서 잠을 이루지 못하는 것을 '구를 전(輾)', '굴릴 전(轉)', '잠잘 매(寐)', '뒤척거릴 측(側)'을 써서 '전전불매(輾轉不寐)', '전전반측(輾轉反側)'이라 하는데, 이는 '잠이 오지 않아 이리 구르고 저리 구르며 잠들지 못한다', '구르고 구르며 반대로 뒤척거린다'는 의미이다.

어버이의 은혜에 보답하는 일을 '반포지효(反哺之孝)'라고 하는데, '반대 반(反)', '먹일 포(哺)'를 쓴 이 말은 '까마귀는 어렸을 때는 부모가 자식을 먹이지만 자라서는 반대로 자식이 부모에게 먹이를 주어 효도한다'는 의미이다. 음파(音波)가 어떤 물질에 부딪쳐 같은 소리로 다시 들려오는 현상 또는 어떤 일에 대한 반응으로 나타나는 현상을 '돌이킬 반(反)', '울림 향(響)'을 써서 '반향(反響)'이라 한다.

'정반합(正反合)'은 변증법(辨證法)의 추론 방법이다. 하나의 주장인 '정(正)'에 모순되는 주장이 '반(反)'이고, 이것을 모두 긍정하거나 모두 부정하지 않고 통합(統合)하여 하나의 주장을 이끌어내는 추론방법이 변증법(辨證法)이다.

발군 拔群

여러 사람 가운데서 뽑힐 만큼 매우 뛰어남을 이야기할 때 '발군(拔群)의 실력을 발휘하였다', '발군(拔群)의 성적으로 합격하였다'고 한다. '뽑을 발(拔)', '무리 군(群)'의 '발군(拔群)'은 여러 무리(사람) 중에서 뽑힐 만큼 뛰어나다는 의미이다.

'발(拔)'은 '뽑아내다', '뛰어나다', '가리다'는 의미이다. 근본 원인을 아주 없애버림을 근본을 뽑아 버리고 근원을 막아 버린다는 의미로 '막을 색(塞)'을 써서 '발본색원(拔本塞源)'이라 하고, 책 속에서 요점을 빼내고 모음을 '모일 췌(萃)'를 써서 '발췌(拔萃)'라 하며, 여럿 가운데 뽑아냄을 '가릴 선(選)'을 써서 '선발(選拔)'이라 한다.

이빨을 빼낸다고 해서 '이 치(齒)'의 발치(拔齒)이고, 사람을 뽑아 올려 쓴다고 해서 '뽑을 탁(擢)'의 발탁(拔擢)이며, 유달리 기이하고 뛰어나다 해서 '기이할 기(奇)'의 기발(奇拔)이다.

군대에서 추는 춤이라 해서 '군무'라고 하는 줄 알았는데 '군사 군(軍)'이 아닌 '무리 군(群)'의 군무(群舞)였다. 여러 사람이 함께 어우러져 추는 춤이 '군무(群舞)'였다. '군(群)'은 '무리', '많은'이라는 의미이다. 그림이나 조각에서 많은 인물의 모습을 군상(群像)이라 하고, 한곳에 모인 많은 사람의 무리를 군중(群衆)이라 한다.

닭의 무리 속에 한 마리의 학이라는 의미로 평범한 여러 사람 가운데의 뛰어난 한 사람을 '무리 군(群)', '닭 계(鷄)', '학 학(鶴)'을 써서 군계일학(群鷄一鶴)이라 한다. 많은 영웅들이 각지에 자리 잡고 세력을 떨치며 맞서는 일은 '뛰어날 웅(雄)', '나눌 할(割)', '웅거할 거(據)'의 군웅할거(群雄割據)이다.

배금주의 拜金主義

'배금주의'를 나쁘다고 말하는 사람을 이해할 수 없었다. 돈(金)을 배척(排斥)하는 것, 돈에 연연하지 않음이 나쁘다는 주장을 받아들일 수가 없었던 것이다.

'배'는 배척하다는 의미가 아니었다. '배'는 '절하다', '숭배하다'는 의미였다. 그러니까 배금주의(拜金主義)는 '절할 배(拜)', '돈 금(金)'으로 돈에게 절하는, 돈을 숭배하는, 돈을 최고의 것으로 여기는 생각을 일컫는 말이었다.

두 번 절하는 것을 '다시 재(再)'를 써서 재배(再拜)라 하고, 높은 어른을 만나 뵈는 것을 '아뢸 알(謁)'을 써서 배알(拜謁)이라 하며, 여러 번 절하면서 자신이 지은 죄에 대하여 용서를 비는 것을 '사죄할 사(謝)'를 써서 백배사죄(百拜謝罪)라 한다.

신이나 부처에게 공손한 마음으로 절하는 일, 또는 성경을 읽고 기도와 찬송으로 하나님을 떠받드는 일인 예배(禮拜), 훌륭하게 여겨 마음속으로 우러러 공경하는 일인 숭배(崇拜), 신이나 부처에게 절하고 빌거나 무덤이나 기념물 앞에서 절하고 기리는 일인 참배(參拜), 불을 신의 상징으로 숭배하는 종교인 배화교(拜火教)에서도 '절할 배(拜)'이다.

'금(金)'은 금속(金屬), 금란지교(金蘭之交)에서는 '쇠(iron, steel)', 금관(金冠), 금(金)메달에서는 '금(gold)', 금액(金額), 금융(金融), 모금(募金)에서는 '돈(money)', 금발(金髮)에서는 '노랗다(yellow)', 금언(金言)에서는 '귀하다(noble)', 김○○(사람)에서는 '성씨(Kim, 김)' 등 매우 다양한 의미로 쓰인다.

백지화 白紙化

무슨 사업을 백지화(白紙化)시켜야 한다느니, 계획을 백지화(白紙化)하였다느니 하는 이야기를 듣는다. 흰 종이와 같은 상태로 되게 한다는 의미로 있는 것을 아무 것도 없는 상태로 돌린다는 의미이다.

'백(白)'은 '희다'는 의미로 많이 쓰이지만, '깨끗하다', '밝다', 그리고 '비다'는 의미로도 쓰인다. 흑백(黑白), 백발(白髮), 백골(白骨), 백의(白衣)에서는 '하얗다'는 의미이고, 결백(潔白)에서는 '깨끗하다'는 의미이며, 명백(明白), 백열등(白熱燈)에서는 '밝다'는 의미인 것이다. 여백(餘白), 공백(空白)에서는 '비다'는 의미이다.

나이와 경험이 적으며 공부만 하는 사람을 백면서생(白面書生)이라 하는데, 이는 방안에서 공부만 하게 되면 얼굴이 하얗게 되기 때문인 것 같다. 업신여기거나 냉대하여 흘겨봄을 흰자위로 본다 해서 백안시(白眼視)라 하고 반가운 마음으로 보는 것을 청안시(青眼視)라 한다.

여러 사람 중에서 가장 뛰어난 사람이나 많은 것 중에서 가장 뛰어난 것을 백미(白眉)라 하는데, 이는 옛날 중국의 마씨(馬氏) 집 다섯 형제 가운데 눈썹에 흰털이 섞인 마량(馬良)이 가장 뛰어났기 때문에 생긴 말이다.

'백(白)'은 '말하다'는 의미로 쓰이기도 한다. '경찰서장 백', '순창군수 백', '고백(告白)', '독백(獨白)' 등이 그 예이다.

'화(化)'를 '될 화'라 하는데, 명사 뒤에 붙어서 그 명사가 아닌 것이 그 명사가 되었다는 의미로 쓰인다. 민주주의가 아니었는데 민주주의가 되는 것을 '민주화(民主化)'라 하는 것이 그 예이다.

변비 便秘

'변비'가 왜 '변비'인가 했더니 '똥'이라는 의미의 '변(便)'에 '숨기다'는 의미의 '비(秘)'가 더해져서 '똥이 숨겨져 있는 상태'라는 의미이기에 변비(便秘)였다. 똥이 몸 밖으로 배설되지 아니하고 몸속에 숨겨져 있는 상태, 곧 똥이 잘 나오지 않는 상태를 변비(便秘)라고 하는 것이었다.

'便'이 소변(小便), 대변(大便), 변소(便所), 변기(便器) 등에서는 '똥오줌'이라는 의미이지만, 사실은 '편리할 편(便)'으로 더 많이 사용된다. 간편(簡便), 편리(便利), 편안(便安), 편이(便易) 등이 그 예이다. 편리하지 않음, 병 등으로 몸이 편치 않음을 '불편(不便)'이라 하고, 원칙이나 정도를 벗어나서 쉽게 목적을 이루기 위하여 사용하는 방법이나 수단을 '편법(便法)'이라 한다. '자기 편리한 방법'이라는 의미이다. 밤늦게까지, 휴일도 없이 일상 생필품을 취급하는 소형 상점을 '편할 편(便)', '마땅할 의(宜)', '가게 점(店)'을 써서 '편의점(便宜店)'이라 하는데, 손님을 편리하게 하고 마땅한 물건을 살 수 있는 가게라는 의미이다.

'숨길 비(秘)'이다. 남에게는 알려서는 안 되거나 드러내지 않아야 할 일을 비밀(秘密)이라 하고, 비밀스럽게 감추어 두거나 간직함을 비장(秘藏)이라 하며, 숨겨 두고 혼자만이 쓰는 썩 좋은 방법을 비결(秘訣)이라 한다. 직무 수행상 외부에 대하여 비밀로 하는 것을 '대외비(對外祕)'라 한다.

'비서'는 심부름하는 사람이 아니라 '비밀 비(秘)', '문서 서(書)'로, 비밀문서를 가진 사람이다. 중요한 직위에 있는 사람에 직속하여 그의 기밀 사무를 맡아보는 직위 또는 그 사람을 '비서(秘書)'라 하는 것이다.

별세 別世

별세(別世)하였노라는 소식을 듣는다. '이별할 별(別)', '세상 세(世)'로, 세상과 이별하였다는 의미이고 '죽음'을 높이어 이르는 말이다. 지병(持病) 때문이었다는 말이 덧붙여지기도 하는데, '가질 지(持)', '병 병(病)'으로 옛날부터 가지고 있는 병, 잘 낫지 않아 늘 앓으면서 고통을 당하는 병이라는 의미이다.

신문에서 '부고낼 부(訃)'를 쓴 '부음(訃音)'이라는 단어를 만나기도 한다. '사람의 죽음을 알리는 통지'라는 의미인데 '부고(訃告)'라 하기도 한다. 유명인이나 훌륭한 분의 죽음에는 '갈 서(逝)', '갈 거(去)'의 '서거(逝去)'를 쓰고, 기독교에서는 '소천(召天)'이라 하는데, '부를 소(召)', '하늘 천(天)'으로 하늘(하나님)이 불렀다는 의미이다. '돌아가셨다'는 하늘나라로 되돌아가셨다, 흙으로 되돌아갔다는 의미이다.

'별(別)'은 '다르다', '헤어지다', '나누다'는 의미이다. 별다른 맛이나 별다른 맛의 음식을 별미(別味), 한 집안 식구이지만 따로 나가 헤어져 사는 것을 별거(別居)라 하며, 종류에 따라 나누거나 일을 사리에 맞게 판단함을 분별(分別)이라 한다.

본관(本館) 밖에 따로 설치한 집을 별관(別館)이라 하고, 본대(本隊)로부터 헤어져 움직이는 부대를 별동대(別動隊)라 한다. 말로서가 아니라 마음으로 뜻을 전(傳)함을 교외별전(教外別傳)이라 하는데, 가르치는 것 아닌 방법으로 다르게 전하였다는 의미이다. 자기가 있는 곳과는 아주 다른 환경이나 사회, 속세와는 다른 좋은 세계를 '별세계(別世界)', '별천지(別天地)'라고 한다.

'별(別)말씀 다 하십니다'라고 한다. 겸손의 인사말로, 별다른 말, 뜻밖의 말, 하지 않아도 괜찮은 말을 한다는 의미이다.

부사 副詞

주로 용언 앞에서 그 용언의 뜻을 분명히 한정하는 말을 '부사(副詞)'라 한다. '사용할 용(用)'의 '용언(用言)'은 '동사'와 '형용사'처럼 문장에서 서술어(敍述語)로 쓰이는 말을 가리키고 '한정(限定)'이라는 말은 '한계를 정해준다', '범위를 줄여준다'는 의미이다.

'부(副)'를 '덧붙일 부'로 이해하여 '어떤 말에 의미를 덧붙이는 말'로 이해할 수도 있고 '버금 부'로 이해하여 '부형용사(副形容詞)'의 준말로 이해할 수도 있다. 그러니까 '부사(副詞)'는 문장의 의미를 확실하게 밝혀주기도 하고 형용사처럼 모양, 성질, 상태를 설명해주기도 하는 것이다. 부사(副詞)는 문장 내에서 동사와 형용사를 수식할 뿐만 아니라 다른 부사 또는 문장 전체를 수식하여 문장을 더 자세하게 밝혀 주는 역할을 한다.

주산물(主産物)을 만드는데 따라서 생기는 물건을 '부산물(副産物)'이라 하고, 상장 이외에 덧붙여 주는 상품을 '부상(副賞)', 주된 음식에 껴서 먹는 반찬 따위의 음식을 '부식(副食)', 회장(會長)을 도우며 회장 부재 시 그를 대리하는 직위를 부회장(副會長), 본 직업의 겨를을 틈틈이 타서 하는 일을 부업(副業), 주식(主食)에 딸려 먹게 되는 음식물(飮食物)을 부식(副食), 정식의 상(賞) 외에 덧붙여서 주는 상을 부상(副賞)이라 한다.

병을 낫게 하는 작용에 곁들여 나타나는 해로운 작용을 두 번째 작용이라는 의미로 부작용(副作用)이라 한다. 작용(作用)이 좋은 약보다 부작용(副作用)이 적은 약이 진짜 좋은 약이라 한다.

분사 分詞

현재분사(現在分詞), 과거분사(過去分詞), 분사구문(分詞構文)이 있다. '분사(分詞)'라는 말의 의미가 궁금하여 사전을 찾았더니 '나눌 분(分)', '말 사(詞)'였고, 어떤 사전에는 '동사의 형용사적 형태', 또 어떤 사전에는 '동사가 형용사적 기능을 갖게 된 형태'라고 적혀 있었다.

동사의 성질을 가지고 있으면서 동시에 형용사적 역할을 하는 것이나 동사가 형용사적 기능을 갖게 된 형태가 분사(分詞)였다. 하나의 단어가 동사와 형용사의 역할을 나누어 맡아 하고 있기에 '나눌 분(分)'을 써서 '분사(分詞)'라 이름 붙였다는 생각을 해 보았다.

분사구문(分詞構文)은 분사가 접속사 구실도 겸하면서 절을 부사구로 만드는 문장체 표현, 그러니까 분사를 사용하여 부사절을 구로 만드는 것을 가리킨다.

산모(産母)가 뱃속의 아기를 몸 밖으로 나오게 하는 것을 분리시키며 해산한다는 의미로 '분만(分娩)'이라 하고, 사물을 종류에 따라 나누어 가름을 '나눌 별(別)'을 써서 분별(分別)이라 하며, 분수에 편안하고 만족함을 아는 것, 만족하여 다른 데 마음 두지 아니함을 안분지족(安分知足)이라 한다. 여러 갈래로 갈라지기 시작하는 곳을 분기점(分岐點)이라 하고, 본체(本體)에서 갈라져 나간 지체(支體)를 분체(分體)라 하며, 몫몫이 나눔을 분배(分配)라 한다.

세포가 생명 유지에 필요한 물질을 만들어 그것을 세포 밖으로 배출하는 현상을 '샘물 흐르는 모양 비(泌)'를 써서 '분비(分泌)'라 하고 침, 위액(胃液), 땀, 젖 등 분비샘으로부터 나온 물질을 '분비물(分泌物)'이라 한다.

비밀 秘密

'남의 비밀(秘密)을 발설(發說)하는 것은 배반(背反)이고 자신의 비밀을 입 밖에 내는 것은 어리석은 행동이다'는 말이 있고, '적(敵)에게 비밀을 누설(漏泄)되지 않게 하려거든 그 비밀을 친구에게 이야기하지 말라'는 말도 있다.

남에게 보이거나 알려서는 안 되는 일의 내용을 '숨길 비(秘)', '비밀할 밀(密)'을 써서 '비밀(秘密)'이라 하는데, '비(秘)'는 '숨기다', '비밀', '신비롭다'는 의미로 많이 쓰인다. 숨겨 두고 혼자만 쓰는 썩 좋은 방법을 '비결(秘訣)', 세상에 알려지지 않은 약방문(藥方文)을 '비방(秘方)', 이론과 인식을 초월한 불가사의하고 영묘한 비밀을 '신비(神秘)'라 한다. '말씀 화(話)'의 '비화(秘話)'는 세상에 알려지지 않는 숨은 이야기이다.

창덕궁 북쪽에 있는 한국 최대의 정원(庭園)을 비원이라 하는데, '숨길 비(秘)', '동산 원(園)'으로 대궐 안의 숨겨져 있는 동산이라는 의미이다. 후원, 북원, 금원이라고도 불렸다고 하는데, (창덕궁) 뒤에 있다고 해서 '후원(後苑)', 북쪽에 있다고 해서 '북원(北苑)', 함부로 들어가는 것을 금지하였다 해서 금원(禁苑)이라 하였던 것 같다.

비밀을 잘 지키라고 할 때 '수구여병(守口如甁)'을 이야기한다. 입 지키기(막기)를 병마개 막는 것처럼 확실하게 하라는 의미이다. '출구입이(出口入耳)'라는 말이 있다. 말하는 자의 입에서 나와 듣는 사람의 귀에 들어갔을 뿐이라는 의미로, 둘만 알고 다른 사람은 절대 알지 못한다는 의미이다.

'화제가 궁할 때 친구 비밀을 폭로하지 않는 자는 드물다'라는 말이 있다. 비밀은 지켜지기 어렵다는 의미도 되겠지만 목적 없이 긴 시간 이야기하는 것은 바람직하지 않다는 의미이기도 하다.

비일비재 非一非再

음악회 등 공연에 공짜 손님이 유료 관객보다 많은 일이 비일비재하다고 한다. 한국적인 정(情)의 산물이라지만 문화 발전을 위해서는 분명 바람직하지 못하다.

'비(非)'에는 '아니다', '그르다', '꾸짖다'는 의미가 있다. 비범(非凡), 비민주적(非民主的), 비공식(非公式), 비매품(非賣品), 비명횡사(非命橫死), 비상시(非常時)에서는 '아니다'라는 의미이고, 비행(非行), 비위(非違), 시비(是非), 전비(前非)에서는 '그르다'는 의미이며, 비난(非難)에서는 '꾸짖다'는 의미이다.

꿈인지 생시인지 어렴풋한 상태를 '비몽사몽(非夢似夢)'이라 하는데, 글자 그대로는 꿈이 아닌 것도 같고 꿈인 것도 같다는 의미이다.

공자(孔子)는 '비례물시(非禮勿視)'라 하였다. 예(禮)가 아니면 보지를 말라는 의미로 예(禮)가 아닌 것을 보면 피해야 한다는 말이다. 예(禮)가 아닌 것과 친하게 되면 자연히 자기의 마음도 그에 물들고 말기 때문에 그것을 피하는 것이 인(仁)에 이르는 길이라는 말인 것이다. '비례물동(非禮勿動)'이라 하였다. 예의에 맞지 않는 일에는 움직이지 말라는 말이다.

'일(一)'은 '하나', '단독'이라는 의미로 많이 쓰이지만, 일등(一等)에서는 '첫째', 전일(專一), 일념(一念), 천편일률(千篇一律)에서는 '오로지', 일체(一切), 일국(一國)에서는 '모든'이라는 의미이다. '천재일우(千載一遇)'는 '해 재(載)', '만날 우(遇)'로, 천 년에 한 번 만난다는 뜻으로 좀처럼 얻기 어려운 좋은 기회를 이르는 말이다.

'창해일속(滄海一粟)'이라는 말이 있다. '푸를 창(滄)', '바다 해(海)', '조 속(粟)'으로, 큰 바다에 조 한 톨, 지극히 작거나 보잘 것 없는 존재를 일컫는 말이다.

사색적 思索的

삶이나 철학적인 문제에 대하여 깊이 생각하고 이치를 찾는 일을 '생각 사(思)', '찾을 색(索)'을 써서 '사색적(思索的)'이라 한다. 생각하고 생각하여 이치를 찾아내는 일이라는 의미다. 그러니까 새로운 생각을 찾아 전개되는 글, 새로운 소재를 연상시켜 써내려가는 글, 인생에 비유시켜 쓰는 글, 여러 가지 생각을 펼쳐나가는 일을 '사색적(思索的)'이라 하는 것이다.

생각하고 궁리함을 '사고(思考)'라 하고, 그리워함을 '사모(思慕)'라 하며, 이성에 대하여 눈 뜨고 그리워하는 시기를 '사춘기(思春期)'라 한다. 사춘기(思春期)에서의 '춘(春)'은 '봄'이 아닌 '남녀의 정(情)'이라는 의미이다.

'索'이 '동아줄', '쓸쓸하다'는 뜻으로 쓰일 때에는 '삭'으로 발음하지만 '찾다'는 의미로 쓰일 때에는 '색'으로 발음한다. 공중에 가설한 튼튼한 강철 줄에 운반차를 매달아 여객, 화물, 광석 따위를 나르는 설비를 '가공삭도(架空索道)'라 하고, 책 속의 항목이나 낱말을 빨리 찾도록 만든 목록을 '색인(索引)'이라 하며, 실상을 더듬어 찾는 일을 '탐색(探索)'이라 한다.

'학이불사즉망(學而不思則罔)'이라고 하였다. 배우기만 하고 생각함이 없으면 망하게 된다는 의미로 배우는 것만 중요하게 여기고 생각하는 일은 중요하지 않게 여기는 요즘 세태에 경종(警鐘)이 될 만한 말이다. 생각은 하지만 그러나 배우지 아니한즉 위태로워진다는 의미의 '사이불학즉태(思而不學則殆)'가 대구(對句)로 이어진다.

삼척동자 三尺童子

"그것은 삼척동자도 다 아는 이야기이다"라는 말을 듣는다. 삼척(三尺)은 '석 자'이다. 한 자가 30.3㎝의 길이이기에 석 자는 90.9㎝ 정도의 길이이다. 물론 '아이 동(童)'의 동자(童子)는 '어린 아이'이다. 키가 1미터도 되지 않는 어린 아이, 철모르는 어린 아이를 삼척동자(三尺童子)라 하는 것이다.

동화(童話), 동시(童詩), 동요(童謠)에서의 동(童)도 모두 '어린 아이'라는 의미를 지니고 있다. 그러니까 어린 아이들을 상대로 동심(童心)을 기초로 하여 지은 이야기나 문예작품을 동화(童話)라 하고, 어린이의 생활 감정이나 심리를 시로 나타낸 것을 동시(童詩)라 하며, 아이들이 즐겨 부르는 노래를 동요(童謠)라 하는 것이다. 어린 아이같이 천진스런 얼굴을 동안(童顔)이라 한다.

강감찬 장군은 5척 단신(五尺單身)이었다고 하였는데 키가 150㎝ 정도로 작았다는 말이다. 고대소설에서는 7척 장신(七尺長身)을 이야기하기도 하는데 2미터 10센티미터가 넘을 정도로 키가 크다는 말이다.

자신의 일도 감당하기 어려워 남의 사정을 돌볼 여유가 없음을 오비삼척(吾鼻三尺)이라 한다. '내 코가 석 자'라는 말이다. 내 코가 석 자나 될 정도로 몸이 이상해졌는데, 내가 곤경에 처해 있는데 어떻게 남을 도울 여지가 있겠는가라는 말이다.

위태로움이 극에 달해 있음을 백척간두(百尺竿頭)라 한다. '장대 간(竿)', '꼭대기 두(頭)'로, 백 자나 되는 높은 장대 위에 올라선 것처럼 위태롭다는 의미이다. 그런데 재미있는 것은 중국인들은 이 말을 이미 많은 것을 성취하였으니 더욱 노력해서 더 많이 발전하라는 격려의 의미로 사용하고 있다는 사실이다.

서사시 敍事詩

시(詩)를 내용상으로 분류하면 서정시(敍情詩)와 서사시(敍事詩)로 나뉜다. 감정을 펼친 시가 서정시(抒情詩)이고 역사적 사건에 얽힌 신화, 전설, 영웅 등을 내용으로 한 시는 '서사시(敍事詩)'이다.

'역사 사(史)'가 아니라 '사건 사(事)'이다. 사건(事件)을 서술한다고 해서 서사(敍事)이다. '역사(歷史)'도 '사건(事件)'의 일부이기에 서사(敍事)에 역사도 포함되어 있긴 하다.

시인(詩人)의 사상(思想)이나 감정(感情)을 펼치는 것을 서정(抒情)이라 하는데, '펼칠 서(抒)'에 '감정 정(情)'이다. 우리가 알고 있는 대부분의 시(詩)는 서정시(抒情詩)인데, 서정시는 자신이 느낀 희로애락의 감정을 운문으로 표현한 문학이다.

'서(敍)'는 '펼치다', '쓰다'는 의미이다. 일정한 내용을 차례에 따라 말하거나 적는 것을 '서술(敍述)'이라 하고, 훈등(勳等)과 훈장(勳章)을 내려줌을 '서훈(敍勳)'이라 하며, 죄가 있어 면관 당하였던 사람을 다시 임용함을 '서용(敍用)'이라 한다.

'사(事)'에 '일', '사건'의 의미만 있는 것은 아니다. 큰 것(나라)을 섬긴다는 '사대(事大)', 어버이를 섬긴다는 '사친(事親)'에서는 '섬긴다'는 의미이다.

사필귀정(事必歸正)이라는 말이 있다. 일은 반드시 바른 길로 돌아온다는 의미로 처음에는 잘잘못을 가리지 못하여 그릇될지라도 결국 정의가 승리한다는 말이다. 사인여천(事人如天)이라는 말도 있다. 사람 섬기기를 하늘과 같이 하라는 의미로 하늘을 공경하듯 사람도 공경하여 서로의 인격과 예의를 존중하라는 말이다.

선례 先例

"그런 선례(先例)가 없다"라고 하기도 하고 "그와 같은 선례(先例)를 남겨서는 안 된다"라고도 한다. '먼저 선(先)', '보기 례(例)'의 선례(先例)는 '먼저 보여준 보기'라는 의미로, 이전에 그렇게 한 사례를 일컫는다.

'선(先)'에는 '먼저', '앞선'의 의미와 함께 '돌아가신 사람'이라는 의미도 있다. 닥쳐올 일을 먼저 아는 슬기로움을 선견지명(先見之明)이라 하고, 다른 사람에 앞서서 어떤 일의 중요성을 인식하여 그 일을 실행한 사람을 '달릴 구(驅)'를 써서 선구자(先驅者)라 하며, 미리 바친 돈을 '바칠 납(納)'을 써서 선납금(先納金)이라 한다. '먼저 들어온 견해', '마음속에 자리 잡고 있는 견해'를 먼저 들어온 견해라는 의미로 '선입견(先入見)'이라 한다.

세상 떠난 자기 아버지를 남에게 말할 때 선고(先考), 선친(先親)이라 하고, 돌아가신 어머니를 선비(先妣) 또는 선자(先慈)라 한다. 남의 죽은 어머니를 선대부인(先大夫人)이라 하고, 남의 죽은 아버지를 선대인(先大人)이라 한다.

'선공후사(先公後私)'라 하였는데, 먼저 공적인 일을 하고 나중에 사적인 일을 하라는 말이다. '선우후락(先憂後樂)'이라고도 하였다. 먼저 나라를 근심하고 나중에 개인의 즐거움을 도모해야 한다는 말이다.

'선즉제인(先則制人)'이라 하였다. 남보다 앞서서 일을 도모하면 능히 남을 제어할 수 있다는 말이다. 자로(子路)가 공자(孔子)에게 정치에 대해 물었을 때 '선지노지(先之勞之)'라 말하였다고 한다. '먼저 선(先)', '갈 지(之)', '힘쓸 로(勞)', '그것 지(之)'로, 먼저 가서 그 일에 힘쓰라는 의미였다.

선정성 煽情性

시청률만을 의식한 방송매체의 선정성(煽情性)이 위험 수위에 도달했다. '부채질할 선(煽)'에 '감정 정(情)'의 '선정(煽情)'은 어떤 감정이나 욕정을 부추기어 일으키는 일을 말한다.

'불 화(火)'에 '부채 선(扇)'이 더해져서 '부추기다'는 의미를 지닌 '선(煽)'은 어떤 행동에 나서도록 남을 부추긴다는 선동(煽動)이나, 정욕(情欲)을 북돋우어 일으킨다는 선정(煽情) 등에 쓰인다. 비슷한 글자에 '번거로울 번(煩)', '연기 연(煙)', '등잔 등(燈)'이 있다.

'정(情)'에 '감정'이라는 의미만 있는 것이 아니다. '희노애락애오욕(喜怒哀樂愛惡慾)'을 일컫는 '칠정(七情)'이나 감정이나 심리를 겉으로 나타내는 '표정(表情)'에서는 '감정'의 의미이지만, 일이 되어 가는 형편을 일컫는 정세(情勢)에서는 '사실', 감흥을 불러일으킬 만한 경치나 장면인 정경(情景)에서는 '멋'이라는 의미이다. 또 사귀어서 정이 든 정도인 정분(情分), 사랑하는 남녀가 사랑을 이루지 못하고 함께 목숨을 끊는 일인 정사(情死), 남녀간의 사랑의 일인 정사(情事)에서는 '욕정'의 의미이다.

감정에서 일어나는 억누르기 어려운 생각을 '정념(情念)', 정이 많고 느낌이 많음을 '다정다감(多情多感)', 불같이 세차게 일어나는 감정을 '정열(情熱)', 몸과 마음의 활동력(活動力)을 '정력(精力)'이라 한다.

수요(需要)가 있기에 공급(供給)이 있는 것이리라. 선정적(煽情的)인 작품을 만드는 사람에게 문제가 있는 것 분명하지만 거기에 휩쓸리며 좋아하는 우리들에게도 문제가 있음이 분명하지 않은가?

설 說

누가 죽었다는 설(說)이 있고, 어디에서는 지금 어떤 일이 벌어지고 있다는 설(說)이 있으며, 언제 무슨 일이 일어날 것이라는 설(說)도 있다.

사용하면 발달하고 사용하지 않으면 퇴화된다는 주장을 '용불용설(用不用說)'이라 하고, 사람의 권리는 하늘이 주었기 때문에 그 누구도 침범할 수 없다는 주장을 천부인권설(天賦人權說)이라 하며, 왕의 권리는 신(神)으로부터 받은 것으로서 인민이나 의회에 의해 제한을 받지 않으며 절대무한이라는 주장을 왕권신수설(王權神授說)이라 하는데, 이 모두에 '설(說)'이 쓰인다.

설(說)은 사실일 수도 있지만 사실이 아닐 수도 있다. 주관적인 주의, 학설, 견해, 풍설이기 때문이다. 설(說)은 설(說)일 뿐 결코 진리는 아니라는 말이다. 인간의 본성은 선천적으로 착하다는 주장이 성선설(性善說)이고, 인간의 본성은 선천적으로 악하다는 주장은 성악설(性惡說)이다. 신문, 잡지 등에서 그 회사의 주장으로서의 논설은 사설(社說)이고, 어떤 현상을 설명하거나 어떤 이론을 구체적으로 펴기 위하여 우선 이용하는, 아직 증명되지 아니한 이론은 '임시 가(假)'의 가설(假說)이다.

달콤한 말과 이로운 이야기라는 뜻으로, 남의 비위에 맞도록 꾸민 달콤한 말과 이로운 조건을 내세워 남을 꾀는 말을 '달 감(甘)', '이로울 이(利)'를 써서 감언이설(甘言利說)이라 한다. 조리 없이 지껄임을 '가로 횡(橫)', '말씀 설(說)', '세울 수(竪)'를 써서 횡설수설(橫說竪說)이라 하는데, 가로로 말했다가 세워서 말한다는 의미이다.

설의법 設疑法

직설적(直說的)으로 이야기할 수 있음에도 불구하고 일부러 의문 형식으로 제시하여 독자가 스스로 결론을 내리게 하는 방법, '우리가 포기해야 되겠습니까?', '한 치의 국토라도 빼앗길 수 있는가?'와 같은 표현 방법을 설의법(設疑法)이라 한다.

'설'을 '말씀 설(說)'로 알고 있는 사람이 많은데, '말씀 설(說)'이 아니라 '세울 설(設)'이다. 물론 '의심할 의(疑)', '방법 법(法)'이다. 그러니까 일부러 의심을 세우는 방법, 알면서도 모르는 척 물어보는 방법을 의심(疑)을 세운다(設)는 의미로 '설의법(設疑法)'이라 하는 것이다.

'지는 것이 이기는 것'이라든가 '소리 없는 아우성', '찬란한 슬픔', 또는 '시원섭섭하다' 등과 같이 표현 구조상으로나 상식적으로는 모순되는 말이지만 실질적인 내용은 진리를 나타내는 표현 방법을, 귀에 '거슬리게(逆) 말한다(說)'고 해서 역설법(逆說法)이라 하고, 늦게 왔는데 '빨리 온다', 적게 주었는데 '많이도 준다', 포기했는데 '만세 불렀다' 등과 같이 표현하려는 본뜻과는 반대되는 말을 함으로써 문장의 효과를 한층 높이려는 표현 방법은 '반대(反)로의 말'이라는 의미로 '반어법(反語法)'이라 한다.

언제든지 이용할 수 있도록 설비나 시설을 갖춤은 '항상 상(常)'의 상설(常設), 개인이 설립(設立)한 시설(施設)은 '사사로울 사(私)'의 '사설(私設)', 국가나 공공단체에서 공중(公衆)을 위하여 시설한 것은 '공설(公設)', 새로 설치한 것은 '새로울 신(新)'의 '신설(新設)', 처음으로 설치하거나 설립한 것은 '비롯할 창(創)'의 창설(創設), 어떤 곳에 딸리어 설치함은 '붙을 부(附)'의 '부설(附設)'이다.

세례 洗禮

유명인들이 계란 또는 밀가루 세례를 받아 화제가 된 적이 있다. '씻을 세(洗)', '의식 례(禮)'의 세례(洗禮)는 원래 그리스도 교회에서 죄를 씻어 사람을 거듭나게 하는 의식이라는 의미로 쓰였는데, 요즘은 '계란 세례', '소나기 세례', '폭탄 세례'에서와 같이 한꺼번에 몰아치는 비난이나 공격을 비유하여 쓰기도 한다.

'씻을 세(洗)'에 '익힐 련(鍊)'이 더해진 세련(洗鍊)은 글이나 교양 그리고 인품 등을 갈고 다듬어 우아하게 한다는 의미인데, 보통 뒤에 '~되다'가 붙어 '세련되다'는 꼴로 쓰인다. 옛날에는 얼굴 씻음을 세면(洗面), 손 씻음을 세수(洗手)라 하였는데, 현재는 세수(洗手)가 세면(洗面)의 의미로 사용되고 있다. 빨래한다는 세탁(洗濯)은 '씻을 세(洗)', '씻을 탁(濯)'을 쓴다.

세정제(洗淨劑)는 '씻을 세(洗)', '깨끗할 정(淨)', '약 제(劑)'로, 몸이나 의류 따위에 묻은 물질을 씻어 깨끗하게 하는 약제(藥劑)이다. 어떤 사상이나 주의를 주입시켜 거기에 물들게 하는 일을 세뇌라 하는데, '씻을 세(洗)', '머리(생각) 뇌(腦)'로, 기존의 머리(생각)를 씻어내고 새로운 생각을 심는다는 의미이다.

'세수봉직(洗手奉職)'이라는 말이 있다. 손을 씻고 직무에 봉사한다는 의미로 공적인 일에 청렴결백(淸廉潔白)함을 이르는 말이다. '세이(洗耳)'라는 말도 있다. 귀를 씻고 공손하고 주의 깊게 듣는다는 의미도 있지만, 허유(許由)라는 사람이 중국 요(堯)임금이 벼슬을 주겠다는 말을 듣고서 '더러운 말을 들어 귀가 더러워졌다'고 하면서 귀를 냇물에 씻었다는 고사(故事)를 바탕으로 세상의 명예와 이익을 조금도 바라지 않는다는 의미로 더 많이 쓰인다.

소급 遡及

지나간 일까지 거슬러 올라가서 미치게 하는 일을 '거슬러 올라갈 소(遡)', '미칠 급(及)'을 써서 소급(遡及)이라 하고, 법이 마련되기 이전의 일까지 거슬러 올라가서 영향이 미칠 수 있도록 적용될 수 있게 만든 법을 소급입법(遡及立法)이라 한다. 거슬러 올라가 영향이 미치도록 법을 세웠다(만들었다)는 의미이다.

'미칠(이를) 급(及)'이라 하였다. 어떤 일의 영향이나 여파가 전하여 먼 데까지 미침을 파급(波及)이라 하고 파급됨으로써 얻게 되는 성공적인 결과를 파급효과(波及效果)라 한다. 말이 어떤 문제에 미침, 곧 말을 해 나가다가 어떤 일을 화제로 삼음을 언급(言及)이라 하고 시험이나 검사 따위에 합격함을 '시험 제(第)'를 써서 급제(及第)라 한다. 널리 펴서 알리거나 사용하게 함은 '넓을 보(普)'의 보급(普及)이다.

과유불급(過猶不及)이라는 말이 있다. '지나칠 과(過)', '같을 유(猶)'로, 지나친 것은 미치지 않는 것과 같다는 의미이고, 지나치면 오히려 미치지 못한 것보다 못할 수도 있다는 말이다. 배부른 것이 배고픈 것보다 물론 좋은 일이지만 지나치게 배부를 때까지 먹으면 오히려 병이 나게 된다는 말이다.

미치지도 않고 지나치지도 않는 것을 중용(中庸)이라 하는데, '시중(時中)'이라는 말로 표현되기도 한다. '때 시(時)', '적중할 중(中)'으로 그때그때에 맞도록 한다는 의미이다.

'법률불소급원칙(法律不遡及原則)'이 있다. '거슬러 올라갈 소(遡)', '미칠 급(及)'으로, 모든 법률(法律)은 거슬러 올라가게 할 수 없다는 의미이다. 행위 시의 법률을 적용해야지 지금 만든 법률로 과거 사건을 심판해서는 안 된다는 원칙으로 법적 생활의 안정과 기득권 보장을 목적으로 만든 제도이다.

수 愁

一은 '하나 일'이고

十은 '열 십'이고

才는 '재주 재'이고

木은 '나무 목'이고

禾는 '벼 화'이다.

人은 '사람 인'이고

火는 '불 화'이다.

心은 물론 '마음 심'이다.

벼(禾)에 불(火)이 붙으면 가을이니까 '秋'는 '가을 추'이고

보통, 가을(秋)에는 사람의 마음(心)이 쓸쓸해지니까

가을 추(秋)와 마음 심(心)이 더해진 '愁'는 '근심 수'이다.

근심 수(愁) 한 글자에서 열 개의 글자를 찾아 낼 수 있었다.

모든 글자, 모든 단어는 기본 글자를 조합하여 만들어진다. 우리 글자, 자음 14자 모음 10자를 조합하여 우리의 말소리를 모두 표현할 수 있을 만큼의, 무려 1,096자를 만들어 내는 것처럼, 아라비아 숫자 10개로 헤아릴 수 없을 만큼의 숫자를 만들어 낸 것처럼, 한자 역시 기본 글자들의 조합으로 만들어졌다. 한글만 과학적인 글자 아니고 한자 역시 과학적인 문자임을 알 필요가 있다.

청(靑)은 '푸를 청'으로 기본 글자이다. '물 수(水=氵)'가 더해진 청(淸)은 '맑을 청'이고, '태양 일(日)'이 더해진 청(晴)은 '날씨 맑을 청'이며, '마음 심(心=忄)'이 더해진 정(情)은 '감정 정'이다. '쌀 미(米)'가 더해진 정(精)은 '깨끗하다', '정신', '정액', '정성', '자세함', '마음' 등의 의미로 쓰인다.

수상 殊常

"어족(魚族)들은 눈부신 등불을 보고서 무슨 잔치인가 싶어 몰려들었다가 잡혀서 한 생애를 마친다. 등불에 속는 것이 어찌 고기떼뿐이랴? 밤의 수상(殊狀)한 불빛에 속지 말아야 한다." 법정 스님의 말이다. 언행(言行)이나 차림새 따위가 보통과 달라 이상함을 '다를 수(殊)', '보통 상(常)'을 써 '수상(殊常)'이라 한다. 보통과 다르다는 의미이다.

'수상' 역시 동음이의어가 많다. 손금의 모양, 또는 손의 생김새로 운수나 길흉을 판단하는 일인 '손 수(手)', '모양 상(相)'의 수상(手相), '물 위'를 일컫는 '물 수(水)', '윗 상(上)'의 수상(水上), 방송된 영상 전파를 받아서 화상(畵像)으로 변화시키는 장치인 '받을 수', '모양 상', '기계 기(機)'의 수상기(受像機)가 그것이다. 상을 받는 일인 '수상(受賞)'도 있는데, '받을 수(受)', '상 상(賞)'이다.

'머리 수(首)', '재상 상(相)'을 쓴 '수상(首相)'은 내각의 우두머리 곧 국무총리를 가리키며, '따를 수(隨)', '생각 상(想)'을 쓴 '수상(隨想)'은 그때그때 일어나는 느낌이나 생각을 따라 적어간 글이다.

다른 것으로부터 흥분을 받아들이는 작용을 하는 신경세포에 있는 짧은 돌기를 '수상돌기(樹狀突起)'라 하는데, '나무 수(樹)', '형상 상(狀)'으로 '나무(가지) 모양을 하고 있는 돌기'라는 의미이다. '갑자기 돌(突)', '일어날 기(起)'의 '돌기'는 어떤 것의 일부가 오뚝하게 도드라져 나온 부분을 가리킨다.

'다르다', '뛰어나다'라는 의미를 지니고 있는 '수(殊)'는 특별하게 다르다는 특수(特殊), 뛰어난 공훈이라는 수훈(殊勳)에 쓰인다.

수치 羞恥

"가난을 수치(羞恥)로 여기는 것은 부끄러운 일이다. 그러나 그 가난을 극복하려 노력하지 않는 것은 더 부끄러운 일이다"는 말이 있고, "수치를 아는 사람들은 피살되기보다도 구원되는 자가 많다. 그러나 수치를 모르고 도망가는 사람에게는 명예도 안전도 없다"는 말도 있다. '부끄러워할 수(羞)', '부끄러울 치(恥)'의 '수치(羞恥)'는 '부끄러움'이라는 의미이다. 불의를 부끄러워하고 악을 미워하는 마음을 '부끄러울 수(羞)', '미워할 오(惡)'를 써서 '수오지심(羞惡之心)'이라 하고, 부끄러움도 모르고 함부로 날뛰는 사람을 '쇠 철(鐵)', '얼굴 면(面)', '가죽 피(皮)'를 써서 철면피(鐵面皮)라 한다. 무쇠처럼 두꺼운 낯가죽이라는 의미이다.

절세의 미인(美人)을 '수화폐월(羞花閉月)'이라 하는데, 이는 (너무 예뻐서) 꽃도 부끄러워하고 달도 숨는다는 의미이다. 맛이 좋고 푸짐하게 차린 음식을 진수성찬(珍羞盛饌)이라 하는데, 이때의 '羞'는 '부끄럽다'가 아닌 '맛있는 음식'이라는 의미이다.

'치(恥)'는 '부끄러울 치'이다. 부끄럽고 욕됨을 치욕(恥辱)이라 하고, 조촐하고 깨끗하여 부끄러움을 아는 마음을 '염치(廉恥)'라 하며, 뻔뻔스러움을, 염치를 깨뜨렸다는 의미로 '파렴치(破廉恥)'라 한다. 알리고 싶지 않는 부끄러운 부분 또는 음부(陰部)를 '치부(恥部)'라 하고, 패배의 부끄러움을 씻고 명예를 되찾음을 '설욕(雪辱)', '설치(雪恥)'라 한다.

'후안무치(厚顔無恥)'라는 말이 있다. '두꺼울 후(厚)', '얼굴 안(顔)', '부끄러울 치(恥)'로, 얼굴이 두껍고 부끄러움이 없다, 뻔뻔하다는 의미이다. '불치하문(不恥下問)'이라는 말도 있다. '부끄러울 치(恥)', '아랫사람 하(下)', '물을 문(問)'으로 자기보다 아랫사람에게 묻는 것을 부끄러워하지 않아야 한다는 의미이다.

숙어 熟語

'단어(單語)', '숙어(熟語)'를 이야기하면서도 '단어', '숙어'의 개념을 모르고 있다. '홑 단(單)'의 단어(單語)는 '홑(하나)으로 된 말', 그러니까 문법상 일정한 뜻과 구실을 가지는 말의 최소 단위이다. '숙어(熟語)'의 숙(熟)은 '익을 숙(熟)'이다. '익은 말', 그러니까 사람들 사이에 굳어진 말이 '숙어(熟語)이다. 둘 이상의 낱말이 합해져서 하나의 낱말과 같은 구실을 하는 말이며 관용어(慣用語)라고도 한다. 습관적(習慣的)으로 사용(使用)하는 말(言)이라는 의미이다.

'숙(熟)'에는 '불 화(灬=火)' 자(字)가 들어 있는데, '불 화(灬)'가 들어간 글자는 대부분 '불'과 관계가 있다. 삶을 팽(烹), 그을릴 초(焦), 달일 전(煎), 비출 조(照)가 그렇고, 빛날 희(熙), 불길 훈(薰), 더울 열(熱) 등도 그 예이다.

숙(熟)은 '불에 익히다'와 '익숙하다', '충분하다', '성숙하다'는 의미로 쓰인다. 깊이 생각하는 것을 숙고(熟考)라 하고 잘 익은 과실을 숙과(熟果)라 하며 익숙하고 통달함을 숙달(熟達)이라 한다. 깊이 잠드는 것을 숙면(熟眠)이라 하고 능란하고 익숙함을 능숙(能熟)이라 한다. 반절 익음을 반숙(半熟)이라 하고, 완전하게 익음을 완숙(完熟)이라 한다.

곡식이나 과일 등이 무르익음, 몸이나 마음이 완전히 자람을 성숙(成熟)이라 하고 충분히 익음, 충분히 익숙한 상태가 됨을 숙성(熟成)이라 하며 일에 아직 익숙하지 못하여 서투름을 미숙(未熟)이라 한다. 곡식이나 과일 따위가 일찍 익음을 '이를 조(早)'를 써서 조숙(早熟)이라 하고 술에 흠뻑 취함을 '취할 취(醉)'를 써서 숙취(熟醉)라 하며 아주 숙달됨, 깊은 경지에 이름을 '온전할 원(圓)'을 써서 원숙(圓熟)이라 한다.

순례 巡禮

성지순례(聖地巡禮)를 다녀왔노라는 이야기를 듣는다. '돌 순(巡)', '예절 예(禮)'의 '순례(巡禮)'는 돌면서 예배한다는 의미로 여러 성지(聖地) 등을 찾아다니며 참배함을 일컫는다.

여러 곳을 돌아다닌다는 의미를 지니고 있는 '순(巡)'은 차례로 돌아 방문한다는 순방(巡訪), 찾아다니며 참배(參拜)한다는 순례(巡禮), 두루 돌아다니며 사정을 살핀다는 순찰(巡察), 여러 곳으로 돌아다닌다는 순회(巡廻), 술자리에서 술잔을 차례로 돌린다는 순배(巡杯), 돌아다니며 경계하는 사람이라는 순경(巡警) 등에 쓰인다. '돌 순(巡)', '바다 양(洋)', '배 함(艦)'의 '순양함(巡洋艦)'은 바다를 돌아다니는 배라는 뜻이고 정찰, 경계, 공격 등의 목적에 쓰인다.

'예절', '절(인사)', '예물'의 의미를 지니고 있는 예(禮)는 사례(謝禮)의 뜻으로 주는 물건 또는 결혼식에서 신랑 신부가 서로 주고받는 기념품인 예물(禮物), 신도(信徒)가 신에게 경배(敬拜)하는 의식인 예배(禮拜), 예로써 정중히 맞이한다는 예우(禮遇), 옛날에 아이가 어른이 될 때에 올리던 예식인 관례(冠禮), 제사를 지내는 예법이나 예절인 제례(祭禮) 등에 쓰인다.

'번문욕례(繁文縟禮)'라는 말이 있다. '번거로울 번(繁)', '문서 문(文)', '번거로울 욕(縟)'으로 번거롭게 형식만 차려서 까다롭게 만든 문서(규칙)와 예절을 일컫는다. 성지순례(聖地巡禮)와 함께 조국순례(祖國巡禮) 역시 의미 있는 일이다. 도보(徒步)이어야만 의미가 클 것임은 물론이다.

시금석 試金石

'이 일은 그의 능력을 알아보는 데 시금석이 될 것이다'에서와 같이, 사물의 가치나 사람의 능력을 평가하는 데 '기준이 될 만한 사물'을 '시금석(試金石)'이라 한다. '시험할 시(試)', '쇠 금(金)', '돌 석(石)'의 시금석(試金石)은 쇠를 시험하는 돌이라는 의미로 원래 귀금속을 문질러 그 품질을 알아보는 데 쓰이는 단단한 돌을 가리켰다.

'시험하다'는 의미의 '시(試)'는 문제를 내어 답을 구하거나 시켜서 그 성적을 판정하는 일인 시험(試驗), 광산의 채굴 가치를 알아보기 위해 시험 삼아 파 보는 일인 시굴(試掘), 시험적으로 해 본다는 시도(試圖) 등에 쓰인다.

실험에 쓰는 유리로 만든 대롱 모양의 용기를 시험관(試驗管)이라 하고, 영화를 개봉하기 전에 신문기자, 평론가, 제작관계자 등에게 시험적으로 상영해 보이는 모임을 시사회(試寫會)라 한다.

'금(金)'은 대부분 '쇠(metal)'와 '금(gold)'이라는 의미로 쓰이지만 '금(gold)'의 노란 성질 때문에 '누른빛'의 의미로도 쓰이고, 귀한 물건이기 때문에 '귀하다'는 의미로도 쓰인다. 쇠붙이를 금속(金屬)이라 하고 금으로 만든 왕관을 금관(金冠)이라 한다. 황금색의 머리털을 금발(金髮)이라 하고 귀중한 법률을 금과옥조(金科玉條)라 한다.

친구 사이의 매우 도타운 사귐을 '금란지교(金蘭之交)'라고도 하는데, 쇳덩어리만큼 단단하고 난초처럼 향기로운 우정이라는 의미이다. '단금지교(斷金之交)' 역시 도타운 친구 사이의 우정을 일컫는 말인데, (친구를 위하여) 쇠라도 끊을 수 있는 단단한 사귐이라는 뜻이다.

신라면 辛

'신라면'은 안 먹는다고 하였다. 신 것은 싫어한다고 하면서. '신(辛)'은 우리말이 아니고 한자(漢字)인데. 식초의 맛이라는 '신'이 아니라 '맵다'는 의미를 지닌 '매울 신(辛)'인데. '신 맛의 라면'이 아니라 '매운 맛'의 라면인데.

운동 경기의 결과를 놓고서 신승(辛勝)을 거두었다고도 하고 낙승(樂勝)을 거두었다고도 하는데, 매운 맛을 보면서 어렵게 이겼을 때, 상대편의 매서운 맛을 보며 이겼다는 의미로 '매울 신(辛)'을 써서 신승(辛勝)을 거두었다 하고 기분 좋게, 여유 있게, 월등한 차이로 이겼을 때 즐겁게 이겼다고 해서 '즐거울 낙(樂)'을 써서 낙승(樂勝)을 거두었다고 한다.

음식에 향기롭거나 매운 맛을 더하는 조미료를 향신료(香辛料)라 하고 맛이 몹시 쓰고 맵거나 수단이 몹시 가혹함을 신랄(辛辣)이라 한다.

간난신고(艱難辛苦)라는 말이 있다. '어려울 간(艱)', '어려울 난(難)', '매울 신(辛)', '쓸 고(苦)로, 고되고 어렵고 맵고 쓰다는 뜻이고 몹시 힘든 고생을 이르는 말이다. 천신만고(千辛萬苦)라는 말도 있다. 천 번의 매운 맛을 보고 만 번의 쓴 맛을 본다는 의미로 마음과 몸을 수고롭게 하고 애쓰며 그것을 겪는다는 말이다.

입립개신고(粒粒皆辛苦)라는 말이 있다. '낟알 립(粒)', '모두 개(皆)'로, 쌀 한 톨 한 톨은 모두 매운 맛 쓴 맛을 본 결과라는 뜻으로 곡식(穀食)을 소중하게 여겨야 한다는 의미이다.

실사구시 實事求是

조선 시대 실학파(實學派)의 학문에 큰 영향을 주었던 중국 청나라 고증학(考證學)의 학문 태도를 실사구시(實事求是)라 하였다. 사실에 토대를 두어 진리를 탐구하는 일, 문헌학적인 고증의 정확을 존중하는 과학적이고 객관주의적 학문 태도를 '실제 실(實)', '일 사(事)', '구할 구(求)', '옳을 시(是)'를 써서 '실사구시(實事求是)'라 하였던 것이다. '실사구시'는 실제(實)의 일(事)에서 옳음(진리)(是)을 구(求)한다는 의미이다. 눈으로 보고 귀로 듣고 손으로 만져 보는 것과 같은 실험과 연구를 거쳐 아무도 부정할 수 없는 객관적 사실, 정확한 판단, 해답을 얻고자 했던 일이 실사구시(實事求是)였던 것이다.

'실(實)'은 과일의 또 다른 말인 '실과(實果)'에서는 '열매', 있는 그대로의 상태를 가리키는 '실제(實際)'에서는 '사실', 진실하고 극진하다는 '독실(篤實)'에서는 '참되다', 속이 꽉 차서 알차다는 '충실(充實)'에서는 '옹골차다'는 의미이다.

정성스럽고 참되고 착실함을 성실(誠實)이라 하고 튼튼하지 못하거나 기운이 없고 넉넉하지 못함을 부실(不實)이라 한다. 이름만 있고 실상(實相)은 없음을 '유명무실(有名無實)'이라 하고, 사실(事實)로써 곧바로 고함을 '이실직고(以實直告)'라 하며, 실질적인 일에 힘쓰고 힘써 실행함을 '무실역행(務實力行)'이라 한다. '명실상부(名實相符)'라는 말이 있다. '서로 상(相)', '들어맞을 부(符)'로, 이름과 실상이 서로 맞는다는 의미이다.

'시(是)'는 '옳다'와 '이것'이라는 두 가지 의미로 쓰인다. 옳은 것은 옳다 하고 그른 것은 그르다고 하는 일인 '시시비비(是是非非)'나 옳다고 인정하는 일인 '시인(是認)'에서는 '옳다'는 의미이지만, 이날(오늘)이야말로 목 놓아 울 날이라는 '시일야방성대곡(是日也放聲大哭)'에서는 '이것'이라는 의미이다.

실패 失敗

'딱딱한 나무가 부러진다'라는 속담이 있는데, 강하기만 하고 부드러움이 없는 사람은 실패(失敗)하기 쉽다는 의미이다. 어리석은 사람끼리 일을 하면 실패(失敗)하게 된다는 속담에 '장님이 장님을 인도하면 둘이 다 개천에 빠진다'가 있다. '잃을 실(失)', '무너질 패(敗)'를 쓴 '실패(失敗)'는 일이 뜻한 바대로 되지 못하거나 잘못된다는 의미이다.

'잃을 실(失)'은 '잃다'와 '잘못하다'는 의미로 쓰인다. 자격을 잃었다는 실격(失格), 일을 잃었다는 실업(失業), 기회를 잃었다는 실기(失機)에서는 '잃다'라는 의미이고, 실수로 말을 잘못하였다는 실언(失言), 일이 잘못되었다는 실패(失敗)에서는 '그르치다', '잘못하다'는 의미이다. '실의(失意)에 빠졌다'고 한다. 의욕을 잃었다는 의미로 기대가 어긋나 뜻이나 의욕을 잃어버렸을 때 쓰는 말이다.

언행(言行)이 예의(禮儀)에 벗어남을 실례(失禮)라 하고 사람의 소재나 행방 그리고 생사 여부를 알 수 없게 됨을 '발자취 종(踪)'을 써서 실종(失踪)이라 한다.

아무리 슬기로운 사람일지라도 많은 생각을 하다 보면 한 가지쯤은 좋은 생각을 놓치게 되는데, 이를 '생각할 려(慮)'를 써서 '천려일실(千慮一失)'이라 한다. 천 개의 생각 중에 한 가지의 실수라는 의미이다.

잘못이나 허물로 말미암아 사람을 죽이는 일을 '허물 과(過)', '이를 치(致)'를 써서 '과실치사(過失致死)'라 한다. 허물과 실수로 죽음에 이르게 한다는 의미이다.

십분 十分

'실력을 십분(十分) 발휘해 주기 바란다', '너의 마음을 십분(十分) 이해한다'라는 말을 듣는다. '분(分)'이 '나누다'는 의미로 많이 쓰이지만 '1/10'이라는 의미로도 쓰인다. 그렇기 때문에 '십분(十分)'은 '100%', '아주 충분히'라는 의미이다.

'십(十)'은 아홉에 하나를 보탠 숫자인 10을 나타내기도 하지만 갖추어진 수, 완벽한 수를 나타내기도 한다. 그러니까 백(百)이나 천(千) 또는 만(萬)과 같이 충족된 수, 완전한 수, 100%라는 의미인 것이다.

십계명(十誡命), 십장생(十長生), 십진법(十進法)에서의 '십(十)'은 아홉에 하나를 더한 수를 나타내지만 심지가 굳은 사람이라도 여러 번 말하면 마음을 돌려 따르게 된다는 십벌지목(十伐之木)에서의 '십(十)'은 '여러 번', '많이'라는 의미이다.

'문일지십(聞一知十)'이라는 말이 있다. 한 가지를 듣고 열 가지를 안다는 의미로 지극히 총명하다는 의미이다. '십인십색(十人十色)'이라는 말도 있다. 열 사람이면 열 가지 색이 있다는 의미로 생각이나 취향이 사람에 따라 저마다 다르다는 말이다. '십시일반(十匙一飯)'이라는 말도 있다. 열 사람이 한 술씩만 보태어도 한 사람 분의 끼니가 된다는 뜻으로 여러 사람이 힘을 합하면 한 사람 돕기는 쉽다는 말이다.

'행백리자반어구십(行百里者半於九十)'이라는 말도 있다. 100리를 가는 사람에게는 90리가 반이라는 의미인데, 끝에 갈수록 탈이 나기 쉽고 피로를 느끼기 쉽기 때문에 마지막까지 방심(放心)하지 말고 노력하라는 의미이다.

압권 壓卷

책이나 예술 작품 또는 공연에서 가장 뛰어난 부분, 여럿 중에서 가장 뛰어난 것을 압권(壓卷)이라 하는데, 이 말은 옛날 과거 시험 때, 가장 우수한 답안지를 다른 답안지들의 맨 위에 놓아 왕에게 바친 고사에서 나온 말이라 한다. '누를 압(壓)', '책 권(卷)'으로, 다른 답안지를 누른 답안지라는 의미이고 가장 뛰어난 것을 지칭한다.

'압(壓)'은 '위에서 아래로 압력을 가하다'는 의미로 쓰이는데, 압박하고 억제한다는 의미로 자유를 속박하는 것을 압제(壓制)라 하고, 눌려서 죽는 일을 압사(壓死)라 하며, 눌러서 오그라뜨림을 압축(壓縮)이라 하는 것 등이 그 예이다.

억눌러서 가라앉힘을 '누를 진(鎭)'을 써서 진압(鎭壓)이라 하고, 상대편을 눌러 넘어뜨림을 '넘어질 도(倒)'를 써서 압도(壓倒)라 하며, 누르는 힘을 압력(壓力)이라 한다.

'책 권(卷)'이다. 책의 머리말을 권두언(卷頭言)이라 하고, 책의 수효를 권수(卷數)라 하며, 책의 맨 끝에 덤으로 붙여 주는 책을 권말부록(卷末附錄)이라 한다. '권(券)'은 '문서, 증서 권'으로 딴 글자이다.

늘 책을 가까이하여 학문에 힘씀을 '수불석권(手不釋卷)'이라 하는데, '손 수(手)', '풀 석(釋)', '책 권(卷)'으로 손에서 책을 풀어놓지 않는다는 말이다. 비슷한 글자에 '말 권(捲)', '게으를 권(倦)', '주먹 권(拳)', '문서 권(券)'이 있다.

양말 洋襪

양말을 양발이라고 말하는 사람도 있고 두 짝이 한 켤레이어서 양말이라 이름 붙였다고 생각하는 사람도 있다. '서양 양(洋)', '버선 말(襪)'로, 서양 버선이라는 의미임에도 불구하고.

'양(洋)'은 해양(海洋), 태평양(太平洋), 대서양(大西洋)에서처럼 '큰 바다'라는 의미로도 쓰이지만 '서양'이라는 의미로 더 많이 쓰인다. 양복(洋服)은 서양식 의복이고, 양악(洋樂)은 서양식 음악이며, 양약(洋藥)은 서양식 의술로 만든 약이다.

양옥(洋屋)은 서양식으로 지은 집이고, 양장(洋裝)은 서양식 옷차림이나 서양식으로 머리를 꾸미는 것이며, 양주(洋酒)는 서양에서 수입하였거나 서양에서 만든 술이다. 양궁(洋弓)은 서양 활 또는 그 활로 겨루는 경기(競技)이고, 양식(洋食)은 서양식 음식이며, 경양식(輕洋食)의 경(輕)은 '가벼울 경'이기에 간단한 서양식 요리이다. 병인양요, 신미양요 등에서의 양요(洋擾)는 '서양 양(洋)', '어지러울 요(擾)'로, 서양인에 의한 난리라는 의미이다.

가장 큰 바다이기에 '클 태(太)', '평평할 평(平)'의 태평양(太平洋)이고, 유럽 서쪽에 있는 바다이기에 대서양(大西洋)이며, 인도(印度)와 근접해 있기에 인도양(印度洋)이다.

앞길이나 앞날이 크게 열리어 희망이 있음을 전도양양(前途洋洋)이라 한다. '앞 전(前)', '길 도(途)', '큰 바다 양(洋)'으로 앞길이 큰 바다처럼 활짝 열려있다는 의미이다.

어순 語順

의미를 파악해 보도록 하자. 일출(日出), 입지(立志), 무언(無言), 추풍(秋風), 초목(草木), 왕래(往來), 수목(樹木)

일출(日出)- 태양이 나온다(주어+술어)

입지(立志)- 뜻을 세운다(술어+목적어)

무언(無言)- 말이 없다(술어+보어),

'없다'라는 말만 들으면 왠지 부족함을 느낀다. '무엇이?'에 해당하는 말이 필요한데, 그것이 '보어'이다.

추풍(秋風)- 가을의 바람(수식)

초목(草木)- 풀과 나무(대등)

왕래(往來)- 가는 일과 오는 일(대립)

수목(樹木)- 나무(유사)

단어 형성의 원리에 대해 설명하는 일은 쉬운 일이 결코 아니다. 아니, 설명할 수 없다. 다만, 주술, 술목, 술보, 수식, 대등, 유사 구조가 있다는 사실을 알고 문맥에 맞추어 깊이 생각해 보면 문리가 트이는 법이다. '문리(文理)'란 '사물을 깨달아 아는 힘'이다.

술어(述語)가 나타내는 동작이나 상태의 주체가 되는 문장 성분을 주어라 하고 문장에서 주어의 상태, 성질, 동작 따위를 풀이하는 말을 술어라 하며 서술어인 타동사의 움직임 대상이 되는 말로 '~을/ 를'로 표시된 말을 목적어라 한다. 주어와 서술어만으로는 뜻이 완전하지 못한 문장에서 서술어를 보완하여 뜻을 완전하게 만드는 성분은 '보충할 보(補)'의 보어(補語)이다.

엔지 N.G

촬영(撮影)에 실패하였을 때에, 녹음(錄音)이나 녹화(錄畵)에 실패하였을 때에 '엔지(N.G)'를 외친다. 왜 엔지(N.G)라 하는 것인지, 엔지(N.G)의 의미가 무엇인지 갑자기 궁금해졌다.

영어사전에 설명되어 있었다. 신기하게도 국어사전에도 설명되어 있었다. 재미가 생겨서 그동안 무심코 지나쳤던 다음의 말들도 국어사전과 영어사전에서 찾아보았다.

MVP	IQ
VIP	EQ
IMF	WTO
UN	SOFA
UNESCO	UFO
PC	SF
FIFA	

하나만 알려준다. 엔지(NG)는 No Good이다. 좋지 않다는 의미이다. 하나 더 알려준다. 피시(PC)는 Personal Computer, 즉 개인용 컴퓨터이다. 굳이 'Personal(개인용)'을 붙인 이유는 초기 컴퓨터는 덩치도 크고 개인용도 없었기 때문일 것이다.

여의봉 如意棒

손오공이 가지고 다녔던 것, 길이를 마음대로 늘이거나 줄이면서 신통력을 발휘하였다는 물건, 자기 뜻대로 늘어나게도 오므라들게도 하여 마음대로 사용할 수 있었던 몽둥이를 '자신의 뜻과 같이 되는 몽둥이'라는 의미로 '같을 여(如)', '뜻 의(意)', '몽둥이 봉(棒)'을 써서 여의봉(如意棒)이라 한다.

어떤 대상이 변함없이 이전(以前)과 같음을 '여전(如前)'이라 하고 있어야 할 것이 없거나 모자람을 '결여(缺如)'라 하며 이렇게, 이와 같음을 '여차(如此)'라 한다. 얇은 얼음을 밟는 것처럼 몹시 위험함을 '밟을 리(履)', '엷을 박(薄)', '얼음 빙(氷)'을 써서 '여리박빙(如履薄氷)'이라 하고, 아주 쉬운 일을, 손바닥 뒤집는 것과 같다는 의미로 '같을 여(如)', '뒤집을 반(反)', '손바닥 장(掌)'을 써서 '여반장(如反掌)'이라 한다. 여삼추(如三秋)는 3년 같다는 뜻으로 무엇을 애타게 기다린다는 말이다.

백문불여일견(百聞不如一見)이라고 하였다. 백 번 듣는 것이 한 번 보는 것만 같지 못 하다는 의미로 무엇이든 경험해 보아야 보다 확실하게 알 수 있다는 말이고 간접적으로 듣기만 하는 것은 직접 보는 것보다는 확실하지 못하다는 말이다.

마음에 생각하는 점을 의견(意見)이라 하고 어떤 일을 해내거나 이루어 내려고 하는 마음의 상태나 작용, 또는 이성을 가지고 생각하고 선택하고 결심하여 실행하는 능력을 의지(意志)라 한다. 적극적으로 하고자 하는 마음을 의욕(意慾)이라 한다.

죽은 사람을 슬퍼하는 마음을 조의(弔意)라 하고 서로 뜻이 맞음, 서로 의사가 합치하는 일을 합의(合意)라 하며 선량(善良)한 마음, 착한 마음, 좋은 뜻을 선의(善意)라 한다. 딴 뜻을 가지고 일부러 하는 생각이나 마음은 '고의(故意)'이다.

우화 寓話

교훈적, 풍자적인 내용을 동식물 등에 빗댄 이야기를 '우화'라 하는데, 이때의 '우'를 어리석을 '우(愚)'로 생각하여 '어리석은 동물들을 등장시킨 이야기'로 알고 있는 사람들이 많다. 그러나 '우화(寓話)'의 '우'는 '어리석을 우(愚)'가 아닌 '부칠 우(寓)'이다. 교훈적, 풍자적인 이야기를 다른 사물에 부쳐서 엮은 이야기, 직접적으로 이야기하지 아니하고 다른 사물(동식물만이 아님)에 빗대어서 하는 이야기가 '우화(寓話)'이다.

어떤 의미를 직접 말하지 않고 다른 사물에 빗대어 넌지시 이야기함을 '부칠 우(寓)', '뜻 의(意)'를 써서 '우의(寓意)'라 한다. 비슷한 글자에 '만날 우(遇)', '근심 우(憂)', '뛰어날, 넉넉할, 광대 우(優)', '어리석을 우(愚)', '짝, 우연, 허수아비 우(偶)'가 있다.

대우(待遇)는 예의를 갖춰 대접하여 만난다는 말이고, 우수(憂愁)는 걱정과 근심이라는 말이며, 우대(優待)는 특별하게, 뛰어나게 잘 대접한다는 말이다. 우롱(愚弄)은 어리석게 여겨 놀린다는 말이고, '짝 배(配)' '짝 우(偶)'의 배우자(配偶者)는 부부(夫婦)로서 짝이 되는 상대자이다.

'우(寓)'에는 '부치다'는 의미와 함께 '임시로 살다'는 의미도 있다. 정착되지 아니하고 임시적으로 거주함을 우거(寓居)라 하고 여관을 '우사(寓舍)'라 한다.

'화(話)'에는 '말', '말하다', '이야기'라는 의미가 있다. '머리 두(頭)'를 쓴 화두(話頭)는 이야기의 실마리이고, '재주 술(術)'을 쓴 화술(話術)은 말하는 재주이다. '제목 제(題)'를 쓴 화제(話題)는 이야깃거리, 이야기 제목이며, '대할 대(對)'를 쓴 대화(對話)는 서로 마주 대하면서 하는 이야기이다.

유용 流用

'자금(資金)을 유용(流用)하였다'는 이야기를 듣는다. '흐를 유(流)', '쓸 용(用)'으로 물 흘려보내듯이 사용하였다는 의미로 예산(豫算) 등을 정해진 용도 이외의 딴 곳에 사용하였다는 말이다. '구를 전(轉)'을 사용하여 '전용(轉用)'이라고도 하는데, 사용할 곳이 아닌 다른 곳에 돌려 사용하였다는 의미이다.

'흐를 류(流)'이다. 원래는 '흐르다'는 의미만 있었는데, 여기에 '떠돌아다니다', '귀양 보내다', '세상에 퍼지다' 등의 의미가 덧붙여졌다. 이리 저리 옮기어 다님을 유동(流動)이라 하고, 정처 없이 떠돌아다님을 유랑(流浪)이라 하며, 정처 없이 떠돌아다니며 빌어먹는 것을 '유리걸식(流離乞食)'이라 한다.

큰 무리, 남녀노소(男女老少) 모두 좋아하는 노래인 대중가요(大衆歌謠)를 '유행가(流行歌)'라고도 한다. 어떠한 양식이나 현상 등이 새로운 경향으로서 한동안 사회에 널리 퍼지는 것을 '흐를 유(流)', '갈 행(行)'을 써서 '유행(流行)'이라 하고, 어느 한 시기에 널리 불리는 가요를 '유행가(流行歌)'라 하는 것이다. 옛날 형벌 중에 '유형(流刑)'이 있었는데, 이는 죄인을 외딴 곳으로 보내 그곳을 떠나지 못하게 하는 형벌이었다.

'물 수(水=氵)'가 들어간 글자는 모두 '물'과 관계가 있다. 못 지(池), 땀 한(汗), 빠질 몰(沒), 잠길 침(沈), 배댈 박(泊), 물 따라 내려갈 연(沿), 헤엄칠 영(泳), 물댈 주(注), 물결 파(波), 큰 바다 양(洋), 물가 주(洲) 등이 그 예이다.

'유언지어지자(流言止於智者)'라는 말이 있다. 유언비어(流言蜚語)는 지혜 있는 사람 앞에서는 멈추어 버린다는 의미이다. '꽃다울 방(芳)'을 쓴 '유방백세(流芳百世)'는 흘러서 꽃 냄새가 백 년 동안(오래도록) 전하여진다는 의미이다.

유임 留任

'현 회장을 유임시키기로 결정하였다', '유임이 쉽지 않을 것이라는 전망이다', '유임시키는 개각(改閣)을 단행(斷行)하였다' 등의 뉴스를 접하곤 한다. '머무를 류(留)', '맡을 임(任)'의 '유임(留任)'은 그대로 머물러 일을 맡아 본다는 의미이다.

'머무르다', '묵다'는 의미의 '유(留)'는 항상 생각을 마음에 머무르게 한다는 '유념(留念)', 뜻을 마음에 머무르게 한다는 '유의(留意)', 보호하고 머무르게 한다(미루어 둔다)는 '보류(保留)', 자동차나 전차 등이 머무르는 곳인 정류소(停留所) 등에 쓰인다. 외국에서 한동안 머물면서 학문이나 예술 등을 공부하는 일을 '유학(留學)'이라 하는데, 이는 '머무르면서 배운다'는 의미이다.

음파(音波)를 기록한 음반(音盤)을 회전시켜 음성을 재생(再生)하는 장치를 '축음기(蓄音機)', '전축(電蓄)', '유성기(留聲機)'라고 하였는데, '소리(音)를 저축(蓄)하여 놓은 기계(機械)'이기에 축음기(蓄音機)이고, '전기축음기(電氣蓄音機)'를 줄인 말이기에 '전축(電蓄)'이며, '소리를 머무르게 하는 기계(機)'이기에 '유성기(留聲機)'이다.

'임(任)'은 '맡다', '맡기다'는 의미로 쓰인다. 일정한 책임을 맡아보는 기간을 임기(任期)라 하고, 직무를 맡겨서 등용함을 임용(任用)이라 하며, 통제하거나 돌보지 아니하고 내버려두는 것을 '놓을 방(放)'을 써서 방임(放任)이라 한다. 맡긴 직임을 그만두게 하는 것은 '풀 해(解)'의 해임(解任)이고, 맡아보던 일을 그만두고 떠남은 '떠날 이(離)'의 이임(離任)이다.

유치 誘致

'말씀 언(言)'에 '빼어날 수(秀)'가 더해져서 '빼어난(秀) 말(言)로 상대방을 유혹하여 꾄다'로 해석할 수 있는 '유(誘)'는 '꾀다', '당기다'는 의미이다. 남을 꾀어낸다는 유인(誘引), 남을 꾀어서 정신을 어지럽게 한다는 유혹(誘惑), 꾀어서 이끈다는 유도(誘導) 등에 쓰인다.

어떤 일이 원인이 되어 다른 일이 일어남을 유발(誘發)이라 하고, 사람 꾀어냄을 유괴(誘拐)라 하며, 어떤 일을 하도록 권함을 권유(勸誘)라 한다.

'치(致)'는 재물을 모아 부자가 된다는 치부(致富)에서는 '이루다', 잘못으로 말미암아 사람을 죽이는 일인 과실치사(過失致死)에서는 '이르다', 남의 경사에 대하여 축하의 말을 하는 인사인 치사(致辭)에서는 '주다', 불러서 이르게 한다는 초치(招致)에서는 '부르다', 보내어 그곳에 닿게 한다는 송치(送致)에서는 '보내다', 관직에서 물러난다는 치사(致仕)에서는 '그만두다', 훌륭하고 멋스러운 경치를 일컫는 풍치(風致)에서는 '풍경'이라는 의미이다.

'유치(誘致)'의 동음이의어에 나이, 생각, 하는 짓이 어리다는 '어릴 유(幼)', '어릴 치(稚)'의 유치(幼稚), 젖니의 다른 이름인 '젖 유(乳)', '이 치(齒)'의 유치(乳齒), 사람이나 물건을 일정한 지배 아래 두는 일인 '머무를 유(留)', '둘 치(置)'의 유치(留置)가 있다.

빚진 사람의 소유물을 가진 채권자(債權者)가 그 빚의 갚음을 받을 때까지 그 물건을 가지고 있을 권리를 '머무를 유(留)', '둘 치(置)', '권리 권(權)'을 써서 유치권(留置權)이라 한다.

의문문 疑問文

'의심할 의(疑)'에 '물을 문(問)'을 쓴 '의문문(疑問文)'은 의심스러워서 묻고 그 답을 듣고자 하는 형식의 문장이다. 의문문(疑問文)의 종류는 매우 다양한데, 직접 묻는 형태의 직접의문문(直接疑問文), 말을 돌려서 묻는 형태의 간접의문문(間接疑問文), 접속사 'or'를 써서 2개 이상에서 어느 쪽인가를 묻는 선택의문문(選擇疑問文), 평서문과 명령문 뒤에 붙어서 확인하거나 동의를 구하는 부가의문문(附加疑問文), 알면서 모르는 척 물어보는 '수사의문문(修辭疑問文)'이 그것이다.

'붙일 부(附)', '더할 가(加)'로, 뒤에 덧붙이는 것이 '부가(附加)'이기에 문장 뒤에 덧붙여진 의문문이 '부가의문문'이고, '수식할 수(修)', '말 사(辭)'로, 예쁘게 꾸미고 다듬음이 '수사(修辭)'이기에 예쁘고 이상하게 꾸며서 헷갈리게 하는 의문문은 '수사의문문'이다. 문장의 형식은 의문문이나 대답을 요구하지 않고 강한 긍정 또는 부정의 수사(修辭)적 효과를 지닌 문장이 수사의문문인 것이다. 약속 시간에 늦게 도착한 청자에게 "Do you know what time is it?"라고 말하였다면 이것은 "지금 몇 시인 줄 아니?"라는 의미로가 아니라 청자가 늦게 왔음을 강조하는 의미로 해석되어야 하는 것이다.

의사무공(疑事無功)이라는 말이 있다. '일 사(事)', '성공 공(功)'으로, 의심(疑心) 품는 일에는 성공(成功)이 없다는 의미이다. 의심암귀(疑心暗鬼)는 의심하는 마음은 어두움을 지배하는 귀신(鬼神)을 만들어낸다는 뜻으로 의심하는 마음이 있으면 대수롭지 않은 일까지 두려워서 불안해진다는 의미이다.

'의인막용(疑人莫用) 용인물의(用人勿疑)'는 사람을 의심한다면 쓰지 말아야 하고 (일단) 사람을 썼다면 의심하지 말아야 한다는 말이다.

이별 離別

"짧은 헤어짐은 연애(戀愛)에 활기를 띠게 하지만, 긴 헤어짐은 연애를 멸망시킨다"는 말이 있고 "자기 갈 길을 떠나는 자식의 눈물은 하루밖에 안 가지만 뒤에 남는 부모의 슬픔은 오래 계속된다"는 말도 있다. 오랫동안 떨어져 있어야 할 일로 해서 서로 헤어짐을 '떠날 리(離)', '헤어질 별(別)'을 써서 '이별(離別)'이라 한다.

헤어져 흩어짐을 이산(離散)이라 하고 정처 없이 떠돌아다님을 유리표박(遊離漂迫)이라 한다. 두 사람 사이를 갈라놓는 짓을 '이간(離間)질'이라 하고 헤어졌다 모였다 하는 것을 '이합집산(離合集散)'이라 한다. 부부(夫婦)가 서로의 합의나 재판상의 청구에 따라 부부관계를 해소하는 일을 '이혼(離婚)'이라 한다.

'별(別)'은 '다르다', '헤어지다', '나누다'는 의미로 쓰인다. 한 집안 식구로서 따로 나가 사는 일을 별거(別居)라 하고, 딴 방도나 방편을 별도(別途)라 하며, 별다른 맛이나 음식을 별미(別味)라 한다. 뜻밖의 사고를 별고(別故)라 하고, 특별히 맛있는 음식을 별미(別味)라 한다.

사람의 죽음을 높여 별세(別世)라 하는데, 세상과 헤어진다는 의미이다. 사람이 사는 이 세상과 전혀 다른 세계를 별천지(別天地)라 하는데, 속계를 떠난 다른 세상이라는 의미이다. 본이름 외에 그 사람의 성격, 용모, 태도 등의 특징을 따서 남이 지어 부른 이름을 별명(別名)이라 하는데, '또 다른 이름'이라는 의미이다.

우리 문학 장르에 '관동별곡(關東別曲)', '한림별곡(翰林別曲)' 등 별곡(別曲)이 있는데, 이는 중국 한시(漢詩)에 비교하여 다른 노래라는 의미이다.

이해관계 利害關係

"이해관계도 없는데 그럴 리가 있나?"라고 하였다. '사리를 분별하여 해석한다', '깨달아 알아듣는다'는, 이치를 풀어낼 수 있다는 '이치 리(理)', '풀 해(解)' 이해(理解)도 있지만, '이로움과 해로움'이라는 이해(利害)도 있다. 이해관계(利害關係)에서의 '이해'란 '이로울 이(利)', '손해 해(害)'로, 서로 간에 이로움과 해로움이 걸려 있는 관계를 일컫는다.

자기의 이익만 꾀하고 남은 돌보지 않는 이기심(利己心), 자기의 이익만 중시하고 남의 처지는 돌보지 않는 이기주의(利己主義), 그러한 경향을 일컫는 이기적(利己的) 등에 '이로울 이(利)'가 쓰인다.

'해치다', '해롭게 하다'는 의미의 '해(害)'는 손해를 더한다는 '가해(加害)', 힘이나 권력 따위로 약한 처지의 사람에게 해를 입힌다는 '박해(迫害)', 남의 일에 훼방을 놓아 못하게 하는 일인 '방해(妨害)' 등에 쓰인다. '관계(關係)'는 '관계를 끊다'나 '교우 관계'에서처럼 사람과 사람, 사람과 사물, 사물과 사물 등 둘 이상이 서로 걸리는 일이라는 의미이다.

낱개로는 적은 이익을 보면서 많이 판매하여 전체 이익을 크게 하는 전략을 '적을 박(薄)', '많을 다(多)', '팔 매(賣)'를 써서 '박리다매(薄利多賣)'라 하고, 적(敵)을 이롭게 하는 행동을 '이적행위(利敵行爲)'라 하며, 달콤한 말과 이로운 이야기라는 뜻으로 남의 비위에 맞도록 꾸미면서 꾀는 말을 '감언이설(甘言利說)'이라 한다.

자신의 공명과 이익만을 추구하는 경향을 공리주의(功利主義)라 하고, 이익이 보이거든 의(義)에 맞는지 생각해야 한다는 말은 견리사의(見利思義)이다.

인칭대명사 人稱代名詞

'사람 인(人)', '칭할 칭(稱)'의 인칭(人稱)은 사람을 칭한다는, 사람을 가리킨다는 의미이다. 사물이나 사람의 이름을 가리키기에 '이름 명(名)'의 '명사(名詞)'이고 그 명사를 대신하기에 '대신할 대(代)'의 '대명사(代名詞)'이다. '인칭대명사(人稱代名詞)'는 사람의 이름을 대신하여 가리키는 말이다.

명사의 반복을 피하기 위해 '이름 대신에 쓰는 말'이 '대명사(代名詞)'인데, 대명사의 종류에는 앞에서 이야기한 I, you, he, she처럼 사람을 일컫는 '인칭대명사(人稱代名詞)'와 this, that처럼 가리켜(指) 보여주는(示) 말인 '지시대명사(指示代名詞)', who, what, which처럼 의문을 나타내는 말인 '의문대명사(疑問代名詞)', anyone, anybody, anything, everyone처럼 정해지지(定) 않은(不) 것을 나타내는 말인 '부정대명사(不定代名詞)', myself, yourself, himself처럼 다시(再) 돌아와(歸) 쓰이는 '재귀대명사(再歸代名詞)'가 있다.

개인이나 기관의 의견, 입장, 태도 등을 대신하여 말하는 사람을 '말 잘할 변(辯)'을 써서 대변인(代辯人)이라 하고, 남의 글을 대신 읽음을 '읽을 독(讀)'을 써서 대독(代讀)이라 한다. 대신하여 행함을 대행(代行)이라 하고, 매우 놀랍거나 새로운 일을 앞 시대에 들어본 적이 없다는 뜻으로 '전대미문(前代未聞)'이라 한다.

삼인성호(三人成虎)라 하였다. 세 사람이면 호랑이도 만든다는 뜻으로 거짓말이라도 여러 사람이 말하면 참말인 것으로 믿기 쉽다는 말이다. 진인사대천명(盡人事待天命)이라고 하였다. '다할 진(盡)', '사람 인(人)', '일 사(事)', '기다릴 대(待)'로, 사람으로 할 일을 다 한 후에 하늘의 명령(뜻)을 기다려야 한다는 의미이다.

일품 逸品

아주 뛰어난 물건을 '일품(逸品)'이라 한다. '일(逸)'의 쓰임은 매우 다양한데, 애쓰지 않고 편안함만을 누리려 한다는 안일(安逸)에서는 '편안하다', 아직 세상에 널리 알려지지 아니한 이야기인 일화(逸話)에서는 '숨다', 도망쳐 달아난다는 일주(逸走)에서는 '달리다', 논설의 요점에서 벗어난다는 논점일탈(論點逸脫)에서는 '달아나다', 아주 뛰어난 물건을 일컫는 일품(逸品)에서는 '뛰어나다'는 의미이다.

'품(品)'은 쓸만하고 값있는 물건인 '물품(物品)', 산물(産物)이나 제품을 모아 그 품질을 평가하는 모임인 '품평회(品評會)', 유전 형질을 같이하는 최초의 분류 단위인 '품종(品種)'에서는 '물건'이라는 의미이다. 그리고 등급으로 나눈 그 차례를 나타내는 품수(品數)에서는 '등급', 품성과 행실이 바르고 단정(端正)하다는 품행방정(品行方正)에서는 '품격', 벼슬에 대해 매기던 등급인 품계(品階)에서는 '벼슬 차례'라는 의미이다.

공업화와 산업화로 인해 '물건 품(品)'의 쓰임이 다양해지고 있다. 미생물의 발효작용을 이용하여 만든 식품인 발효식품(醱酵食品), 뛰어난 물건, 이름난 물건이나 작품인 명품(名品), 사람의 품격인 인품(人品), 비교할 수 없을 정도로 뛰어난 물건인 천하일품(天下一品), 딴 물건을 본떠서 만든 물건인 '본뜰 모(模)'의 모조품(模造品), 향기, 맛, 자극을 즐기기 위한 것으로 술, 담배, 차, 커피 등을 일컫는 '즐길 기(嗜)', '좋을 호(好)'의 기호품(嗜好品), 가정생활에 쓰이는 전기를 이용한 기계, 기구의 총칭인 가전제품(家電製品), 세금이나 관세를 면제받은 상품인 '벗을 면(免)'의 면세품(免稅品), 팔리지 않아 창고에 쌓아 놓은 물건인 '창고 고(庫)'의 재고품(在庫品), 생활필수품(生活必需品) 등이 그것이다.

전력 全力

전력(全力)을 다하여서 달렸다 하고 전력(全力)을 다한 투구(投球)라고도 한다. '모두 전(全)', '힘 력(力)'의 '전력(全力)'은 가지고 있는 모든 힘을 동원하였다는 의미이다.

'전력' 역시 동음이의어가 많다. 과거의 역사라는 '앞 선(前)', '역사 역(歷)'의 전력(前歷), 오로지 한 가지 일에만 힘을 쏟는다는 '오로지 전(專)'의 전력(專力), 단위 시간에 사용되는 전기 에너지의 양인 '전기 전(電)'의 전력(電力), 싸움에 참가한 경력인 '싸움 전(戰)', '지낼 력(歷)'의 전력(戰歷), 전쟁(싸움)을 수행할 수 있는 능력인 '싸움 전(戰)', '힘 력(力)'의 전력(戰力) 등이 그것이다.

'전(全)'은 부족함이나 흠이 없다는 완전(完全)이나 온전하게 잘 지키어 지닌다는 보전(保全)에서는 '온전하다'로 쓰였지만 '모두'라는 의미로 더 많이 쓰인다. 한 나라의 전체를 일컫는 전국(全國), 모든 것을 다 알고 모든 일에 능하다는 전지전능(全知全能), 맡겨진 일을 처리할 수 있는 일체의 권한인 전권(全權), 지(知) · 정(情) · 의(義)가 조화를 이룬 원만한 인격자인 전인(全人), 글의 전체인 전문(全文) 등이 그 예이다.

'력(力)'은 '힘', '힘쓰다'는 의미이다. 뛰어나게 힘이 센 사람을 역사(力士)라 하고, 애써서 지은 작품을 역작(力作)이라 하며, 힘주어서 하는 주장을 역설(力說)이라 한다.

'거스를 역(逆)'을 쓴 '역설(逆說)'은 '거스르는 말'이라는 의미인데, '시원섭섭하다', '찬란한 슬픔'처럼 표현구조상으로나 상식적으로는 모순되지만 실질적 내용은 진리를 나타내는 표현을 일컫는다.

조장 助長

'도울 조(助)'에 '자라날 장(長)'을 쓴 조장(助長)은 글자 그대로는 '도와서 자라나게 한다'는 의미인데, 보통은 의도적으로 어떠한 경향이 더 심해지도록 도와서 북돋운다는 의미이다. '조장(助長)'이 부정적인 의미로만 사용되는데, 이유는 다음과 같은 고사(故事) 때문이다. 어떤 농부가 모를 심었는데 좀처럼 자라지 않았다. 빨리 자라게 하고 싶은 욕심에 힘들여서 하나씩 뽑아 올렸고 그렇기 때문에 며칠 지나지 않아 전부 말라죽고 말았다. 이와 같이 빨리 키우려 욕심 부리다 오히려 망쳤다는 고사에서 나온 말이기에 '나쁜 결과가 나오도록 도와주는 일'이라는 의미를 지니게 된 것이다.

산모(産母)를 도와주는 일을 업으로 하는 사람을 '조산사(助産師)'라 하고, 곁에서 말하는 것을 거들거나 일깨워주는 일을 '조언(助言)'이라 하며, 도와주는 일을 '원조(援助)'라 한다. 아내가 남편 돕는 일을 '내조(內助)'라 하고, 남편이 아내 돕는 일을 '외조(外助)'라 한다.

장(長)은 '길다', '오래다', '멀다', '뛰어나다', '어른', '자라다' 등의 의미이다. 허리에 차게 만든 긴 칼인 장검(長劍)에서는 '길다'는 의미이고, 길고 오래됨을 일컫는 '장구(長久)'에서는 '오래다'는 의미이며, 먼 거리를 일컫는 '장거리(長距離)'에서는 '멀다'라는 의미이다. 훌륭하게 뛰어난 기술인 '장기(長技)'에서는 '뛰어나다'는 의미이고, 나이가 많고 덕이 높은 사람인 '장로(長老)'에서는 '어른'이라는 의미이며, 자라나 어른이 되는 일인 '장성(長成)'에서는 '자라다'는 의미이다.

'교학상장(教學相長)'이라 하였다. 가르침과 배움이 서로를 성장시켜 준다는 의미이고, 가르치는 일과 배우는 일 모두 자신의 학업을 증진시키게 된다는 말이다.

좌시 坐視

'결코 좌시하지 않겠다'는 이야기를 듣는다. '앉을 좌(坐)', '볼 시(視)'의 '좌시(坐視)'는 '앉아서 본다'는 의미로 '어떤 일이 벌어졌는데 참견하지 않고 앉아서 보고만 있다'는 의미이다.

가볍게 보고 대수롭지 않게 여김을 '경시(輕視)'라 하고, 사물의 존재나 가치를 알아주지 않는 것을 무시(無視)라 하며, 곁눈질하여 흘겨보는 것을 '비스듬할 사(斜)'를 써서 사시(斜視)라 한다. 밉게 보거나 흘기며 보는 것을 '미워할 질(嫉)'을 써서 질시(嫉視)라 하고, 업신여겨 깔봄을 '업신여길 멸(蔑)'을 써서 멸시(蔑視)라 하며, 눈여겨보는 것을 '정신 쏟을 주(注)'를 써서 주시(注視)라 한다.

'앉을 좌(坐)'이다. 판매할 물건을 늘어놓은 널조각을 좌판(坐板)이라 하고, 간섭하지 않고 가만히 앉아서 보고만 있음을 좌시(坐視)라 한다. 고요히 앉아서 불도의 묘리를 깨달아 얻으려는 일을 좌선(坐禪)이라 하고, 앉아서 넣는 약이라는 의미로 항문에 끼워 넣는 약을 좌약(坐藥)이라 한다. 견해가 좁음을 '좌정관천(坐井觀天)'이라 하는데 우물 속에 앉아 하늘을 본다는 의미이다.

'보다', '보이다', '살피다'는 의미를 지니고 있는 '시(視)'는 물체의 형태를 분간하는 눈의 능력인 '시력(視力)', 눈길이 가는 방향인 시선(視線), 돌아다니며 실지 사정을 살펴보는 일인 시찰(視察) 등에 쓰인다.

'심부재언(心不在焉) 시이불견(視而不見) 청이불문(聽而不聞) 식이부지기미(食而不知其味)'라고 하였다. 마음이 있지 아니하면 보아도 그러나 보이지 않고 들어도 그러나 들리지 않고 먹어도 그러나 그 맛을 알지 못한다는 의미로 마음과 정신의 중요성을 강조한 말이다.

지 之

한문을 공부하는 과정에서 많이 만나는 글자 중 하나가 '之'인데, 대부분은 아무 생각 없이 '갈 지'라 배우고 암기하였다. '갈'이 '가다'는 의미인지 '바꾸다'는 의미인지 생각하지 않고서. 물론 '지(之)'에 '가다(go)'라는 의미가 없는 것은 아니나 '가다(go)'라는 의미로 쓰이는 경우는 거의 없고 관형격 조사, 그러니까 '~의'로 가장 많이 쓰이고, 대명사 '그것'으로도 쓰이며, 가끔씩은 주격조사 '~이'로나 목적격 조사 '~을'로도 쓰인다. 그리고 아주 가끔씩만 동사 '가다(go)'로 쓰인다. 그렇기 때문에 '之'를 '갈 지'라 하기보다는 '어조사 지'로 불러야 옳은 것이다.

인지상정(人之常情): 사람이라면 누구나 가질 수 있는 보통의 마음이나 감정(관형격 조사), 애인자인항애지(愛人者人恒愛之): 다른 사람을 사랑하는 사람은 다른 사람도 그 사람을 사랑한다(대명사), 천지무궁야(泉之無窮也): 샘이 다함이 없다(주격조사), 솔성지위도(率性之謂道): 성품을 다스리는 것을 '도(道)'라 이른다(목적격 조사), 지동지서(之東之西): 동으로 갔다 서로 갔다 함, 주견 없이 갈팡질팡함(동사).

학이시습지(學而時習之): 배우고 그리고 때때로 그것을 익힌다, 무용지물(無用之物): 쓸모가 없는 물건이나 사람, 파죽지세(破竹之勢): 대나무를 쪼개듯 거침없이 적을 물리치며 진군(進軍)하는 기세, 만시지탄(晩時之歎): 어떤 일에 때가 늦었음을 안타까워하는 탄식, 경국지색(傾國之色): 나라를 기울게 할 만큼의 아름다움, 수어지교(水魚之交): 물과 물고기처럼 서로 떨어질 수 없는 매우 친밀한 사이, 결자해지(結者解之): 맺은 사람이 그것을 풀어야 한다, 일을 저지른 사람이 그 문제를 해결하여야 한다.

지상명령 至上命令

"이것은 지상명령이다", "이것은 우리에게 지상과제입니다"라는 말을 가끔씩 듣는다. 그렇다면 지하명령, 지하과제도 있는가? 지상명령은 모두가 알도록, 그러니까 공개적으로 하는 명령이고 지하명령은 다른 사람 모르게, 그러니까 비밀리에 하는 명령인가?

그럴 것도 같았는데 문맥 전체 분위기로 보면 그럴 것 같지가 않았다. 정답은 국어사전에 있을 것이 분명하여 국어사전을 펼쳤다. '땅 지(地)'가 아니라 '지극할 지(至)'였고, '지(至)'에는 '이르다(다다르다)'와 '지극하다'는 의미가 있었는데, '지상명령', '지상과제'에서의 '지(至)'는 '지극하다'는 의미일 것임이 분명하였다. 그렇기 때문에 '지상(至上)'은 '지극히 위에 있는', '더할 수 없이 가장 높은'이라는 의미임이 분명했다.

지상명령(至上命令)은 더할 수 없이 높은, 그래서 절대 복종해야 하는 명령이고, 지상과제(至上課題)는 지극히 위에 있기 때문에 반드시 해결해야 하는 문제이다. 예술은 정치, 철학, 종교 등 그 어떤 다른 것을 위하여 있는 것이 아니라 예술 그 자체가 목적이며 가치라는 주장을 '예술지상주의(藝術至上主義)'라 한다.

물론 '지상'이, '지상 20층 빌딩', '지상 낙원'에서는 '땅 지(地)'로 '땅의 위'라는 의미이고, '지상토론'에서는 '종이 지(紙)'로 '지면(紙面)'이라는 의미이다. 지상군(地上軍)은 지상에서 전투하는 군대라는 의미인데, 주로 육군(陸軍)을 가리키며 해병대(海兵隊)를 포함하기도 한다.

지상권(地上權)이라는 것이 있다. 물권(物權)의 한 가지인데, 남의 토지에서 건물, 다리 등의 공작물(工作物)이나 수목(樹木)을 소유하기 위하여 그 토지를 사용하는 권리를 일컫는다.

지지 支持

세상의 정의(正義)를 위해 직접 나서자. 직접 나서지 못하면 후원(後援)이라도 해주자. 그것도 못한다면 그 일을 위해 나선 사람들에게 격려 전화와 지지(支持)라도 아끼지 말자. 그렇다. 박수(拍手)라도 쳐 주고 칭찬이라도 해 주어야 한다. 사회발전을 위해 땀 흘리는 사람들에게. 보다 나은 세상을 원한다면. 어떤 사람이나 단체의 정책이나 의견 등에 찬동하여 응원함을 '지탱할 지(支)', '가질 지(持)'를 써서 '지지(支持)'라 한다. 지탱하게 하고 계속 가지도록 한다는 의미이다.

'지(支)'는 '지탱하다', '갈리다', '주다'는 의미를 지니고 있다. 지지(支持), 지주(支柱)에서는 '지탱하다'는 의미이고, 지리멸렬(支離滅裂), 지맥(支脈), 지류(支流), 지부(支部), 지서(支署), 그리고 지청(支廳), 지파(支派) 등에서는 '갈리다', '흩어지다'는 의미이며, 지급(支給), 지출(支出)에서는 '주다'는 의미인 것이다.

흩어지고 찢기어 갈피 잡을 수 없음을 지리멸렬(支離滅裂)이라 하는데, '갈릴 지(支)', '떠날 리(離)', '없어질 멸(滅)', '찢어질 렬(裂)'로, 갈리고 떠나고 없어지고 찢어졌다는 의미이다.

'가지다', '잡다'는 의미를 지닌 '지(持)'는 오래 버티는 힘인 지구력(持久力), 가지고 참석한다는 지참(持參), 가지고 있다는 소지(所持), 늘 주장하는 의견이나 이론인 지론(持論), 어떤 상태를 그대로 지니어 가는 일인 유지(維持), 오랫동안 낫지 않아 지니고 있는 병인 지병(持病), 끊임없이 계속되는 일인 지속(持續) 등에 쓰인다.

다른 회사의 주식(株式)을 소유(所有)함으로써 그 회사의 사업 활동을 지배하는 회사를 지주회사(持株會社)라 한다. '가질 지(持)', '주식 주(株)'로, 주식(株式)을 가지고 지배하는 회사라는 의미이다.

직계존속 直系尊屬

친족 사이의 핏줄이 할아버지, 아버지, 아들, 손자 등으로 곧게 이어지는 계통을 '직계(直系)'라 하고 직계(直系)와는 달리 직계에서 갈라져 나온 계통, 큰아버지나 사촌, 팔촌 등을 '곁 방(傍)'을 써서 '방계(傍系)'라 한다. '방계(傍系)'라는 말은 친인척(親姻戚) 관계에서뿐만 아니라 회사에도 쓰이는데, 어느 회사의 계통을 이어받은 회사이긴 하지만 자회사(子會社)보다는 그 관계가 밀접하지 않고 비교적 독자적인 경영권을 갖는 회사를 '방계회사(傍系會社)'라 한다.

부모와 부모 항렬 이상의 친족을 '존속(尊屬)'이라 하는데, '높을 존(尊)', '무리 속(屬)'으로 '높은 사람의 무리', '높여야 할 무리의 사람들'로 해석할 수 있다. '낮을 비(卑)'를 쓴 '비속(卑屬)'도 있는데, 이는 혈연관계(血緣關係)에서 자녀, 그리고 그 자녀와 같거나 그 이하의 항렬에 있는 친족을 말한다. 그러니까 아들이나 손자는 직계비속(直系卑屬)이고 조카나 종손(宗孫)은 방계비속(傍系卑屬)인 것이다.

8촌 이내의 직계 혈족과 4촌 이내의 직계 인척을 '직계친족(直系親族)', 직계존속과 직계비속을 통틀어 '직계혈족(直系血族)'이라 한다. '인척'의 '인(姻)'은 '혼인 인', '척(戚)'은 '친척 척'이다. 혼인관계(婚姻關係)를 통하여 이루어지는 친척, 그러니까 외가와 처가에 딸린 겨레붙이가 '인척(姻戚)'인 것이다.

남에게 굽힘이 없이 제 품위를 스스로 높이는 마음을 '스스로 자(自)', '높을 존(尊)'을 써서 자존심(自尊心)이라 하고, 남자는 존귀하게 여기고 여자는 낮게 여긴다는 뜻으로, 남자를 여자보다 존중(尊重)하는 일을 남존여비(男尊女卑)라 한다.

초로 草露

풀에 맺힌 이슬은 태양이 솟아오름과 동시에 사라져 버린다. 이슬은 이렇게 순간적으로 사라지는 특성이 있기에 허무하고 빠름을 '초로(草露)같다', '조로(朝露)같다'라고 하는 것이다. '바람처럼 왔다가 이슬처럼 갈 순 없잖아'라는 노랫말에서도 '이슬'이 순간적인 존재임을 말해주고 있다.

'풀 초(草)'에는 '풀'이라는 의미 외에 '초 잡다', '시작하다'는 의미도 있다. 그렇기에 처음 시작하는 때를 초창기(草創期)라 하고, 안건 기초하는 것을 초안(草案)이라 하는 것이다.

볏짚, 밀짚, 갈대 따위로 이엉을 엮어 지은 집을 초가(草家)라 하고, 썩 작은 집이라는 의미로 가난함을 상징하는 말은 초가삼간(草家三間)이다. '목숨을 초개같이 버렸다'라는 말을 가끔씩 듣는데, 이때의 '초개(草芥)'는 '풀과 먼지'라는 의미로 아무 소용이 없거나 하찮은 것을 비유한다.

인재를 맞아들이기 위해서 여러 번 찾아가서 예를 다하여 간곡하게 부탁하는 일을 '돌아볼 고(顧)', '오두막 려(廬)'를 써서 '삼고초려(三顧草廬)'라 하는데, 유비가 제갈량의 초려(草廬)를 세 번 찾아가 간청하여 스승으로 맞아들인 일에서 비롯된 말이다.

로(露)는 '이슬'뿐 아니라 '드러내다'라는 의미로도 쓰인다. 우로(雨露), 백로(白露), 한로(寒露), 감로수(甘露水)에서는 '이슬'이지만, 노출(露出), 폭로(暴露), 노골적(露骨的), 노숙(露宿)에서는 '드러내다'이다.

'비 우(雨)'가 들어간 글자는 모두 '비'의 의미와 관계가 있다. '말할 운(云)'이 들어간 '운(雲)'은 '구름 운'이고, '서로 상(相)'이 들어간 '상(霜)'은 '서리 상'이며, '힘쓸 무(務)'가 들어간 '무(霧)'는 '안개 무'이다.

추론 推論

논리적 근거, 즉 논거(論據)를 제시하여 명제가 진실임을 밝히는 과정을 '미루어 헤아릴 추(推)'에 '논할 론(論)'을 써서 추론(推論)이라 하는데 '미루어 헤아릴 추(推)'는, 밝혀진 사실을 근거로 아직 밝혀지지 않는 일을 헤아린다는 추리(推理), 미루어 생각한다는 추측(推測)에도 쓰인다.

추론(推論)에는 귀납법(歸納法)과 연역법(演繹法)이 있는데, '돌 귀(歸)', '들일 납(納)'으로, 여기저기 빙빙 돌아서 결론으로 들어가는 방법이 귀납법(歸納法)이고, '펼칠 연(演)', '찾을 역(繹)'으로 일반적인 사실을 펼쳐서 구체적인 결론을 찾아내는 방법은 연역법(演繹法)이다.

'공자는 죽었다. 석가도 죽었다. 슈바이처도 죽었다'라는 개별적인 사실들을 근거로 삼아, 그들의 공통점을 찾아서 '그러므로 모든 사람은 죽는다'라는 일반적 사실을 추리해내는 방법은 귀납법(歸納法)이고, '모든 사람은 죽는다'라는 일반적인 사실로부터 '공자는 죽는다'라는 특수한 사실을 추측하여 찾아내는 방법은 연역법(演繹法)인 것이다.

억지로 암기하려 들지 말자. 이해도 못한 체 억지로 암기하려 하면 적용을 못시킴은 물론 재미도 없고 시간이 지나면 잊어버리게 되기 때문이다. 이해가 선행된 암기가 진짜 암기이기 때문이다.

일반적인 사실, 즉 큰 범위의 진술을 근거로 작은 범위의 결론을 이끌어내면 연역법(演繹法)이고, 구체적인 사실, 작은 범위의 진술, 경험을 근거로 삼아 큰 범위의 일반적인 내용의 결론을 이끌어내면 귀납법(歸納法)이다.

포용 包容

로마인이 세계를 정복(征服)할 수 있었던 것은 타민족에 대한 관용(寬容)과 포용정책(包容政策) 때문이었다고 한다. 다른 민족의 종교와 문화를 존중(尊重)하면서 나아가 자기들의 것으로 흡수하는 흡인력(吸引力)이 이유였다는 것이다. 남을 아량 있고 너그럽게 감싸 받아들임을 '쌀 포(包)', '담을 용(容)'을 써서 '포용(包容)'이라 한다.

'싸다', '안다', '꾸리다'는 의미를 지니고 있는 '포(包)'는 어떤 사물이나 현상 따위를 온통 휩싸서 하나로 묶는다는 포괄(包括), 상대를 허용하여 끌어넣는다는 포섭(包攝), 둘레를 에워싼다는 포위(包圍), 물건을 싸서 꾸리는 일인 포장(包裝), 조그맣게 포장한 물건인 소포(小包) 등에 쓰인다.

'쌀 포(包)'에 '몸뚱이 육(肉=육(月)'이 들어가면 '세포 포(胞)', '돌 석(石)'이 들어가면 '대포 포(砲)', '손 수(扌)'가 들어가면 '안을 포(抱)', '먹을 식(食)'이 들어가면 '배부를 포(飽)', '물 수'가 들어가면 '물거품 포(泡)', '입 구(口)'가 들어가면 '으르렁거릴 포(咆)', '물고기 어(魚)'가 들어가면 '절인고기 포(鮑)'이다.

'용(容)'이 포용(包容)에서는 '담다'는 의미이지만, 사람의 얼굴 모양을 일컫는 용모(容貌)에서는 '얼굴', 죄나 과오에 대해 벌주지 않고 관대하게 대하는 용서(容恕)에서는 '용납', 쉽다는 의미의 또 다른 말인 용이(容易)에서는 '쉽다', 용모를 아름답게 단장한다는 미용(美容)에서는 '꾸미다'는 의미이다.

형용사 形容詞

사람이나 사물의 성질, 상태, 존재, 모양 등을 나타내는 말을 '모양 형(形)', '꾸밀 용(容)'을 써서 형용사(形容詞)라 하는데, 주체(主體)에 대한 '모양'이나 '꾸밈'을 나타내는 말이라는 의미이다.

'형(形)'은 형상(形象), 외형(外形), 정형(整形), 지형(地形), 형식(形式)에서처럼 '형상', '모양', '꼴'이라는 의미로 많이 쓰이지만 얼굴 모양과 표정이라는 형색(形色)에서는 '얼굴'이라는 의미이고, 땅의 생긴 형상이나 형세인 지형(地形)에서는 '형세'라는 의미이다.

용(容)은 형용사(形容詞), 미용(美容), 진용(陳容)에서는 '꾸미다'라는 의미이지만, 얼굴 모양이라는 용모(容貌)에서는 '얼굴'이라는 의미이고, 그릇에 담거나 넣을 수 있는 분량인 '용량(容量)'에서는 '넣다'는 의미다. 또, 죄(罪)나 과오(過誤)에 대하여 처벌하지 아니하고 관대(寬待)하게 처리한다는 '용서(容恕)'에서는 '용납하다'는 의미이고, 아주 쉽다는 '용이(容易)하다'에서는 '쉽다'는 의미이다.

'용공분자(容共分子)', '용의자(容疑者)'라는 말이 있다. 공산주의를 허용한다 해서 '공산주의 공(共)'의 '용공(容共)'이고, 의심을 허용한다 해서 '의심할 의(疑)'의 '용의(容疑)'이다. 그렇기 때문에 '용공분자(容共分子)'는 공산주의자를 가리키고, '용의자(容疑者)'는 혐의를 받는 사람, 의심을 허용한 사람을 가리키는 것이다.

'보조형용사'라는 것이 있는데, 이는 '아름답지 아니하다'에서의 '아니하다'처럼 홀로는 문장의 주체를 서술할 힘이 없고 본용언 아래에서 그 뜻을 돕는 역할을 하는 형용사를 가리킨다.

혹평 酷評

좋게 평가함을 '좋을 호(好)', '평할 평(評)'을 써서 호평(好評)이라 하고, 가혹하게 비평함을 '혹독할 혹(酷)'을 써서 '혹평(酷評)이라 한다.

'혹(酷)'은 '심하다', '혹독하다'는 의미로 많이 쓰인다. 정도가 지나치게 심하고 독함을 혹독(酷毒), 혹독하게 부림을 혹사(酷使), 매우 심한 더위를 혹서(酷暑), 몹시 심한 추위를 혹한(酷寒), 인간다운 정이 없고 혹독함을 냉혹(冷酷)이라 한다.

'평(評)'은 '판단하다', '논평하다', '비평하다', '평론하다'는 의미이다. 사람이나 사물의 가치 판단을 '평가(評價)'라 하고, 관리의 이동, 임명 등에 관한 세간의 풍설을 '하마평(下馬評)'이라 하며, 사물의 옳고 그름, 좋고 나쁨을 평가하는 일을 비평(批評)이라 한다. 비평(批評)을 곁들인 전기(傳記)는 평전(評傳)이다.

도스토예프스키는 '많은 사람들의 불행은 그들이 실제보다도 높게 자신을 평가하는 데서 생긴다'라고 하였고, 체스터필드는 '스스로를 낮게 평가하는 자는 남들에 의해서도 낮게 평가된다'라고 하였다.

'제 눈에 안경'이라는 말이 있다. 동일한 사람에 대해서도 보는 이의 눈에 따라 평가가 제각기 다르다는 의미이다. '군맹평상(群盲評象)'이라는 말이 있다. '무리 군(群)', '소경 맹(盲)', '평할 평(評)', '코끼리 상(象)'으로, 많은 장님들이 코끼리 몸을 만져보고 제각기 평가한다는 뜻으로 어리석은 사람은 자기 주관에만 치우쳐 그릇되게 판단함을 일컫는다.

화 化

민주(民主)가 아니었는데 민주(民主)가 되는, 다시 말하면, 백성이 주인이 아니었는데 백성이 주인 되는 것은 민주화(民主化)이고, 자유가 없었는데 자유가 주어지는 것은 자유화(自由化)이며, 세계적이 아니었다가 세계적으로, 즉 나라 안에서만 움직이다가 세계 전체를 대상으로 움직이는 것은 세계화(世界化)이다.

액체가 아닌 기체나 고체가 액체로 되는 것이 액화(液化)이고, 기체가 아니었던 것이 기체가 되는 것이 기화(氣化)이며, 깨끗하지 못했던 것이 깨끗하게 되는 것이 정화(淨化)이다. 전설모음 아닌 것이 전설모음 되는 것이 전설모음화(前舌母音化)이고, 구개음(口蓋音) 아닌 것이 구개음 되는 것이 구개음화(口蓋音化)이다.

좋은 것이 나쁘게 되는 것을 악화(惡化)라 하고, 잡스러운 것을 순수하게 하는 것을 순화(純化)라 한다. 다른 것이 같게 되는 것은 동화(同化)이고, 같은 것이 다르게 되는 것은 이화(異化)이다. 복잡하고 어려운 것을 간단하고 쉽게 한 것은 '간단할 간(簡)', '쉬울 이(易)'의 간이화(簡易化)이다. '화(化)'를 '될 화'라 하였다. A 아닌 것이 A가 되는 것이 'A화(化)'인 것이다. 환경(環境)에 따라 사람이나 사물의 성질이 변함을 귤화위지(橘化爲枳)라 한다. '귤 귤(橘)', '변할 화(化)', '될 위(爲)', '탱자 지(枳)'로, 강남의 귤을 강북에 심으면 (변화하여) 탱자가 된다는 뜻이다.

지질 시대에 살던 동식물의 유해 및 유물이 퇴적암 따위 암석 속에 남아 있는 것을 '화석'이라 하는데, '변화할, 될 화(化)'로, '변화를 알 수 있는 돌' 또는 '무엇인가가 변하여 돌이 되었다'로 해석할 수 있다. '문화(文化)'는 글이 없었는데 글이 있게 된 것이라는 의미인데, 정신적, 물질적으로 인류가 달성한 성과의 총체를 일컫는다.

화근 禍根

재앙이나 재난의 뿌리(근원)라는 '재앙 화(禍)', '뿌리 근(根)'의 '화근(禍根)'은 좋은 일은 흉악한 일이 시작되는 문이요 복된 일은 재앙의 뿌리이다'라는 '길자흉지문 복자화지근(吉者凶之門 福者禍之根)'에서 나왔다고 한다. '자(者)'가 '사람'이라는 의미로 많이 쓰이지만 여기에서는 '~것'이라는 의미이다.

화종구생(禍從口生)이라는 말이 있다. 재앙은 입을 좇아서(잘못 놀리는 데서) 생긴다는 의미이다. 화불단행(禍不單行)이라고도 하였다. 재앙은 홀로 행동하지 않는다(이어서 온다)는 의미이다.

바라지 않는 재앙을 무망지화(毋望之禍)라 하고 재앙이 굴러서 복이 되는 것을 전화위복(轉禍爲福)이라 하며 재앙은 게으름에서 온다는 말은 화생어태타(禍生於懈惰)이다. 화복무문(禍福無門)이라는 말도 있다. 재앙과 복이 이르는 것은 일정한 문이 없다는 의미로, 사람이 스스로 악한 일을 행하면 그것은 악이 들어오는 문이 되고 스스로 착한 일을 행하면 그것은 복이 들어오는 문이 된다는 의미이다.

'근(根)'은 '뿌리', '근본'이라는 의미로 많이 쓰인다. 풀뿌리와 나무껍질이라는 뜻으로 곡식이 없어 산나물 따위로 만든 험한 음식을 초근목피(草根木皮)라 하고, 태어날 때부터 가지고 있는 근본적인 성질을 근성(根性)이라 하며, 어떤 의견이나 의논 따위의 이유 또는 바탕이 되는 것을 근거(根據)라 한다. '뿌리 근(根)', '끊을 절(絶)'의 근절(根絶)은 다시 살아날 수 없도록 뿌리째 없애 버린다는 의미이다.

근원이 깊고 튼튼하면 오래 견딘다는 속담에 '뿌리 깊은 나무 가뭄 타지 않는다'가 있고, 원인 없이는 결과가 있을 수 없다는 속담에 '뿌리 없는 나무에 잎이 필까?'가 있다.

환기 換氣

공기가 너무 탁(濁)하다 싶으면 문을 열어 환기(換氣)를 시켜야 하는데, 환기(換氣)란 '바꿀 환(換)', '공기 기(氣)'로 공기를 바꾼다는 의미이다. 그런데 '이 글이 환기하는 의미는?', '여론을 환기시켜야 한다'에서의 '환기'는 공기를 바꾼다는 의미가 아니라 '부를 환(喚)', '일으킬 기(起)'로, 무엇인가를 불러일으킨다는 의미이다.

서로 바꾸는 것을 교환(交換)이라 하고, 다른 방향이나 상태로 바뀌거나 바꾸는 것을 전환(轉換)이라 한다. 어떤 단위로 표시된 수를 다른 단위로 고치는 것을 환산(換算)이라 하고, 어떤 말을 다른 형식의 말로 바꾸어 표현함을 '환언(換言)'이라 한다. 우리 돈을 외국돈으로 바꾸는 일을 환전(換錢)이라 하고, 계절이 바뀌는 시기를 환절기(換節期)라 한다. 모두 모두 '바꿀 환(換)'이다. 마음이 막되게 달라짐을 '창자 장(腸)'을 써서 '환장(換腸)'이라 하는데, '창자가 바뀔 정도로 괴롭다'는 의미이다.

법원이 피고인(被告人)이나 증인(證人)이나 변호인(辯護人) 등에 대하여 출두를 명령하는 일은 '부를 소(召)', '부를 환(喚)'의 소환(召喚)이다.

환호성(歡呼聲)에서의 '환'은 '기쁠 환(歡)'이다. 기뻐서 부르짖는 소리가 '기쁠 환(歡)', '부를 호(呼)', '소리 성(聲)'의 환호성(歡呼聲)인 것이다.

얼굴이나 모습이 이전에 비하여 몰라보게 좋아졌음을 '환골탈태(換骨奪胎)'라 하는데, '바꿀 환(換)', '뼈 골(骨)', '빼앗을 탈(奪)', '아이 밸 태(胎)'로, 뼈(기본, 중요한 것)를 바꾸고 태아(처음의 것)를 빼앗는다는 의미이다.

03
공정한 시각을
갖게 하는
사회 어휘

가처분 假處分

법원(法院)에 가처분 신청을 제기했다는 소식을 듣는다. 권리나 권리의 객체에 변동을 일으키는 일을 '처분(處分)'이라 하는데, 이 '처분'에 '임시 가(假)'를 붙인 '가처분(假處分)'은 글자 그대로는 '임시로 어떤 사물을 처분하는 것'이라는 의미이고 법률, 법학 용어로는 금전 이외의 받을 권리가 있는 특정물을 법률의 결정에 따라 상대편이 처분하지 못하도록 금지하는, '임시로 하는 처분'을 일컫는다. 확정 판결을 받아 강제집행까지 시간이 많이 걸리기 때문에 강제 집행 전에 상대방이 처분하지 못하도록 하는 일이 가처분(假處分)인 것이다.

'가(假)'는 '거짓'과 '임시'라는 의미로 쓰이는데, 거짓으로 꾸민다는 '가장(假裝)', 나무나 흙 등으로 만든 가짜 얼굴인 '가면(假面)', 가짜 이름인 '가명(假名)'에서는 '거짓'이라는 의미이고, 임시로 지은 건물인 '가건물(假建物)', 임시로 꿰맸다는 '가봉(假縫)', 임시로 정하였다는 '가정(假定)'에서는 '임시'라는 의미이다.

속마음과 달리 말과 행동을 거짓으로 꾸밈을 '가식(假飾)'이라 하고, 임시로 일컫거나 거짓으로 일컬음을 '가칭(假稱)'이라 하며, 현상을 밝히기 위한 출발점으로 설정된 명제를 '가설(假說)'이라 한다. 당장 사용하기 위함이 아니라 물가가 오를 것을 예상하고 미리 마련해 두려는 수요는 '가수요(假需要)'이다.

개인의 소득 전액에서 모든 세금을 뺀 개인의 소득, 그러니까 개인이 자유롭게 쓸 수 있는 소득이 가처분소득(可處分所得)이다. '처분이 가능한 소득'이라는 의미이다. 물론 이때의 '가처분'은 '거짓 가(假)'의 '가처분(假處分)'이 아니라 '가능할 가(可)'를 쓴 '가처분(可處分)'이다.

감가상각 減價償却

토지를 제외한 고정자산(固定資産)에 생기는 가치의 소모(消耗)를 결산기마다 계산하여 그 자산 가격을 감해 가는 일을 '감가상각(減價償却)'이라 한다. '덜 감(減)', '값 가(價)', '갚을 상(償)', '없앨 각(却)'으로, 값이 덜어지고 가치가 없어져서 자산의 가격을 없애 간다는 의미이다.

인원 줄임을 '감원(減員)'이라 하고, 형벌(刑罰)을 덜어서 가볍게 함을 '감형(減刑)'이라 하며, 많아짐과 적어짐을 '증감(增減)'이라 한다.

'사람 인(人)'에 '상줄 상(賞)'이 더해진 '갚을 상(償)'은 다른 돈이나 물건으로 대신하여 갚아 주는 일인 '상환(償還)', 손해를 물어주는 일인 '보상(補償)' 등에 쓰인다.

'각(却)'은 '물리칠 각', '물러날 각'이다. 원서나 소송 따위를 받지 아니하고 물리치는 일을 '각하(却下)'라 하고, 물품을 쓰지 아니하고 버리거나 제기된 문제나 안건을 무효로 인정하거나 취소하여 물리치는 일을 '버릴 기(棄)'를 써서 '기각(棄却)'이라 한다. 물건(物件)을 팔아 버림을 '팔 매(賣)'를 써서 '매각(賣却)'이라 하고 기억에서 사라진 상태를 '잊을 망(忘)'을 써서 '망각(忘却)'이라 한다.

자가용을 이용할 때의 비용과 대중교통을 이용할 때의 비용을 계산할 때 단순히 기름값 가스값만으로 계산하는 것은 현명하지 못하다. 자동차가 주행할 때에 기름만 소모되는 것이 아니기 때문이다. 건강을 위해, 에너지 절약을 위해, 환경보호를 위해, 그리고 더불어 사는 세상을 위해, 그리고 가정경제를 위해서도 대중교통(大衆交通) 이용을 즐겨해야 하는 것이다.

객사 客舍

고유명사인 줄 알았는데 보통명사였다. 전라북도에만 순창객사, 전주객사, 흥덕객사, 다대포객사가 있으니까. '손님 객(客)', '집 사(舍)'의 '객사(客舍)'는 '손님이 묵어가는 집'이다. 고려시대와 조선시대에 각 고을에 설치하였던 관사(館舍), 왕명(王命)으로 내려오는 벼슬아치를 묵게 했던 숙소가 객사였다.

'객(客)'은 '손님 객', '나그네 객'이다. 손님이 앉는 자리이기에 '객석(客席)'이고, 항성(恒星)과 달리 나그네처럼 잠시 나타나는 별이기에 객성(客星)이며, 손님을 대접하거나 거처하게 하려고 마련한 방이기에 객실(客室)이다.

어떤 기관이나 모임에서, 그곳에 소속된 정규 직원이 아니면서 손님으로 대우받으며 참여한 사람을 '객원(客員)'이라 하는데, 객원교수(客員教授), 객원지휘자(客員指揮者) 등이 그 예이다.

토질(土質)을 개량(改良)하기 위하여 논밭에 넣는 흙을 다른 곳에서 가져온 흙, 손님 흙이라 해서 객토(客土)라 한다. 자기 집을 떠나 임시로 머무르는 곳을 객지(客地)라 하고, 객지(客地)에서의 죽음을 '객사(客死)'라 한다. 검술에 조예가 뛰어난 사람은 '칼 검(劍)'의 검객(劍客)이고, 사람을 몰래 찔러 죽이는 사람은 '찌를 자(刺)'의 자객(刺客)이다.

입장이 뒤바뀐 것을 일러 주객전도(主客顚倒)라 한다. '주인 주(主)', '손님 객(客)', '넘어질 전(顚)', '거꾸로 도(倒)'로, 주인과 손님이 넘어져 거꾸로 되었다는 의미이고 사물의 경중 완급 중요성에 비춘 앞뒤의 차례가 뒤바뀌었다는 말이다.

사위를 '백년지객(百年之客)'이라 한다. 100년 동안(언제나) 깍듯하게 대해야만 하는 어려운 손님이라는 뜻이다.

결식 缺食

'결식아동(缺食兒童)'이라는 말 자체가 안타까움이다. '빌 결(缺)', '먹을 식(食)'의 결식(缺食)은 살림이 어려워 먹는 일을 비운다(거른다)는 의미이다. '결(缺)'은 '이지러지다', '흠 있다', '모자라다', '비다'는 의미로 쓰인다.

근무처를 비웠다고 해서 결근(缺勤)이고 자리를 비웠다고 해서 결석(缺席)이다. 흠이 있어 완전하지 못하기에 결함(缺陷)이고, 정해진 인원에서 모자라기에 결원(缺員)이다. 마땅히 있어야 할 것이 모자라거나 없음이 결여(缺如)이고, 잘못되거나 완전하지 못한 것은 결점(缺點)이다.

'결함투성이로 있는 것도 악(惡)이지만 결함투성이이면서 그것을 인정하려고 하지 않는 것은 더 큰 악(惡)이다'는 말이 있고 '가장 나쁜 결점은 결점을 모르는 것이다'는 격언도 있다.

남의 집에 들러붙어 얻어먹고 지내는 사람을 식객(食客)이라 하고, 여러 음식 먹어보는 일을 재미나 취미로 함을 식도락(食道樂)이라 하며, 음식을 먹기 위한 모임을 회식(會食)이라 한다.

채소 반찬뿐인 음식을 일컫는 '소사(蔬食)'와 청빈한 생활을 비유하여 일컫는 '단사표음(簞食瓢飮)'에서의 '食'은 '밥'이라는 의미인데, 이런 경우와 '먹이다'는 의미로 쓰일 때의 '食'은 '식'이 아닌 '사'로 발음한다.

'심부재언 식이부지기미(心不在焉 食而不知其味)'라는 말이 있다. 마음이 있지 아니하면 먹어도 그러나 그 맛을 알지 못한다는 의미로 마음, 정신의 중요성을 일컫는 말이다.

경적 警笛

기다림보다 더 지혜로운 일이 없음에도 적지 않은 사람들이 기다리지 못하고 경적(警笛)을 울려대는 경우가 있다. 잘못되는 일에 대하여 미리 경계하여 주는 주의나 충고를 '경적(警笛)'이라 하는데, 이는 '경계하는 피리, 깨닫도록 하는 피리 소리'라는 의미이다.

'경계하다', '깨닫다'는 의미의 '경(警)'은 비상(非常)한 일이나 위험을 알리기 위하여 치는 종 따위의 신호, 잘못된 일에 대하여 미리 경계하여 주는 주의나 충고를 비유하는 말인 경종(警鐘), 잘못되는 일이 생기지 않도록 미리 마음을 가다듬어 조심한다는 경계(警戒), 위험을 알리는 일정한 신호인 경보(警報), 세상 사람을 깨우친다는 경세(警世) 등에 쓰인다.

사회 공공의 질서 유지를 목적으로 국가의 권력을 이용하여 국민에게 명령하고 강제하여 그 자연적 자유를 제한하는 작용이나 조직을 일러 경찰(警察)이라 하는데, 글자 그대로의 뜻은 '잘못된 일이 생기지 않도록 경계(警)하고 살펴준다(察)'이다.

경찰(警察) 명칭이, 조선 전기엔 '돌 순(巡)', '순행할 라(邏)'의 순라군(巡邏軍)이었고, 조선 중기에는 '잡을 포(捕)'의 포졸(捕卒), '순행할 라(邏)'의 나졸(邏卒)이었으며 개화기 때에는 '돌 순(巡)', '검사할 검(檢)'의 순검(巡檢)이었다. 일제 때에는 '조사할 사(査)'의 순사(巡査)였고 해방 이후에 '경계할 경(警)'의 순경(巡警)으로 바뀌었으며 현재는 '경계할 경(警)', '살필 찰(察)'의 경찰(警察)이다.

'대나무 죽(竹)'에 '말미암을 유(由)'가 더해져 만들어진 '피리 적(笛)'은 김으로 소리를 내게 하는 장치인 기적(汽笛), 주로 행진에 쓰이는 북과 피리로 이루어진 음악대인 '북 고(鼓)', '피리 적(笛)', '무리 대(隊)'를 쓴 고적대(鼓笛隊) 등에 쓰인다.

경제 經濟

경제속도로 운전하는 것이 좋다고 했다. 경제적인 야구를 하였노라고도 하였다. 돈과 관계되어야만 '경제(經濟)'인 줄 알았는데…….

'경제(經濟)'는 '경세제민(經世濟民)'에서 나왔고 '다스릴 경(經)', '세상 세(世)', '구제할 제(濟)', '백성 민(民)'의 '경제제민(經濟濟民)'은 세상을 다스리고 백성을 고통에서 구제한다는 의미이다. 그런데 '경제(經濟)'에 또 다른 의미가 첨가되었는데, '비용이나 시간 따위를 적게 들이는 일'이라는 의미가 그것이다.

연료를 가장 적게 소모하면서 최대 거리를 갈 수 있는 빠르기를 경제속도(經濟速度)라 하고 상대편보다 안타는 적게 쳤음에도 점수는 많이 내서 승리하는 경기를 '경제적인 야구'라 한다. 그러니까 비용 물자 노력 시간 따위를 적게 투자하여 많은 효과를 얻었을 때에 '경제적(經濟的)'이라는 말을 사용하는 것이다.

'경(經)'은 '다스리다'는 의미 말고 '경전', '날실', '평상', '지나다' 등의 의미로 많이 쓰인다. 성경(聖經), 사서삼경(四書三經), 불경(佛經)에서는 '경전'이라는 의미이고, 경도(經度) 경위(經緯)에서는 '날실'이라는 의미이며, 경상비(經常費)에서는 '평상'이라는 의미이다. 경험(經驗), 경력(經歷), 경륜(經綸), 경과(經過)에서는 '지나다'의 의미이고, 경영(經營), 경국(經國)에서는 '다스리다'는 의미이다.

우이독경(牛耳讀經)이라는 말이 있다. '소 귀에 경 읽기'라는 의미로 우둔(愚鈍)한 사람은 아무리 가르치고 일러주어도 알아듣지 못함을 비유한 말이다. 나라를 다스릴만한 능력, 그러한 능력을 가진 사람을 '경국지재(經國之才)'라 한다.

경청 傾聽

인간으로서 갖추어야 할 자세가 많이 있지만 그 무엇보다 중요한 것은 경청(傾聽)이 아닐까? '경청'은 '기울 경(傾)', '들을 청(聽)'으로 귀를 기울여 듣는다는 말이다. 집중하여 잘 새겨듣고 이해하려고 노력하는 것이 경청(傾聽)인 것이다. 내용은 물론 말의 내면에 깔린 동기나 정서까지 이해하는 것이 경청(傾聽)이다. 입은 하나인데 귀가 둘인 이유가 잘 들으라는 조물주의 뜻이라는 말도 있지 않은가?

'기울 경(傾)'이라 하였다. 사상이나 행동 또는 어떤 현상에서 나타나는 일정한 방향성을 경향(傾向)이라 하고, 한쪽으로 비스듬히 기울어진 정도를 경사(傾斜)라 하며, 사회주의, 공산주의 등 급진적 좌익사상으로 기울어짐을 좌경(左傾)이라 한다. 특정한 주의, 사상, 이념 따위를 내세우는 목적의식이 강한 문학, 특히 한국에서는 조직적인 프로 문학이 나타나기 이전 사회주의 사상을 지향할 목적으로 쓰인 작품들을 경향문학(傾向文學)이라 한다. 한쪽으로 기울어진 문학이라는 의미이다.

나라를 기울이게 할 정도의 아름다움을 '경국지색(傾國之色)'이라 하였다. 임금을 미혹시켜서 나라가 위기에 빠져도 모를 정도의 미색(美色)이라는 뜻으로 뛰어나게 아름다운 여자를 일컫는다.

한쪽은 급사면, 다른 한쪽은 완만한 사면을 이룬 땅덩이를 '기울 경(傾)', '움직일 동(動)', '땅 지(地)', '흙덩이 괴(塊)'를 써서 '경동지괴'라 하는데, 이는 '기울어지게 움직여 만들어진 땅덩이'라는 의미이다.

텔레비전 프로그램을 보고 듣는 사람을 시청자(視聽者)라 하고 발언권 없이 곁에서 듣는 일을 '곁 방(傍)'을 써서 방청(傍聽)이라 한다. 증언, 진술청취, 증거채택을 위하여 여는 공개적인 절차를 '듣고 듣는 모임'이라는 의미로 청문회(聽聞會)라 한다.

공론화 公論化

사회 일반의 여론을 '여러 공(公)'을 써서 '공론(公論)'이라 하는데, 개인적 문제가 아닌 대부분의 사람에 관련된 의견이라는 의미이다. 그리고 어떤 문제를 공론(公論)이 되도록 하는 것을 '~될 화(化)'를 써서 공론화(公論化)라 한다.

'공(公)'은 '여럿'이라는 의미로 '개인적인'이라는 의미인 '사(私)'의 반대 개념으로 많이 쓰인다. 관청이나 공공단체에서 설립한 '공설(公設)', 사회 일반이나 공중에 관계되는 것인 '공공(公共)', 여러 사람에게 널리 개방한다는 '공개(公開)', 개인 돈이 아닌 국가나 공공단체 또는 공동의 돈인 '공금(公金)', 관청이나 공공단체 등에서 일반에게 널리 알리는 일인 '공고(公告)', 사회 공동의 이익인 '공익(公益)' 등이 모두 그러하다.

'공(公)'이 공정(公正)에서는 '공평하다'는 의미이고, 공직(公職)에서는 '관청', '벼슬'이라는 의미이며, 충무공(忠武公)에서는 '상대를 높이는 접미사'이다.

사(私)를 버리고 공(公)을 위(爲)하여 힘써 일함을 '없앨 멸(滅)', '받들 봉(奉)'을 써서 멸사봉공(滅私奉公)이라 하고, 사사(私事)로운 일이나 이익(利益)보다 공익(公益)을 앞세움을 '먼저 공(公)적인 일을 하고 나중에 사(私)적인 일을 한다'는 의미로 선공후사(先公後私)라 한다. 지극히 공평(公平)하여 조금도 사사(私事)로움이 없음을 '지극할 지(至)'를 써서 지공무사(至公無私)라 하고, 공정하고 명백하며 바르고 큰 것을 '공평할 공(公)', '밝을 명(明)', '바를 정(正)', '큰 대(大)'를 써서 공명정대(公明正大)라 한다.

'공론(公論)'의 동음이의어에 '빌 공(空)'을 쓴 '공론(空論)'이 있는데, 실제와 동떨어진 쓸데없는 의론(議論)이라는 의미이다.

과소비 過消費

지나치게 값비싸거나 호화로운 물건을 사거나 사용하는 일, 분수나 경제적 능력을 벗어나 지나치게 소비하는 일을 '과소비(過消費)'라 하는데, '지나칠 과(過)', '사라질 소(消)', '쓸 비(費)'로, 사라지게 써 버리는 일이 지나치다는 의미이다.

'소(消)'가 소화(消火), 소멸(消滅)에서는 '끄다', '꺼지다', '사라지다'는 의미이지만 소화(消化)에서는 '삭이다', 소극적(消極的)에서는 '물러서다', 소풍(消風)에서는 '거닐다'는 의미이다. '과(過)'는 '지나치다'는 의미 외에 '허물', '건너다'는 의미로도 쓰인다. 과로(過勞), 과잉(過剩), 과격(過激), 과민(過敏)에서는 '지나치다'는 의미이지만, 과실(過失), 과오(過誤), 과태료(過怠料)에서는 '허물'이라는 의미이고, 과년(過年), 과도기(過渡期), 통과(通過)에서는 '건너다'는 의미이다.

'과유불급(過猶不及)'이라는 말이 있다. '지나칠 과(過)', '같을 유(猶)', '아니 불(不)', '미칠 급(及)'으로 지나친 것은 미치지 아니한 것과 같다는 의미이고 중용(中庸)의 중요성을 강조한 말이다. 비슷한 말에 '바로잡을 교(矯)', '뿔 각(角)', '죽일 살(殺)', '소 우(牛)'의 '교각살우(矯角殺牛)'가 있는데, 뿔을 바로잡으려다가 소를 죽인다는 의미이고 좀 더 잘하려는 욕심이 오히려 일을 망치는 결과를 가져온다는 말이다.

허물 고침에 인색함이 없어야 함을 '고칠 개(改)', '허물 과(過)', '아낄 린(吝)'을 써서 '개과불린(改過不吝)'이라 하고, 지나친 공손은 오히려 예의에 벗어난 것이라는 말은 '지나칠 과(過)', '공손할 공(恭)', '예도 례(禮)'의 과공비례(過恭非禮)이다. '과즉물탄개(過則勿憚改)'라는 말이 있다. '말 물(勿)', '꺼릴 탄(憚)'으로 잘못이 있은즉 고치는 것을 꺼리지 말아야 한다는 의미이다.

교도소 矯導所

죄인(罪人)을 가두어 두는 곳을 옛날에는 '단속할 감(監)', '감옥 옥(獄)', '장소 소(所)'를 써서 감옥소(監獄所)라 하였고, 일제강점기에는 '형벌 형(刑)', '힘쓸 무(務)'를 써서 형무소(刑務所)라 하였다. 그런데 1962년에 구금(拘禁)되어 있는 수형자(受刑者)가 언젠가는 다시 사회에 복귀하지 않을 수가 없는 것이고 그들이 사회로 되돌아간 후 다시는 범법(犯法)하지 않도록 하지 않으면 진정한 의미의 사회 방위는 기대할 수 없다는 판단으로 범법자(犯法者)들을 바로 잡고 올바른 길로 가도록 지도하는 장소이어야 한다는 뜻에서 '바로잡을 교(矯)', '인도할 도(導)'를 써서 교도소(矯導所)로 이름을 바꾸었다. 잘못을 바로잡고 바른 길로 가도록 인도하는 장소라는 의미이다.

이러한 명칭의 변화는 감정(感情)과 의지(意志)의 변화에 의한 것으로 감정과 의지의 변화에 의해 이름을 바꾸었다는 말이다. 사람이나 물건이나 집단의 이름이 중요하다는 말인데, 그렇기 때문에 작품의 제목도 물건의 이름도 무척 중요하게 생각해야 하는 것이다.

'바로잡을 교(矯)'라 하였다. '높을 교(喬)'에 '화살 시(矢)'가 더해졌는데, 화살로 잘못을 바로잡는다고 해석할 수 있다. '喬'는 '높을 교'인데, 나무 목(木)이 더해진 '橋'는 '다리 교', 사람 인(人)이 더해진 '僑'는 '타관살이할 교', 수레 거(車)가 더해진 '轎'는 '가마 교', 여자 여(女)가 더해진 '嬌'는 '아리따울 교', 말 마(馬)가 더해진 '驕'는 '교만할 교', 풀 초(艹)가 더해진 '蕎'는 '메밀 교'이다.

구속 救贖

'피의자(被疑者)를 구속(拘束)하여 수사하고 있다'라고도 하고, '우리는 예수님의 피로 구속(救贖)받았다'라고도 한다. '잡을 구(拘)', '묶을 속(束)'의 '구속(拘束)'은 마음대로 하지 못하게 얽어매거나 (형사소송법에서) 피의자나 피고인을 구금 또는 구인하는 강제처분이고, 성경에 나오는 '예수님의 피로 구속받았다'에서의 '구속(救贖)'은 '구원할 구(救)', '속바칠(죄를 면죄 받다) 속(贖)'으로 '대속(代贖)하여 구원하다'는 의미인데, '대속(代贖)'은 '남의 죄나 고통을 대신하여 자기가 당하다'는 의미이다. '주 예수 내 죄를 속했네'에서의 '속(贖)'도 '죄를 면제받다'는 의미이다.

'구(救)'는 '구원할 구', '도울 구'이다. 어려운 고비에서 도와 건져내서 도와주는 일을 구원(救援)이라 하고, 위급한 상황에서 구원함을 구급(救急)이라 하며, 어려운 사람을 도와 건짐을 구제(救濟)라 한다. '구호활동을 벌였다'고 할 때의 '구호(救護)'는 '구해주고 보호한다'는 의미이다. 그리스도를 구세주(救世主)라고 하는데, 이는 세상 사람을 구제하러 오신 주인 되는 분이라는 의미이다. 위급한 병에 쓰는 약방문을 구급방(救急方)이라 하고, 조난당한 사람이나 선박 등을 구조하는 배를 구조선(救助船)이라 한다.

'구(求)'는 '구할 구', '탐낼 구'이다. 사랑을 고백하여 상대방도 사랑해 주기를 구하는 일인 '구애(求愛)', 목적한 바를 이루고자 끝까지 쫓아 구하는 일인 '쫓을 추(追)'의 '추구(追求)', 일자리를 구하는 일인 '구직(求職)' 등이 그 예이다.

금품이나 공로를 통해 자신이 지은 죄 씻음을 '속죄(贖罪)'라 하는데, 기독교에서는 예수님의 희생을 일컫는다.

기간산업 基幹産業

기간산업(基幹産業) 육성(育成)이 중요하다고 이야기한다. '바탕 기(基)'에 '줄기 간(幹)'을 쓴 '기간(基幹)'은 '본바탕이 되는 줄기'라는 의미로 일정한 부문에서 으뜸이 되거나 중심이 되는, 그러니까 '핵심(核心)'이 되는 것을 일컫는다.

그 나라 산업의 기초를 이루는 산업이 '기간산업(基幹産業)'이고 어떤 단체에서 중심적인 역할을 담당하는 사람이 '기간요원(基幹要員)'이다. 군에서 일반병사를 일러 기간병(基幹兵)이라 하는데, 군에서 가장 중요하면서도 실질적인 역할을 담당하기 때문에 붙여진 이름이다. '간(幹)'은 '줄기', '몸뚱이', '등뼈' 등의 의미이기에 '간부(幹部)', '간사(幹事)', '간선도로(幹線道路)', '근간(根幹)' 등에도 쓰인다.

'임시교사'를 '기간제교사'라 하는데, 이때의 기간은 '基幹'이 아닌 '기간 기(期)', '사이 간(間)'의 기간(期間)으로 정년(停年) 때까지가 아니라 일정 기간 정해 놓고 근무하는 교사라는 의미이다.

'기조연설(基調演說)'이라는 것이 있다. '바탕 기(基)', '고를 조(調)'로, 바탕이 되는 내용만을 골라서 하는 연설이라는 의미로, 정당의 대표가 국회에서 자기 당(黨)의 기본 정책을 설명하는 연설을 말한다. '기초과학(基礎科學)'이라는 것도 있다. 공학(工學)이나 응용과학(應用科學) 따위의 밑바탕이 되는 과학이라는 뜻으로 자연과학(自然科學), 즉 순수과학(純粹科學)을 일컫는다.

배선(配線)을 변경할 수 있는 전기회로가 편성되어 있는 판을 '기판(基板)'이라 하고 무슨 일의 바탕이 되는 일을 '기저(基底)'라 하며 군대나 탐험대 등의 행동 근거지를 '기지(基地)'라 한다. 어떤 목적을 위하여 적립하거나 준비하여 두는 자금은 '기금(基金)'이다.

기성복 既成服

'기성복'을 '값싼 옷'의 또 다른 말이라고 생각하는 사람이 많은데, '이미 기(既)', '이룰 성(成)', '옷 복(服)'의 기성복(既成服)은 이미 만들어진 옷이라는 의미이다.

'이미 기(既)'이다. 기성세대(既成世代)는 이미 성장해 버린 세대(사람)이고, 기결수(既決囚)는 이미 형(刑)의 판결이 결정된 죄수이며, 기성문단(既成文壇)은 이미 이름이 난 문인들의 사회이다. 이미 출제된 문제를 기출문제(既出問題)라 하고, 이미 결혼한 사람을 기혼자(既婚者)라 한다. 이미 결정되어 있는 사실을 기정사실(既定事實)이라 하고, 이미 지나간 일을 기왕(既往)이라 하며, 이미 얻은 권리를 기득권(既得權)이라 한다.

이미 결정했거나 해결했음, 또는 재판의 판결이 이미 결정됨을 기결(既決)이라 하고 범죄의 판결을 이미 받아 형을 집행하기 위하여 자유의 구속을 받고 있는 죄수를 기결수(既決囚)라 한다.

복(服)이 '기성복(既成服)'에서는 옷이라는 의미이지만 직무를 맡아 일한다는 복무(服務)에서는 '일하다', 다른 사람의 생각이나 명령을 따른다는 복종(服從)에서는 '복종하다', 약을 먹는다는 복약(服藥)에서는 '먹다'는 의미이다. 마음 놓고 믿을 수 있는 부하를 '심복(心腹)'이라 하는데, 이는 심복지인(心腹之人)의 준말로 마음으로 무조건 복종하는 사람이라는 의미이다.

추위를 막고자 입는 옷은 '막을 방(防)', '찰 한(寒)'의 '방한복(防寒服)'이고, 총알을 막아내는 옷은 '탄알 탄(彈)'의 방탄복(防彈服)이며, 저고리의 뒤가 길게 내려와 제비 꼬리처럼 된 옷은 '제비 연(燕)', '꼬리 미(尾)'의 연미복(燕尾服)이다. 옷의 꾸밈새 또는 옷과 그 장식물을 복식(復飾)이라 하고 흰옷을 소복(素服)이라 한다.

노숙자 露宿者

'길 로(路)'가 아니라 '드러낼 로(露)'였다. 물론, 숙(宿)은 '잠잘 숙'이고. 그러니까 노숙자(露宿者)는 길에서 잠자는 사람이 아니라 몸을 지붕이 없는 허공에 드러내 놓고 잠자는 사람이었다.

'드러낼 로(露)'는 하늘에 드러내 놓고 무대를 가설한 극장인 노천극장(露天劇場), 밖으로 드러나거나 드러낸다는 노출(露出), 일정한 가게가 없이 길가에서 물건을 드러내놓고 파는 장수인 노점상(露店商), 온상(溫床)에서가 아니라 보통의 밭이나 화단에서 채소나 꽃을 가꾸는 노지재배(露地栽培), 뼈를 드러낸다는 의미로 숨김없이 있는 그대로 드러낸다는 노골(露骨), 지붕이 없는 곳에 쌓는다는 노적(露積) 등에도 쓰인다.

남의 비밀, 비행(非行) 따위를 파헤쳐서 남에게 드러내는 일을 폭로(暴露)라 하고, 속마음을 죄다 드러내어서 말함을 토로(吐露)라 하며, 비밀(秘密)이 드러남을 탄로(綻露)라 한다.

'로(露)'를 '드러낼 로'라고 했는데 사실은 '이슬 로'가 먼저이다. 24절기(節氣)의 하나인 백로(白露), 한로(寒露), 풀에 맺힌 이슬인 초로(草露), 생물에게 이로운 이슬인 감로(甘露)에서의 '로(露)'는 모두 '이슬'의 의미인 것이다.

'숙(宿)'은 '잠자다'와 '오래'라는 의미로 쓰인다. 여관, 호텔 등에서 머무름을 '머무를 박(泊)'을 써서 숙박(宿泊)이라 하고 숙박하는 곳을 '장소 소(所)'를 써서 숙소(宿所)라 한다. 늘 바라던 소원, 오래된 희망을 숙원(宿願)이라 하고 오래된 병을 숙환(宿患)이라 하며 오래 전부터의 원수를 숙적(宿敵)이라 한다.

녹색 綠色

환경보호를 주제로 내세우는 광고를 녹색광고라 하는데, 자연환경보전, 생태계 균형 등에 대한 소비자들의 관심이 커지면서 세제(洗劑)나 자동차 광고 등에 이 녹색광고가 많이 활용되고 있다.

공해 발생과 자연 파괴를 최대한 줄여 인간이 자연과 조화롭게 살아가기 위해 조성되는 도시를 '녹색도시(綠色都市)'라 하고, 비교적 쓰레기 발생량이 적거나 없는 제품 등 환경친화적(環境親和的)인 상품이나 환경적합성(環境適合性)이 큰 제품을 '녹색상품(綠色商品)'이라 한다.

또, 수입농산물에 대해서 재배하고 보관하고 운송하는 단계별로 사용된 농약의 종류, 성분, 함량, 사용 시기 등을 표시하는 제도를 '녹색신고제(綠色申告制)'라 한다. 녹색신고제(綠色申告制)는 수입농산물의 농약(農藥) 오염(汚染)이 심해 국민 건강을 해친다는 여론(與論)에 따라 1993년부터 실시되고 있다. 호텔에서 침대시트와 수건을 원하는 손님에게만 바꿔주고 원하지 않는 손님에게는 정리만 해주는 제도가 '녹색카드제'인데, '녹색카드제' 실시 이후 세탁량이 많이 줄어들었다고 한다.

'녹색(綠色)'이라는 말이 먼저 쓰인 것은 '녹색혁명(綠色革命)'에서였다. 수확량이 많은 개량 품종을 도입해 식량 증산을 꾀하는 농업정책이었는데, 식량 부족으로 허덕이던 개발도상국이 '녹색혁명'을 적극 도입함으로써 농업 생산에 획기적인 역할을 하여 왔다고 평가되고 있다.

'초록동색(草綠同色)'이라는 말이 있다. 풀빛과 녹색(綠色)은 같은 빛깔이란 뜻으로, 이름은 달라도 성질이나 내용은 같다는 말이고, 어울려 같이 지내는 것들은 모두 같은 성격의 무리라는 말이기도 하다.

담합 談合

'말씀 담(談)', '합할 합(合)'의 '담합(談合)'은 말을 합하였다는 의미인데, 사업자가 계약 협정 등의 방법으로 다른 사업자와 짜고 가격을 결정하거나 거래 대상을 제한함으로써 실질적인 경쟁을 제한하는 행위를 가리킨다.

공정거래법(公正去來法)은 이같은 부당 행위를 8가지로 구분하고 있는데, 가격제한, 판매제한, 생산 및 출고제한, 거래제한, 설비신설 및 증설제한, 상품종류 및 가격제한, 회사설립제한, 사업활동제한 등이 그것이다. 공정거래위원회는 이 같은 행위가 적발될 경우 시정명령(是正命令)과 과징금 부과는 물론 형사고발 등의 제재조치를 취하고 있다.

담합(談合)과 비슷한 것에 '적을 과(寡)', '차지할 점(占)'의 과점(寡占)이 있다. 적은 수의 회사(사람)가 (시장을) 차지한다는 의미로 소수의 거대 기업이 시장의 대부분을 지배하는 형태를 일컫는다. 오늘날의 선진자본주의 국가의 산업에서는 소수의 거대 기업이 공급량의 대부분을 장악하고 있으며, 이들 대기업은 서로 가격 인하 경쟁 등으로는 경쟁 상대를 쓰러뜨릴 수 없다는 것을 알기에 카르텔이나 기타 각종 협정으로 공존(共存)을 꾀하고 있다.

웃으면서 이야기함을 '담소(談笑)'라 하고 서로 의논하여 시비(是非)를 가리거나 사리를 판단함을 '담판(談判)'이라 한다. '이합집산(離合集散)'이라는 말이 있다. 헤어졌다 모이고 모였다가 흩어진다는 의미이다.

가격(價格)은 생산비(生産費)에다 자기의 노동에 맞는 적정한 이윤을 더하여 결정하여야 정당한 것 아닌가? 자본주의 사회가 아름답게 유지되기 위해서도 최대 이익이 아닌 정당한 이익을 추구하는 것이 옳다는 생각을 해 본다.

만찬 晩餐

보통 사람들에게는 해당되지 않는 단어인 줄로만 알았다. 지체 높고 돈 많은 분들의 전유물인 줄만 알았다. 조찬(朝餐), 오찬(午餐), 만찬(晩餐)이. 그런데 알고 보니 보통 사람과도 관계가 있는 말이었다. 조찬(朝餐)은 '아침 조(朝)', '음식물 먹을 찬(餐)'으로 아침식사이고, 오찬(午餐)은 '낮 오(午)'로 점심식사이며, 만찬(晩餐)은 '늦을(저녁) 만(晩)'으로 저녁식사였다. 물론, 잘 차리어서 손님을 대접하는 또는 어떤 목적을 가진 모임에서의 식사를 보통의 식사인 '식(食)'과 구별하여 '찬(餐)'이라고 하기에 약간의 의미 차이는 인정해야 할 것 같긴 하다.

사람의 평생에서의 마지막 부분에 해당하는 시기를 '만년(晩年)'이라 하고, 나이가 들어서 뒤늦게 공부하는 사람을 '만학도(晩學徒)'라 하며, 늙은 나이, 인생의 끝 시기를 '만년(晩年)'이라 한다. 나이가 매우 많음을 '연만(年晩)하다'고 하고, 늦가을의 아름다운 경치를 '아름다울 가(佳)'를 써서 '만추가경(晩秋佳景)'이라 한다.

'머지않아', '이르든지 늦든지 필경은', '어느 때에든지'를 조만간(早晩間)이라 하고, 성장이나 성숙이 보통보다 늦은 품종을 '만생종(晩生種)'이라 하며, 때늦은 한탄이라는 뜻으로 시기가 늦어 기회 놓친 것이 원통해서 탄식함을 '만시지탄(晩時之歎)'이라 한다.

'대기만성(大器晩成)'이라는 말이 있다. 큰 그릇은 늦게 만들어진다는 의미이고 남달리 뛰어난 큰 인물은 보통 사람보다 늦게 큰일을 이룬다는 말이다.

무역 貿易

상품, 기술, 용역 등을 교환하거나 매매(賣買)하는 경제 활동을 '장사할 무(貿)', '바꿀 역(易)'을 써서 '무역(貿易)'이라 한다.

양(兩) 무역 당사자 간 수출입액이 균형(均衡)을 잃은 것으로 주로 수입이 초과되는 것을 무역역조(貿易逆調)라 하고, 운임, 보험료, 이자, 여행자지출 등 상품의 수출입에 따르는 무역수지 이외의 모든 국제수지를 무역외수지(貿易外收支)라 한다.

'易'는 '역'과 '이'로 발음되는데, '바꾸다'와 '주역'이라는 의미일 때에는 '역'으로 발음하고, '쉽다'는 의미일 때에는 '이'로 발음한다. 그러니까 무역(貿易), 교역(交易)에서는 '바꾸다'는 의미이고, 역학(易學), 역경(易經), 역서(易書)에서는 '주역'이라는 의미이며, 간이화(簡易化), 난이도(難易度), 용이(容易)에서는 '쉽다'는 의미인 것이다. 성(姓)이 바뀌는, 왕조가 교체되는 일을 '역성혁명(易姓革命)'이라 하였다.

'역지사지(易地思之)'라는 말이 있다. '바꿀 역(易)', '입장 지(地)', '생각 사(思)', '그것 지(之)'로, 입장을 바꾸어 그것을 생각한다는 의미이다. '역지사지(易地思之)'하는 자세를 갖는다면 상대방에 대한 이해가 커져서 다툼과 미움이 줄어들 것이 분명하다.

'역자이교지(易子而敎之)'하라는 말이 있다. 자식을 바꾸어서 그들을 교육하라는 말이다. 어버이는 자식에게 바른 길을 가르쳐서 실행되지 아니하면 분노하게 되고 자식도 어버이가 바른 행위를 하고 있지 않다면서 이에 반발한다. 그렇기에 자식은 직접 가르치기보다 서로 바꾸어 교육시킴이 현명하다는 의미이다.

박람회 博覽會

해외 유학을 가려는 학생을 위한 유학 박람회가 성황을 이룬다는 이야기를 듣는다. 박람회(博覽會)는 종류도 가지가지다. '취미 및 여가박람회', '건축자재 박람회', '창업 박람회', '결혼 박람회', '취업 박람회', '꽃 박람회' 등등.

박람회(博覽會)란 '넓을 박(博)', '볼 람(覽)', '모임 회(會)'로, 널리 보도록 하는 모임이라는 의미이고 산업이나 기술 등의 발전을 위하여 농업, 공업, 상업 등에 관한 물품을 모아 일정 기간 여러 사람에게 보이는 모임을 가리킨다. '박람(博覽)'에는 여러 가지 책을 많이 읽는다는 의미도 있다. '박람강기(博覽强記)'는 널리 여러 가지 책을 많이 보아서 강하게(잘) 기억하고 있다는 말이다.

여러 가지 많은 물건이 모여 있는 곳을 '박물관(博物館)'이라 하고, 모든 사람을 널리 평등하게 사랑함을 '박애(博愛)'라 하며, 보고 들은 것이 넓어서 아는 것이 많음을 '박식(博識)'이라 한다. 대학원의 박사과정을 이수하고 논문 심사와 일정 시험에 합격한 사람 또는 널리 아는 것이 많거나 어느 부분에 능통한 사람을 '박사(博士)'라 한다.

'볼 람(覽)'은 관람(觀覽), 열람(閱覽), 일람표(一覽表) 등에 쓰인다. 연극, 영화, 운동경기 등을 구경함을 관람(觀覽)이라 하고 책이나 신문을 훑어보거나 내용을 조사하여 읽음을 열람(閱覽)이라 하며 많은 사항을 한눈에 죽 훑어보아 알 수 있게 꾸며놓은 표를 일람표(一覽表)라 한다. 차례로 돌려가며 보는 일, 또는 돌려가며 보는 글을 회람(回覽)이라 하고 여러 물품을 한군데 모아 진열해 놓고 보이는 일을 전람(展覽)이라 한다.

박력분 薄力粉

식료품 코너에 가보면 밀가루에도 여러 종류가 있음을 확인할 수 있다. 박력분, 중력분, 강력분이 그것인데 글루텐의 양을 가지고 구별한다고 한다.

'작을 박(薄)', '힘 력(力)', '가루 분(粉)'을 쓴 박력분은 서로 잡아당기는 힘이 적은 밀가루이기에 부드럽고 끈기가 약한 반죽이 되어 과자 만드는 데 알맞다. '강할 강(强)'을 쓴 '강력분(强力粉)'은 단백질이 많고 탄성이 큰 반죽을 할 수 있어 빵 만드는 데 적합하다.

'박(薄)'은 '엷다', '작다', '야박하다', '메마르다', '싱겁다', '가볍다'는 의미를 지닌다. 불친절한 대우나 냉담한 대접을 '박대(薄待)'라 하고 운명이 기구함을 '박명(薄命)'이라 하며 아주 못생긴 얼굴을 '박색(薄色)'이라 한다. '박빙(薄氷)의 승리를 거두었다'는 말을 듣는 경우가 있다. 얇은 얼음처럼 작은 차이의 승리라는 의미이다. 박(薄)에 반대되는 말에 '두터울 후(厚)'와 '많을 다(多)'가 있다. 후대(厚待), 후덕(厚德), 다복(多福), 다정(多情) 등이 그것이다.

'쌀 미(米)'와 '나눌 분(分)'이 합해지면 '가루 분(粉)'이다. '입 구(口)'가 들어가면 '분부할 분(吩)'이고, '손 수(扌)'가 들어가면 '꾸밀 분(扮)'이며, '마음 심(心)'이 들어가면 '성낼 분(忿)'이다. '그릇 명(皿)'이 들어가면 '동이 분(盆)'이고, '비 우(雨)'가 들어가면 '안개 분(雰)'이다.

미인박명(美人薄命)이라는 말이 있다. 아름다운 사람은 수명(壽命)이 엷다(짧다)는 말인데, 진실은 아니고 미인이 아닌 사람을 위로하기 위해서, 아니면 미인을 시기하는 마음으로 누군가가 지어낸 말일 뿐이다.

방정 方正

"품행이 방정하고 타의 모범이 되므로 이에 상장과 상품을 수여합니다"라는 교장선생님의 말을 들었던 다음날, "저런 방정맞은 놈 같으니라고……"라며 야단치시던 할아버지의 외침을 들으며 어지러움을 느꼈었다. 정반대의 상황에 같은 단어 '방정'이었다.

품성(品性)과 행실(行實)을 '품행(品行)'이라 하는 것은 쉽다. 문제는 방정(方正)에서의 '방(方)'이다. 방(方)에는 '네모나다'라는 의미뿐 아니라 '바르다'는 의미도 있다. 그러니까 '방정(方正)하다'라는 말은 말이나 행동이 의젓하고 바르다는 의미이고, 순우리말 '방정맞다'는 신중하지 못하고 가볍게 하는 말이나 행동이라는 의미이다. 정반대의 의미인 것이다.

우리가 흔히 '모 방'이라고 부르는 '方'에는 '네모'라는 의미뿐 아니라 '방향', '장소', '방법', '바야흐로', 그리고 '바르다'라는 의미가 있다. 네모지게 만든 배를 방주(方舟)라 하고, 앉을 때 밑에 까는 네모난 작은 깔개를 '자리 석(席)'을 써서 방석(方席)이라 하며, 정사각형(正四角形)을 정방형(正方形), 가로와 세로의 길이가 같지 아니한 직사각형(直四角形)을 장방형(長方形)이라 한다.

'유필유방(遊必有方)'이라는 말이 있다. 먼 곳에 놀러 갈 때에는 반드시 그 방향이 있어야 한다는 뜻으로 자식은 부모가 생존(生存)해 계실 때에는 멀리 떠나 있지 말아야 하고 떠날 필요가 있다면 반드시 일정한 곳에 머물러야 한다는 말이다.

'정(正)'은 '정당(正當)하다'에서처럼 대부분 '바르다'는 의미로 많이 쓰이지만, 본 아내를 의미하는 정실(正室)에서는 '버금 부(副)'의 상대개념으로 '주가 되는 것'이라는 의미이다.

배임죄 背任罪

"배임죄를 적용한 원심의 판결은 정당하다", "배임죄를 적용해 유죄를 선고했다"라는 뉴스를 듣는다. 임무를 배반(背反)하는 것 또는 임무의 본뜻에 어긋나는 것, 특히 공무원이나 회사원 등이 자기의 이익을 위해 지위를 악용(惡用)하여 소속 관청이나 회사에 재산상의 손해(損害)를 주는 일을 '배반할 배(背)', '맡을 임(任)'을 써서 '배임(背任)'이라 하고, 타인(他人)의 사무(事務)를 처리하는 자가 그 임무에 위배(違背)되는 행위로써 재산상의 이득(利得)을 취하거나 제3자로 하여금 이익을 취득하게 하여 위임자 본인에게 손해를 끼치는 죄를 '배임죄(背任罪)'라 한다. '임무(任)를 배반한(背) 죄(罪)'라는 의미이다.

'배(背)'는 '배경(背景)', '배후(背後)', '배번(背番)에서는 '등', '배수진(背水陣)', '배낭(背囊)'에서는 '등지다', '배신(背信)', '배은망덕(背恩忘德)'에서는 '배반하다'는 의미이다. '배임(背任)'이라는 말에 '횡령(橫領)'이라는 말이 덧붙여지는 경우가 있는데, '횡령'은 '가로지를 횡(橫)'에 '받을 령(領)'으로 정상적이 아니라 가로질러 받았다는 의미이다.

'임(任)'은 일정한 책임을 맡아보는 기간인 '임기(任期)', 책임지고 임무를 맡은 사람인 '담임(擔任)', 뜻에 맡긴다는 '임의(任意)' 등에 쓰인다. 임명(任命), 해임(解任), 해면(解免)할 수 있는 권한을 '임면권(任免權)'이라 한다.

일정(一定)한 직무(職務)를 계속하여 맡음 또는 그 사람을 '상임(常任)'이라 하고, 돌보거나 간섭하지 아니하고 그냥 내버려둠을 '방임(放任)'이라 하며, 전적으로 맡김을 '일임(一任)'이라 한다.

보석 保釋

"구속기소(拘束起訴)된 아무개는 ○○만원을 내는 조건으로 보석 결정되어 풀려났다", "제출한 보석신청 기록이 이유 있다 판단되어 보석을 결정했다"라는 말을 듣는다.

보증금(保證金)을 납부시킨 다음 도주하거나 기타 사유가 있을 때에는 이를 몰수(沒收)할 것을 전제(前提)로 법원이 구속 중인 피고인(被告人)을 석방할 수 있는 제도를 '보석(保釋)'이라 하는데 '보증할 보(保)', '풀 석(釋)'으로 '보증금(保)을 받고 풀어(釋)준다'는 의미이다. 보석(保釋)은 체포 구금되어 있는 피의자(被疑者)에게는 허용되지 않는다. 징역이나 금고형을 치르는 사람으로서 개전(改悛)의 정이 뚜렷한 사람을 형기가 끝나기 전에 행정 처분으로 미리 석방하는 일을 '가석방'이라 하는데, 이는 임시(假)로 풀어주고(釋) 놓아준다(放)는 의미이다.

'보(保)'는 '보호하다', '책임지다'는 의미이다. 오랜 습관이나 제도, 방법 등을 소중히 여겨 그대로 지킴을 보수(保守)라 하고, 온전하게 잘 간수하여 그대로 유지하는 것을 '보전(保全)'이라 하며, 어김없도록 하는 보장을 '담보(擔保)'라 한다. 일이나 안건 처리를 나중으로 미룸을 '머무를 류(留)'를 써서 보류(保留)라 하고, 위험 등이 미치지 않도록 잘 보호함을 '보호할 호(護)'를 써서 보호(保護)라 하며, 장애가 없이 잘되도록 보호함을 '가로막을 장(障)'을 써서 보장(保障)이라 한다.

사고나 질병 등, 장차 발생할 수 있는 일에 대비하여 일정한 돈을 미리 내게 하고 약정된 조건이 성립될 경우 그에 맞는 금액을 지급하는 제도는 '지킬 보(保)', '위험 험(險)'의 보험(保險)이고, 급격한 변화를 반대하고 현재 상태를 유지하기 위하여 전통 옹호, 현재 상태 유지, 점진적 개혁을 주장함은 '지킬 보(保)', '지킬 수(守)'의 보수주의(保守主義)이다.

보안림 保安林

예로부터 사회의 안녕과 질서 유지를 위한 하나의 방법으로 산을 다스리고 물을 다스려 왔었는데, 이를 '다스릴 치(治)'를 써서 치산치수(治山治水)라 하였고, 이 치산치수를 위해 보호되고 있는 나무를 보안림(保安林)이라 하였다. '보안(保安)'이란 '보호할 보(保)', '편안할 안(安)'으로 삶을 보호하고 편안하게 한다는 의미이다.

보안림도 다른 산림(山林)처럼 좋은 상태로 유지되고 관리되어야 하지만 이것은 목재의 생산이나 소유자의 경제적 이익을 목적으로 하는 것이 아닌 공공(公共)의 이익을 보전(保全)하는 데에 목적이 있다. 보안림에는 토사의 유출이나 붕괴를 막기 위한 토사방비(土砂防備) 보안림, 날리는 모래 피해 방지를 위한 비사방비(飛沙防備) 보안림, 수해(水害), 풍해(風害), 조해(潮害), 설해(雪害) 등을 방지하기 위한 수해방비 보안림, 풍해방비 보안림, 조해방비 보안림, 설해방비 보안림이 있다.

또한 물의 근원을 지키기 위한 수원함양(水源涵養) 보안림, 항해 항공의 목표를 보존하기 위한 항해목표(航海目標) 보안림, 명소나 고적(古蹟), 기타 풍치를 보존하기 위한 풍치 보안림(風致保安林), 낙석(落石) 방지를 위한 낙석방비(落石防備) 보안림, 화재(火災) 방지를 위한 화재방비(火災防備) 보안림 등이 있다.

평안하게 지낼 때에도 위험이 닥칠 것을 생각하여 대비해야 함을 일러 '지낼 거(居)', '위태할 위(危)'를 써서 거안사위(居安思危)라 한다. 가난하면서도 편안하고 도를 즐김을 안빈낙도(安貧樂道)라 하고, 분수에 편안하고 만족함을 알아 다른 마음을 품지 아니함을 안분지족(安分知足)이라 한다.

복권 復權

유죄나 파산 선고로 잃어버렸던 권리나 자격 등을 되찾는 것을 '회복할 복(復)', '권리 권(權)'을 써서 복권(復權)이라 하는데, 특정한 자격(資格)이나 권리(權利)를 회복(回復)시킨다는 의미이다. 동음이의어(同音異意語)에 제비를 뽑아 당첨되면 상금이나 이득을 받게 되는 표찰인 '복 복(福)', '증서 권(券)'의 복권(福券)이 있다.

'복권(復權)', '복귀(復歸)', '회복(回復)'에서의 '복(復)'은 '회복하다'는 의미이지만, 복수(復讐)에서는 '갚다'는 의미이고, 복습(復習), 복구(復舊), 복창(復唱)에서는 '되풀이하다' 의미이며, 왕복(往復)에서는 '돌아오다'는 의미이다.

'復'을 '회복할 복'이라 하였는데 '다시 부(復)'이기도 하다. 죽었다가 다시 살아나거나, 폐지했던 것을 다시 쓰는 것을 '부활(復活)'이라 하고, 어떤 일을 다시 일으키거나 쇠(衰)한 것을 다시 흥(興)하게 하는 것을 '부흥(復興)'이라 하는데, 이때의 '復'는 '복'이 아니라 '부'로 발음해야 하고 '다시'라는 의미로 이해하여야 한다.

'권(權)'은 '권세', '권리'의 의미이다. 목적 달성을 위해서는 인정이나 도덕을 가리지 않고 권세와 중상모략 등 갖은 방법과 수단을 쓰는 술책을 권모술수(權謀術數)라 하고, 하늘이 사람에게 평등하게 부여한 권리를 '하늘 천(天)', '줄 부(賦)'를 써서 천부인권(天賦人權)이라 하며, 특정한 자연인 또는 법인이 정당한 절차를 밟아 얻은 권리를 '이미 기(旣)', '얻을 득(得)'을 써서 기득권(旣得權)이라 한다.

'권불십년(權不十年)'이라 하였다. 권세(權勢)는 10년을 넘지 못한다는 뜻으로 권력(權力)은 오래가지 못하고 늘 변한다, 부귀영화(富貴榮華)는 일시적이어서 계속되지 않는다는 말이다.

부존자원 賦存資源

'부'는 '아니 부(不)'만 있는 것이 아니다. 부존자원의 '부'는 '아니 부(不)'가 아니라 '줄 부(賦)'이다('不'은 대부분 '불'로 발음하지만 ㄷ ㅈ으로 시작되는 말 앞에서는 '부'로 발음한다). 그렇기 때문에 '줄 부(賦)'에 '존재할 존(存)'을 쓴 부존자원(賦存資源)은 '(원래 하늘이) 주어서 존재하고 있는 자원'이라는 의미이다. 국어사전에는 '경제적 목적에 이용할 수 있는 지각(地殼) 안의 지질학적 자원'이라 적혀있다.

'줄 부(賦)'는 부담금 따위를 매기어 부담하게 한다는 '부과(賦課)', 하늘이 주었다(선천적으로 타고 났다)는 '천부(天賦)', 나누어 준다는 '부여(賦與)' 등에도 쓰인다. '있을 존(存)'이다. 그대로 계속하여 있음을 '존속(存續)'이라 하고, 현재에 있음, 지금 생존함을 현존(現存)이라 하며, 같이 존재함, 함께 도우며 살아나감을 공존(共存)이라 한다.

자기의 저서나 작품을 남에게 드릴 때, '받아 간직해 주십시오'라는 뜻으로 쓰는 말이 '혜존(惠存)'인데, '줄 혜(惠)', '있을 존(存)'으로 '준 책을 잘 존재하게 해 주십시오'라는 의미이다. 존속하느냐 멸망하느냐가 결정될 아주 위급한 때를 '존망지추(存亡之秋)'라 하는데, 여기서의 '추(秋)'는 '가을'이 아니라 '시간'이라는 의미이다.

18세기 계몽사상가들이 내세웠다는 천부인권설(天賦人權說)은 사람의 권리는 하늘이 주었다는 주장, 인간은 자유와 평등을 누릴 하늘이 준 권리가 있다는 주장이다. 설(說)은 설(說)일 뿐 결코 진리가 아니다. 설(說)은 '견해', '주장', '학설', '소문'일 뿐이다. 신문(新聞)의 사설(社說) 역시 진리가 아니라 신문사의 말, 주장, 의견일 뿐이다.

분뇨 糞尿

'똥 분(糞)'이었다. '쌀 미(米)'에 '다를 이(異)'가 더해진 글자로 쌀(米)이 다르게(異) 변한 것이 '똥(糞)'이란다. '오줌 뇨(尿)'였다. '주검 시(尸)'에 '물 수(水)'가 더해진 글자로 몸(尸)에서 나오는 물(水)이 오줌(尿)이란다. 똥과 오줌을 합하여 분뇨(糞尿)라 한다. 사람의 똥을 인분(人糞)이라 하고, 방에 두고 오줌을 누는 그릇을 '항아리 강(堈)'을 써서 요강(尿堈)이라 하며, 자기도 모르게 오줌이 저절로 나오는 상태를 요실금(尿失禁)이라 한다. '실패할 실(失)', '금할 금(禁)'으로 오줌 금하는 일을 실패하였다는 의미이다.

대부분의 한자는 기본 한자의 조합으로 만들어졌다. 단어(單語)도 단일어(單一語)보다는 파생어(派生語), 합성어(合成語)가 대부분이다. 그렇기 때문에 기본 글자를 정확하게 알게 되면 복잡한 한자도 쉽게 알 수 있고, 글자의 의미를 확실하게 이해하면 어휘력 역시 저절로 향상될 수 있다. 특히 한자는 두 개 이상의 글자가 모여 새로운 한자가 만들어진 경우가 많은데, 하나는 뜻, 하나는 음을 나타내는 '형성(形聲)'이 특히 많다.

'쌀 미(米)'와 '나눌 분(分)'이 더해진 '粉'은 '가루 분'이다. '粒'은 '낟알 립', '粟'은 '조 속', '糊'는 '풀 호', '糖'은 '사탕 당', '糧'은 '양식 량'이다.

쓸모없는 말, 이치에 닿지 않는 말, 더러운 말을 '분토지언(糞土之言)'이라 하는데, '똥 분(糞)', '흙 토(土)'로 똥 같은 흙(썩은 흙)과 비슷한 말이라는 의미이다. '동족방뇨(凍足放尿)'라는 말이 있다. '얼 동(凍)', '발 족(足)', '놓을 방(放)'으로 언 발에 오줌 누기라는 의미이다. 언 발에 오줌을 누면 잠깐은 따뜻해서 좋을지 모르나 결국은 발이 더 얼게 된다는 의미로 임시변통(臨時變通)을 비유한 표현이다.

분향 焚香

나무(木)를 쌓아 놓고 밑에서 불(火)을 붙인다. '태울 분(焚)'이다. 벼(禾)처럼 귀한 식물이 있을까? 벼(禾)에 태양(日)을 비추면 정말로 향기(香氣)가 날까? '향기 향(香)'이다. 죽은 사람을 위하여 향을 피우는 것을 '분향(焚香)'이라 하고, 향불을 피우고 두 번 절하는 것을 '분향재배(焚香再拜)'라 한다.

'태울 분(焚)'이라 하였다. 자기 몸을 불살라 죽임을 '분신자살(焚身自殺)'이라 하고 옛날 중국의 진시왕(秦始王)이 정치에 대한 비판을 금하게 하려고 책을 불살라 버리고 학자들을 산 채로 구덩이에 묻어 죽였던 일을 '책 서(書)', '묻을 갱(坑)', '선비 유(儒)'를 써서 '분서갱유(焚書坑儒)'라 하였다.

'향기 향(香)'이라 하였다. 향을 만드는 재료를 '향료(香料)'라 하고, 향불을 피운다는 의미로 제사(祭祀)를 '향화(香火)'라 한다. 향료를 알코올 따위에 풀어서 만든 액체 화장품을 '향수(香水)'라 하고, 좋은 향기가 나는 물건을 '꽃다울 방(芳)'을 써서 '방향제(芳香劑)'라 한다. 겨자, 깨, 고추, 마늘 등 음식에 향기나 매운맛을 더하는 조미료를 '향기 향(香)', '매울 신(辛)'을 써서 '향신료(香辛料)'라 한다.

냄새라는 의미를 지닌 말에 '향(香)'과 함께 '방(芳)'과 '취(臭)'가 있는데, 일반적으로 '향(香)'과 '방(芳)'은 좋은 냄새를, '취(臭)'는 나쁜 냄새를 나타낸다. 그렇기 때문에 꽃다운 이름이 후세에 길이 전해짐은 '유방백세(流芳百世)'이고 더러운 이름을 만대에 남김은 '유취만년(乳臭萬年)'이다.

근조(謹弔), 부의(賻儀), 조의(弔儀), 전의(奠儀) 등과 함께 초상(初喪) 때 부의금의 겉봉투에 '향촉대(香燭代)'라 쓰기도 한다. 제사상에 켜는 초값 정도의 약소한 성의라는 의미이다.

불고지죄 不告知罪

일반 범죄에는 해당 사항이 없고 국가보안법에만 들어있는 조항이 불고지죄(不告知罪)인데, '아니 불(不)', '알릴 고(告)', '알 지(知)'로, 알면서 알리지 않은 죄이다. 국가보안법(國家保安法)에는 '반국가활동을 한 사람을 알면서도 신고하지 않는 죄'로 명시되어 있다.

'알리다'는 의미의 '고(告)'는 숨긴 일이나 생각하는 바를 솔직하게 말한다는 '말할 백(白)'의 고백(告白), 사업이나 일의 내용을 상부나 대중에게 알려 진술하는 일인 보고(報告), 알려서 알게 하는 글인 고지서(告知書), 주의하라고 경계하여 타이른다는 경고(警告) 등에 쓰인다.

'지(知)'는 자기의 속마음과 가치를 알아주는 친구라는 뜻으로 친한 친구를 일컫는 '지기지우(知己之友)', 편한 마음으로 제 분수를 지키며 만족함을 안다는 안분지족(安分知足), 살피어 안다는 양지(諒知) 등에 쓰인다. 도(道)의 행정 사무를 총괄하는 지방 장관을 지사(知事)라 하는데, 이때의 '지(知)'는 '주관하다'는 의미로 해석하여 '도(道)의 일들을 주관하는 사람'이라는 의미로 이해해야 좋을 것 같다. 사실로써 정직하게 알림을 '이실직고(以實直告)', 피해자 아닌 사람이 범죄 사실을 신고하여 기소 요구함을 '보낼 발(發)'을 써서 고발(告發), 피해자가 범죄를 신고하여 법적 처리를 구하는 행위를 '하소연할 소(訴)'를 써서 고소(告訴)라 한다.

나갈 때는 부모님께 반드시 가는 곳을 알리고 돌아오면 반드시 얼굴을 뵈어 안전함을 알려 드린다는 뜻으로 밖에 나가거나 들어올 때 부모님께 반드시 알려야 함을 일러 출필고반필면(出必告反必面)이라 한다. '지족자부(知足者富)'라는 말이 있다. 만족함을 아는 사람이 진짜 부자라는 의미이다.

불심검문 不審檢問

검사하고 물어 보는 것을 '검사할 검(檢)', '물을 문(問)'을 써서 '검문(檢問)'이라 하는 것은 알겠는데, '불심(不審)'의 의미는 알 수가 없었다. 국어사전에는 "자세하게 알지 못함", "의심스러움"이라 적혀 있었다.

'아니 불(不)', '자세히 밝힐 심(審)'이었다. '자세하게 밝혀지지 아니한 사람'이라고 해석해 보았다. 그러니까 잘못을 저지른 사람을 대상으로가 아닌 자세하게 밝혀지지 아니한 사람을 대상으로 잘못한 것이 있나 없나를 검사하고 물어보는 것을 일러 불심검문(不審檢問)이라 하는 것이었다. '불심(不審)'을 '자세히 밝혀지지 않아 의심스러움'으로 해석하여 의심이 가는 사람을 대상으로 검사하고 물어본다는 의미로 이해할 수 있다.

'아니 불(不)'이다. 나누려고 해도 나눌 수 없음을 불가분(不可分)이라 하고, 피하고 싶어도 피할 수 없음을 불가피(不可避)라 한다. 밤이 없는 성이라는 의미로 밤임에도 낮처럼 밝은 곳을 불야성(不夜城)이라 하고, 알지도 깨닫지도 못하는 사이를 부지불식간(不知不識間)이라 한다.

심(審)은 심사(審査), 심문(審問), 심미(審美), 심의(審議), 심판(審判)에서처럼 '살피다', '조사하다', '자세히 밝히다'는 의미로 많이 쓰인다.

'문 문(門)'에 '입 구(口)'가 더해지면 '입으로 물어 본다' 해서 '질문할 문(問)'이고, '귀 이(耳)'가 더해지면 '귀로 듣는다' 해서 '들을 문(聞)'이며, '나무 목(木)'이 더해지면 '나무 사이에 들어가면 한가하다'해서 '한가할 한(閑)'이다. '달 월(月)'이 더해져도 '달을 보면서 한가하게 지낸다' 해서 '한가할 한(閒)'이고, '마음 심(心)'이 더해지면 '문 사이에서 번민한다' 해서 '번민할 민(悶)'이다.

사양산업 斜陽産業

새로운 산업의 출현으로 쇠퇴해 가는 산업을 사양산업이라 하는데, 이때의 '사양'은 '겸손하여 받지 않거나 응하지 아니한다'는 사양(辭讓)이 아니라 '기울 사(斜)', '태양 양(陽)'으로, 태양이 기울어진다는 의미의 사양(斜陽)이다. '기울 사(斜)', '태양 양(陽)'의 사양(斜陽)은 글자 그대로는 서쪽으로 기울어져 가는 태양이라는 의미이지만 시세의 변천으로 사라지거나 몰락해 가는 일을 비유하는 말로 많이 쓰인다.

산업(産業)은 '생산 산(産)', '일 업(業)'으로 생산하는 일, 자연물에 사람의 힘을 더하여 그 이용 가치를 창조하거나 가치를 증대시키기 위하여 그 형태를 변경 또는 이전시키는 경제적 행위, 그러니까 농업(農業), 공업(工業), 상업(商業), 수산업(水産業), 목축업(牧畜業), 금융업(金融業) 등을 일컫는다.

'기울 사(斜)'라 하였다. 빗금을 사선(斜線)이라 하고, 기울어진 것을 '경사(傾斜)졌다'라고 한다. 이탈리아의 피사의 사탑도 기울어졌기 때문에 '기울 사(斜)'를 써서 사탑(斜塔)이라 하였다.

'양(陽)'은 볕을 가리기 위하여 쓰는 우산 모양의 물건인 '양산(陽傘)'처럼 '태양', '햇볕'의 의미로 많이 쓰이지만, '음(陰)'의 상대적 개념으로, '적극적인 남성적 원기' 곧 '단단함', '하늘', '봄', '낮', '태양', '임금', '아버지', '남편', '불' 등의 의미로 많이 쓰인다. 그리고 '밝다', '나타나다', '크다', '높다', '따뜻하다' 등의 의미로 쓰이기도 한다.

삼계탕 蔘鷄湯

삼계탕에 닭이 세 마리 들어 있으려니 생각했던 때가 있었다. 그런데 삼계탕에 닭이 세 마리 들어 있지 않았다. 대신 몸에 좋다는 인삼(人蔘)이 들어 있었다. 삼계탕의 '삼'은 '석 삼(三)'이 아니라 '인삼 삼(蔘)'이었던 것이다. '석 삼(三)' 자(字) 말고 '인삼 삼(蔘)' 자(字)도 있다는 것을 알았어야 했다.

뿌리 모양이 사람과 같기에 인삼(人蔘)이고, 수삼을 쪄서 말리면 붉게 되기에 홍삼(紅蔘)이며, 잔뿌리 인삼은 꼬리처럼 생겼기에 미삼(尾蔘)이다. 말리지 않은 인삼을 수삼(水蔘)이라 하는 것은 물이 많이 있기 때문이고, 말린 인삼을 '마를 건(乾)'을 써서 건삼(乾蔘)이라 하는 것은 말린 삼이기 때문이다.

대부분의 삼(蔘)은 밭에서 기르는데 깊은 산속에서 저절로 나서 자란 삼도 있어 이를 산삼(山蔘)이라 한다. 인삼의 씨를 산에 뿌려 야생 상태로 재배한 삼을 장뇌삼(長腦蔘)이라 하는데, 이는 장뇌삼의 줄기와 뿌리를 잇는 뇌 부분이 길기 때문에 붙여진 이름이다.

'계(鷄)'는 '닭 계(鷄)'이다. 평범한 사람들 가운데 있는 뛰어난 한 사람을 군계일학(群鷄一鶴)이라 하는데, '무리 군(群)', '학 학(鶴)'으로 무리지어 있는 닭 가운데 있는 한 마리의 학이라는 의미이다.

복이 없는 사람은 아무리 좋은 기회를 만나도 덕을 보지 못함을 일러 '알 란(卵)', '뼈 골(骨)'을 써서 계란유골(鷄卵有骨)이라 하는데, 이는 계란에도 뼈가 있다는 뜻이다. 이러지도 저러지도 못하는 형편을 '갈비 륵(肋)'을 써서 계륵(鷄肋)이라 한다. 닭의 갈빗대라는 뜻인데, 닭의 갈비는 먹자 하니 먹을 것이 없고 버리자니 아까워서 고민이 되기 때문에 나온 말이다.

상평창 常平倉

곡식의 값을 조정(調整)하기 위하여 국가에서 설치한 창고를 '항상 상(常)', '평평할 평(平)', '창고 창(倉)'을 써서 상평창(常平倉)이라 한다. '상평'이란 '상시평준(常時平準)'의 준말로 '항상 평평하게 한다'는 의미이다. 고려 때 중국의 제도를 모방하여 만들었다고 하는데, 곡물(穀物)을 중심으로 하여 물가를 조절하던 기관으로 '흉년(凶年)에는 백성들을 다치지 않게 하고(구휼하고) 풍년(豊年)에는 농민들을 손해 보지 않게 한다'라는 정책으로부터 나왔다고 한다. 풍년에 곡가가 떨어지면 시가보다 비싼 값으로 사들여 비축(備蓄)하였다가, 흉년에 곡가가 오르면 시가보다 싼값으로 방출(放出)함으로써 곡물(穀物) 가격을 조절하여 백성들의 생활을 안정시키자는 목적에서였으리라.

상(常)은 '항상'이라는 의미와 함께 '떳떳하다', '보통'의 의미로 쓰인다. 항상 푸른 나무라 해서 상록수(常綠樹)이고, 떳떳한 도리, 당연한 이치라 해서 상리(常理)이며, 보통 사람이 지니고 있거나 지녀야 할 지식이라 해서 상식(常識)이다.

'평(平)'은 '평평하다', '화평하다', '고르다', '쉽다', '보통'이라는 의미로 쓰인다. 평평한 표면을 평면(平面)이라 하고, 평온하고 화목함을 화평(和平)이라 하며, 많고 적음이 없이 고름 또는 고르게 함을 평균(平均)이라 한다. 까다롭지 아니하고 쉬움을 평이(平易)라 하고 뛰어난 점이 없이 보통인 것을 평범(平凡)이라 한다.

조선 영조(英祖)가 펼친 정책이 '탕평책(蕩平策)'이었다. '쓸어버릴 탕(蕩)', '평평할 평(平)', '계책 책(策)'으로, 벼슬아치를 노론과 소론에서 같이 등용함으로써 당쟁을 쓸어버리고 평평하게 하려던 정책이었다.

선거공영제 選擧公營制

공정한 선거를 위하여 선거 비용의 일부를 국가가 부담하고 정부가 선거를 관리하는 제도를 선거공영제(選擧公營制)라 하는데, 이는 선거 운동의 과열을 방지하고 후보자 간 기회 균등을 보장함으로써 선거가 공정하게 치러질 수 있도록 하기 위함이다.

'선거(選擧)'는 '뽑을 선(選)', '들 거(擧)'로, (많은 사람 가운데에서 적당한 사람을) 뽑아서 들어 올린다는 의미이다. 국회의원을 '선량(選良)'이라 하는데, '가려 뽑을 선(選)', '뛰어날 량(良)'으로 (나랏일을 잘 할 수 있다고) 가려 뽑힌 뛰어난 사람이라는 의미이다.

기술이 뛰어나서 가려 뽑힌 사람을 '선수(選手)'라 하고, 합당하게 뽑혔음을 '당선(當選)'이라 한다. 손을 들어 인사한다고 해서 '들 거(擧)'의 거수경례(擧手敬禮)이고, 낱낱이 들어 올린다고 해서 '나열할 열(列)'의 열거(列擧)이며, 잘못을 검사하여 들어 올린다고 해서 '검사할 검(檢)'의 검거(檢擧)이다. 어떤 사항을 내놓아 논제로 삼음은 거론(擧論)이고, 인재를 어떤 자리에 추천하는 일은 천거(薦擧)이다. 거국내각(擧國內閣)을 구성하겠다는 이야기를 하는 정치인이 있었다. 온 나라를 통틀어서, 모든 당파를 초월하여 내각을 구성하겠다는 말이다.

공영제(公營制)는 '관청 공(公)', '운영할 영(營)', '제도 제(制)'로 관청, 즉 공공 단체가 운영하는 제도라는 의미이다. 공영기업(公營企業)은 국가나 지방자치단체가 경영하는 기업이고, 공영주택(公營住宅)은 국가나 지자체가 지어서 분양하고 임대하는 주택이다. '함께 공(共)', '경영할 영(營)'의 공영(共營)은 함께 경영한다, '함께 공(共)', '번영할 영(榮)'의 공영(共榮)은 함께 번영한다는 의미이다.

손해사정인 損害査定人

'손해사정인 ○○○사무소'라는 간판을 보았다. 무엇을 하는 곳인지를 알고 싶었기에, 아는 사람 중에 손해사정인이 없었기에 국어사전을 찾았다. 없었다. 백과사전을 찾았다. 없었다.

손해사정인 사무실로 직접 전화를 걸어 물었더니, "자동차 사고나 화재사고가 발생하였을 경우 그 손해액을 조사해주는 곳"이라고 설명해 주었다. 설명에 맞게 한자로 바꾸어 보았더니 '상할 손(損)', '손해 해(害)', '조사할 사(査)', '정할 정(定)', '사람 인(人)'이었고, 상하거나 손해 본 것을 조사해서 그 손해 액수를 정하는 사람이라고 정의 내릴 수 있었다.

알고 보니 '조사할 사(査)'가 많이 쓰이고 있었다. 조사하거나 검사하기 위하여 하나씩 살펴보는 일을 '살필 열(閱)'을 써서 사열(査閱)이라 하고, 어떤 일이 규정에 따라 준수되고 있는지 조사하는 일을 '살필 찰(察)'을 써서 사찰(査察)이라 하며, 사실을 조사하여 선악(善惡), 시비(是非)를 판단하는 일을 '검사할 검(檢)'을 써서 '검사(檢査)'라 한다.

'살필 심(審)'의 '심사(審査)'는 자세히 조사한다는 의미이고, '찾을 수(搜)'의 '수사(搜査)'는 찾고 조사한다는 의미이며, '찾을 탐(探)'의 '탐사(探査)'는 알려지지 않은 사물을 살펴 조사한다는 의미이다.

구속적부심사(拘束適否審査)라는 것이 있다. '잡을 구(拘)', '묶을 속(束)', '맞을 적(適)', '아닐 부(否)'로, 법원이 피의자(被疑者)의 요청으로 잡아서 묶어놓는 일이 맞는지 맞지 않는지를 심사하는 일을 말한다.

신문 訊問

경찰이나 수사기관 같은 곳에서 증인(證人)이나 피고인(被告人) 등을 불러다 놓고 마주 보고 직접 캐어물어 조사하는 일을 '물을 신(訊)', '물을 문(問)'을 써서 '신문(訊問)'이라 한다.

'문 문(門)'에 '입 구(口)'가 더해진 '물을 문(問)'은 '묻다'는 의미 외에 '죄를 캐어묻다'와 '방문하다'는 의미도 있다. 물어보고 의논한다는 문의(問議), 의문 나는 일이나 이유를 캐묻는 일인 '질문(質問)', 서로 묻고 대답하는 일인 문답(問答)에서는 '묻다'라는 의미이고, 일의 책임을 물어 꾸짖는 일인 문책(問責), 죄인을 신문(訊問)하는 일인 문초(問招)에서는 '죄를 캐어묻다'는 의미이며, 상가(喪家)를 방문하여 상주(喪主)를 위로하는 일인 조문(弔問), 앓고 있는 사람을 위로하는 일인 문병(問病)에서는 '방문하다'는 의미이다.

'물을 문(問)'과 비슷한 글자에 문 문(門), 들을 문(聞), 사이 간(間), 한가할 한(閑), 번민할 민(悶), 불쌍히 여길 민(閔), 열 개(開), 닫을 폐(閉), 누각 각(閣), 문벌 벌(閥), 볼 열(閱), 대궐 궐(闕), 빗장 관(關)이 있다.

'불치하문(不恥下問)'이어야 한다고 하였다. '부끄러워할 치(恥)', '아랫사람 하(下)'로, 아랫사람 또는 학식이나 지위가 자기보다 못한 사람에게 묻는 것을 부끄러워하지 말아야 한다는 의미이다.

'경당문노(耕當問奴)'라 하였다. '밭갈 경(耕)', '당연할 당(當)', '물을 문(問)', '종 노(奴)'로, 밭을 경작하는 일(농사)은 당연히 종(머슴)에게 물어야 한다는 의미이고, 일은 항상 그 방면의 전문가(專門家)와 상의하여야 한다는 말이다.

안주 按酒

술 마실 때 곁들여 먹는 음식을 '안주(按酒)'라 하는데, '어루만질 안(按)'에 '술 주(酒)'를 쓴다. 술기운을 어루만져 주는 역할, 술기운을 억제시키는 기능을 하는 것이라는 의미이다.

몸을 어루만지거나 문질러서 혈액순환(血液循環)을 도와주는 일을 '문지를 마(摩)'를 서서 안마(按摩)라 하고, 음악에 맞추어 춤추는 동작을 만들어 주고 어루만져주며 살펴주는 일을 '춤출 무(舞)'를 써서 안무(按舞)라 한다. 백성들을 잘 보살피어 나라의 시책(施策)에 따르게 하는 일을 '어루만질 무(撫)'를 써서 안무(按撫)라 하고, 기독교에서 교역자가 다른 사람의 머리 위에 손을 얹고 축복이나 성령의 힘이 내릴 것을 기도하는 일을 '안수(按手)'라 한다.

'보리 맥(麥)'의 맥주(麥酒)는 보리로 만든 술이고 소주(燒酒)는 '불태울 소(燒)'로 발효된 곡류나 고구마 등을 증류해서 만든 술이다. 포도주(葡萄酒)는 포도 또는 포도 과즙을 발효시킨 술이고 '곡식 곡(穀)'의 곡주(穀酒)는 쌀, 보리, 밀 등의 곡식을 빚어 만든 술이다.

술 마시지 않음을 '금할 금(禁)'을 써서 '금주(禁酒)'라 하고 끼니때 밥에 곁들여 조금씩 마시는 술을 '밥 반(飯)'을 써서 '반주(飯酒)'라 한다. 밥과 술을 팔고 잠자리도 제공하는 집을 주막(酒幕)이라 하고, 술에 취하여서 하는 못된 말과 행동을 '사악할 사(邪)'를 써서 주사(酒邪)라 하며, 술을 권하면서 부르는 노래를 '권할 권(勸)'을 써서 권주가(勸酒歌)라 한다.

물 따위를 데우거나 그것을 담아 잔에 따르도록 된 그릇이 주전자(酒煎子)인데, '술 주(酒)'에 '달일 전(煎)'으로 술 마시고 물 데우는 데 쓰는 물건이라는 의미이다. '술 주(酒)'에는 '물 수(水=氵)'가, '달일 전(煎)'에는 불 화(火=灬)가 들어가 있다.

암행어사 暗行御史

"암행어사 출두(出頭)야!"라는 외침을 듣는 순간 폭정(暴政)에 시달리던 백성들은 통쾌하였을 것이고 대부분의 관리들은 두려움으로 벌벌 떨었을 것이다. 어사출두(御史出頭)는 조선시대 암행어사가 지방의 관아에 이르러 사무를 처리하기 위하여 자기 신분을 밝히던 일을 일컫는다.

'암행어사(暗行御史)'는 어떤 사람이었을까? '몰래 암(暗)', '다닐 행(行)', '임금 어(御)', '관리 사(史)'로, 글자 그대로는 '몰래 다니는 임금이 보낸 관리'인데, 조선 시대에 임금의 특명을 받아 지방관의 치적과 비위를 탐문하고 백성의 어려움을 살펴서 개선하는 일을 맡아 하던 임시 벼슬이었다.

'어사(御史)'는 왕명으로 특별한 사명을 띠고 지방에 파견되던 임시 벼슬이고, '사신 사(使)'의 '어사(御使)'는 임금의 심부름을 하는 관리를 이르던 당상관 이상의 벼슬이다. '史'는 '역사 사'이지만 '역사'의 의미와 함께 '관리'라는 의미도 있다.

'어(御)'는 '임금 어'이다. 어명(御命)은 임금의 명령(命令)이고, 어용기자(御用記者)는 정부의 방침에 붙좇는 기자이며, 어용문학(御用文學)은 문학의 독창성과 순수성을 저버리고 그 시대의 권력가나 기관에 아부하여 그의 정책에 공명, 협조하는 것을 내용(內容)으로 하는 문학이다.

임금이 세상을 떠나는 것을 '무너질 붕(崩)'을 써서 붕어(崩御)라 하고, 임금의 화상(畫像)이나 사진(寫眞)을 어진(御眞)이라 한다. '어용조합(御用組合)'은 임금이 사용하는 조합이 아니라 자주성을 잃고 사용자의 앞잡이가 되어 움직이는 노동조합(勞動組合)을 일컫는다. '제어(制御)'에서의 '어(御)'는 '거느리다', '다스리다'는 의미이다.

여당야당 與黨, 野黨

정당 정치에서, 정권을 담당하고 있는 정당(政黨) 또는 정권(政權)을 지지하는 정당을 여당(與黨)이라 하고 정권을 담당하고 있지 아니한 정당을 야당(野黨)이라 한다. '더불어 여(與)'로, 정권, 행정부와 더불어 활동하는 정당이라 해서 여당(與黨)이고, '들 야(野)'로, 내각(內閣)이나 행정부(行政府)에 참여하지 않고 들판에서 비바람 맞으며 고생하며 지낸다 해서 야당(野黨)이다.

'여(與)'에는 '더불어'라는 의미와 함께 '주다', '참여하다'라는 의미도 있다. 백성과 더불어 즐긴다는 '여민동락(與民同樂)'에서는 '더불어'라는 의미이지만, 금융기관에서 고객에게 신용을 주어 돈을 빌려주는 일인 여신(與信), 삶과 죽음을 주고 빼앗는 권리라는 생사여탈권(生死與奪權), 증서나 상장 등을 내려주는 일인 수여(授與)에서는 '주다'는 의미이고, 참가하여 관계한다는 참여(參與)에서는 '참여하다'는 의미이다.

'들판'은 닫혀 있는 공간이 아니라 열려 있는 공간이다. 그렇기 때문에 '야(野)'는 '들판'과 함께 '촌스럽다', '서툴다', '길들이지 않음'이라는 의미로도 쓰이는 것이다. 들판에 천막을 치고 생활하는 일인 야영(野營), 속되고 천하다는 야비(野卑), 문화가 뒤떨어지고 미개(未開)하다는 야만(野蠻) 등이 그것이다.

떳떳하지 못한 야망(野望)을 이루기 위하여 서로 어울리는 일, 또는 정식으로 결혼 절차를 밟지 않고 남녀가 정을 통하거나 함께 사는 일을 야합(野合)이라 하는데, '들 야(野)', '합할 합(合)'으로 들판에서 아무도 몰래 합하였다는 의미이다. 비밀리에 떳떳하지 못하게 어울렸다는 의미이고 부모에게 허락받지 않은 결혼이라는 의미이다.

요람 搖籃

사회보장제도를 이야기할 때 가장 많이 인용되는 말이 '요람(搖籃)에서 무덤까지'인데, 이 말은 태어날 때부터 죽을 때까지(국가가 기본적 생활을 보장한다)라는 뜻으로 제2차 세계대전 후 영국 노동당이 사회보장제도의 완벽한 실시를 주장하며 내세운 슬로건에서 시작되었고 지금도 평생교육(平生教育)을 이야기할 때에 많이 쓰이고 있다.

'흔들 요(搖)'에 '바구니 람(籃)'을 쓰는 요람(搖籃)은 젖먹이를 눕힌 후 흔들어서 즐겁게 하거나 잠재우는 흔들 바구니인데, 사물이 발달하는 처음이라는 의미로 많이 쓰이고, 고향 또는 어린 시절이라는 의미로도 쓰인다.

한때 인기를 끈 적이 있었던 놀이 기구인 요요(搖搖)도 사실은 이 '흔들다'라는 의미의 '요(搖)'를 쓴다. '자꾸 흔들다', '자꾸 흔들리다'는 의미인 것이다. 흔들리고 움직인다는 의미로 생각이나 처지가 흔들림을 요동(搖動)이라 하고, 시끄럽고 어지러움을 요란(搖亂)이라 한다. 비슷한 글자에 '멀 요(遙)', '옥 요(瑤)', '노래 요(謠)'가 있다.

'바구니 람(籃)'의 '대 죽(竹)' 대신 '물 수(氵)'가 더해지면 넘칠 람(濫), '풀 초(艹)'가 더해지면 쪽빛(남색) 람(藍), '볼 견(見)'이 더해지면 볼 람(覽), '쇠 금(金)'이 더해지면 거울 감(鑑), '옷 의(衤)'가 더해지면 누더기 람(襤), 그리고 '배 주(舟)'가 더해지면 싸움배 함(艦)이다.

'요람(搖籃)'의 동음이의어에 중요한 내용만을 뽑아 간추려 놓은 책을 일컫는 '중요할 요(要)', '볼 람(覽)'의 요람(要覽)이 있다.

원천징수 源泉徵收

상대방의 소득 또는 수입금을 지급할 때, 이것을 지급하는 측에서 그 금액을 받는 사람이 내야 할 세금을 미리 떼어서 대신 내는 제도를 '근원 원(源)', '샘 천(泉)', '거둘 징(徵)', '거둘 수(收)'를 써서 '원천징수(源泉徵收)'라 하고 이때의 납세자를 원천징수의무자(源泉徵收義務者)라 한다. 납세의무자가 개별적으로 세금을 계산해 직접 내는 불편을 없애기 위한, 봉급생활자 등 납세자가 세금을 편하게 내도록 하기 위한 제도이다.

'근원 원(源)', '샘 천(泉)'의 원천(源泉)은 '물이 흘러나오는 근원'이라는 의미인데, 사물의 근원이라는 의미로 많이 쓰인다. 폐단의 근본 원인을 아주 없앰을 발본색원(拔本塞源)이라 하는데, '뺄 발(拔)', '근본 본(本)', '막을 색(塞)', '근원 원(源)'으로 근본(根本)을 빼내고 원천(源泉)을 막아 버린다는 의미이다.

'징(徵)'은 '부르다', '거두다', '증거하다', '나타내다'는 의미이다. 병역법에 의거하여 장정을 뽑아 병역에 보충함을, 병사로 부른다는 의미로 '군사 병(兵)'을 써서 '징병(徵兵)'이라 하고, 돈이나 물건 받아들임을 '거둘 수(收)'를 써서 '징수(徵收)'라 하며, 어떤 일이 생길 기미가 보임을 '조짐 조(兆)'를 써서 '징조(徵兆)'라 한다. '상징(象徵)'은 어떤 개념이나 추상적인 것을 구체적으로 표현하는 일이다.

'수(收)'는 '거두다', '잡다'는 의미이다. 잡아서 교도소에 가두는 일을 '수감(收監)'이라 하고, 어수선하게 흐트러진 물건을 다시 정돈함을 '수습(收拾)'이라 하며, 돈 따위가 들어오는 일을 '수입(收入)'이라 한다.

위정척사 衛正斥邪

"위정척사는 조선 말기에 주자학을 지키고 천주교를 물리치자는 주장이다"라고 설명해 주기보다는 "위정척사는 '지킬 위(衛)', '바를 정(正)', '물리칠 척(斥)', '사악할 사(邪)'로, 바른 것을 지키고 사악한 것을 물리쳐야 한다는 주장이다. 여기서 바른 것이란 그 당시 유학자의 입장에서 올바르다고 믿었던 정학(正學), 즉 성리학이고, 사악한 것이란 서양에서 들어온 문물과 천주교(天主教)였다. 그러니까 정학(正學)인 성리학을 지키고 사학(邪學)인 천주교를 배척하자는 주장이 '위정척사(衛正斥邪)'였던 것이다"라고 설명해 주었어야 옳았다.

'지킬 위(衛)'는 병영(兵營)을 지키는 병사인 위병(衛兵), 생명을 보전함을 일컫는 위생(衛生), 나라를 적으로부터 막고 지킨다는 국토방위(國土防衛), 관공서, 회사, 학교 등에서 경비를 맡아보는 일인 수위(守衛) 등에 쓰인다.

'바를 정'이라고 이름 붙여진 '정(正)'은 정직(正直)에서처럼 '바르다', '바로잡다', 정실(正室)에서처럼 '버금 부(副)'의 반대 개념인 '진짜', '본', 정일품(正一品)에서처럼 '종(從)'의 반대가 되는 '첫째'의 의미로 많이 쓰인다. 공정하고 명백하며 올바름이 매우 큰 것을 일러 '공명정대(公明正大)'라 한다.

'물리칠 척(斥)'은 물리쳐 버린다는 배척(排斥), 대원군이 화해(和解)를 물리치겠다는 의지를 다지기 위해 세운 비석인 물리칠 척(斥), 화해할 화(和), 돌기둥 비(碑)를 쓴 척화비(斥和碑), 병자호란 때, 청나라와의 화의(和議)를 반대했던 무리인 물리칠 척(斥), 화해할 화(和), 갈래 파(派)를 쓴 척화파(斥和派) 등에 쓰인다.

유예 猶豫

징역(懲役)은 알겠는데 집행유예(執行猶豫)는 모르겠단다. 징역이 무엇이냐고 했더니 교도소(矯導所)에 갇히는 것이란다. 금고(禁錮)와 어떻게 다르냐고 했더니 하나는 교도소 내에서 일하는 것이고 하나는 일하지 않는 것은 분명한데 헷갈린단다. 무엇이 일하는 것이고 무엇이 일하지 않는 것이냐고 했더니 자신 없단다.

징역(懲役)의 징(懲)은 '징계하다'는 의미이고 역(役)은 '부리다', '일'의 의미이다. 금고(禁錮)의 금(禁)은 '금하다'는 의미이고 고(錮)는 '막다'는 의미이다. 징역(懲役)은 교도소에 갇혀 일을 하도록 하는 형벌이고 금고(禁錮)는 교도소에 가두어 두기만 하고 일은 시키지 않는 형벌이다.

유(猶)는 '오히려'라는 의미로 많이 사용되고 '같다'는 의미로도 사용되는데, '유예(猶豫)'에서는 '망설이다'는 의미이다. 예(豫)도 미리 준비한다는 예비(豫備), 어떤 일을 사전에 미리 느끼는 느낌인 예감(豫感), 미리 막는다는 예방(豫防), 미리 추측한다는 예측(豫測)에서처럼 '미리'라는 의미로 많이 쓰이지만, 유예(猶豫)에서는 '머뭇거리다', '싫어하다'는 의미이다. 유예(猶豫)가 '일을 결행하는 데 망설이고 머뭇거린다'는 의미인 것이다.

'집행유예(執行猶豫)'를 사전에서 찾아보았다. '형(刑)의 선고는 하면서도 정상을 참작하여 형의 집행을 일정 기간 미루고 그 기간을 무사히 경과하면 선고했던 형(刑)의 효력을 잃게 하는 제도'라 쓰여 있었다. 집행유예(執行猶豫) 선고(宣告)를 받으면 일단은 자유의 몸이 된다.

인해전술 人海戰術

그때 통일(統一)이 될 수도 있었다고 한다. 중공군의 인해전술만 없었더라면. 인해전술(人海戰術)이 무엇일까를 생각하였다. '사람 인(人)', '바다 해(海)'로, 사람이 바다를 이루었다는, 사람으로 바다를 이루게 했다는, 바닷물만큼이나 병사를 많이 동원한 전술이라는 생각을 살어낼 수 있었다. 사람이 많은 것을 인산인해(人山人海)를 이루었다고 하는데 사람이 산과 같이, 사람이 바다와 같이 많다는 의미이다.

1949년 이래 중국의 대(對) 비공산권(非共産圈) 여러 나라에 대한 배타적(排他的) 정책을 '죽(竹)의 장막(帳幕)'이라 하였다. 중국과 자유진영의 국가들 사이에 가로놓인 장벽을 중국의 명산물인 대나무에 비유하였던 말로 소련의 대(對) 비공산권 여러 나라에 대한 폐쇄정책을 가리키는 '철(鐵)의 장막(iron curtain)'과 구별하여 1949년 이래 중국의 또 다른 배타적(排他的) 정책을 가리킨 표현이었다.

많은 사람 가운데서 적당한 인물을 뽑아내는 일을 인선(人選), 사람으로 할 일을 다 하고 하늘의 명령을 기다림을 '진인사대천명(盡人事待天命)', 사람이면 누구나가 가지는 보통의 감정을 '인지상정(人之常情)'이라 한다.

안하무인(眼下無人)이라는 말이 있다. 눈 아래에 사람이 없다는 뜻으로 사람됨이 교만(驕慢)하여 남을 업신여김을 이르는 말이다. 방약무인(傍若無人)이라는 말도 있다. '곁 방(傍)', '같을 약(若)'으로 곁에 사람이 없는 것처럼 행동한다는 뜻으로 주위에 있는 다른 사람을 전혀 의식하지 않고 제멋대로 행동함을 일컫는 말이다. 선즉제인(先則制人)이라는 말도 있다. 먼저 행동한즉 능히 다른 사람을 제압할 수 있다는 뜻으로 아무도 하지 않는 일을 남보다 앞서 하면 유리하다는 말이다.

자수 自首

죄(罪)를 지은 사람이 경찰의 수사(搜査)나 조사(調査)를 받기 전에 자기의 범죄(犯罪)를 경찰 등 수사기관에 신고하는 일을 '자수'라 하는데 '스스로 자(自)', '머리 수(首)'로 스스로 머리를 들어 세상 사람들에게 알린다는 의미이다.

'스스로 자(自)'이다. 스스로 삼간다고 해서 '삼갈 숙(肅)'의 '자숙(自肅)'이고, 자기의 줄로 자기를 묶는다 해서 '줄 승(繩)', '묶을 박(縛)'의 '자승자박(自繩自縛)'이다. 남의 보호나 간섭을 받지 않고 스스로 주인이 된다 해서 '자주(自主)'이고, 자기가 그린 그림을 자기가 칭찬(稱讚)한다는 의미로 자신의 일을 자기 스스로가 칭찬함을 '자화자찬(自畵自讚)'이라 한다.

자기 스스로를 높이는 마음을 '자존심(自尊心)'이라 하고, 자기가 한 일에 대하여 제 스스로 미흡하게 여기는 마음을 '칠 격(激)'을 써서 '자격지심(自激之心)'이라 한다. '자기를 치는 마음'이라는 의미이다.

말과 행동의 앞뒤가 맞지 않음을 '자가당착(自家撞着)'이라 하는데, 자기(自)의 집(家)을 자기가 부수었다가(撞) 다시 붙인다(着)는 의미이다. 자신을 스스로 해치고 버린다는 뜻으로 몸가짐이나 행동을 마음대로 하는 것을 '해칠 포(暴)', '버릴 기(棄)'를 써서 '자포자기(自暴自棄)'라 하고 남의 힘에 의지하지 않고 자기의 힘으로 어려움을 타파하여 더 나은 환경을 만드는 일을 '다시 갱(更)'을 써서 '자력갱생(自力更生)'이라 한다.

물려받은 재산 없이 스스로의 힘으로 일가(一家)를 이루는 일, 스스로의 힘으로 사업을 이룩하거나 큰일을 이룸을 '자수성가(自手成家)'라 하고 자기나 남들이 다 같이 인정(認定)함을 '자타공인(自他共認)'이라 하며 남의 가르침 없이 자기 스스로 학습(學習)함을 '자학자습(自學自習)'이라 한다.

잡지 雜誌

질이 떨어지는 잡스러운 책, 그래서 읽을 가치가 없는 책을 '잡지(雜誌)'라 하는 것으로 생각하였었다. 그러나 국어사전에는 일정한 이름을 가지고 호를 거듭하며 정기적으로 간행하는 출판물, 책의 성격에 따라 다양한 내용의 글이 실리며 간행 주기에 따라 주간 · 순간 · 월간 · 계간으로 나눈다고 쓰여 있었다. '섞일 잡(雜)'에 '기록할 지(誌)'로 여러 가지 내용을 기록하였기에 잡지(雜誌)였다. '잡(雜)'은 '섞이다', '어수선하다', '번잡하다', '모두'라는 의미를 지니고 있었다.

여럿이 겹치고 뒤섞여 있음, 복작거리어 번거롭고 혼잡스러움, 마음이 뒤숭숭하고 어수선함, 일이나 물건의 갈피가 뒤섞여 어수선함을 '복잡(複雜)'이라 하고 시끄러운 소리, 라디오 청취(聽取)를 방해(妨害)하는 소리, 불규칙한 파동으로 유쾌하지 않은 느낌을 주는 소리를 '잡음(雜音)'이라 한다.

말과 행실이 지저분하고 잡스러움을 '추잡(醜雜)'이라 하고, 장부에 두드러진 명목이 아닌 잡살뱅이 수입(收入), 일정한 수입 밖의 이럭저럭 생기는 수입을 '잡수입(雜收入)'이라 하며, 여러 상품, 벌여놓은 온갖 물건이나 상품을 '잡화(雜貨)'라 한다. 여러 가지를 적은 공책을 잡기장(雜記帳)이라 하고, 가꾸지 않아도 저절로 나서 자라는 여러 가지 풀을 잡초(雜草)라 한다.

동물질, 식물질을 가리지 않고 다 먹는 동물을 잡식동물(雜食動物)이라 하고, 쌀 이외의 모든 곡식, 그러니까 보리, 밀, 콩, 조 따위를 잡곡(雜穀)이라 하며, 기본 부과금 이외에 잡다하게 물리는 돈을 잡부금(雜賦金)이라 한다.

'기록할 지(誌)'라 하였다. 날마다 생긴 일이나 느낌을 적은 기록을 '일지(日誌)'라 하고 잡지(雜誌)가 창간된 이후로 발행한 총 숫자를 '나이 령(齡)'을 써서 지령(誌齡)이라 한다.

전제군주 專制君主

어떤 일을 혼자의 생각대로 결정하고 처리하는 것, 국가의 권력을 개인이 장악하고 개인의 의사에 따라 정치하는 것을 '오로지 전(專)', '통제할 제(制)'를 써서 '전제(專制)'라 하고, 전제 정치를 하는 나라의 군주를 '전제군주(專制君主)'라 한다. 한 가지 부분을 전문적으로 연구함을 '전공(專攻)'이라 하고, 오직 한 가지 일에만 마음 씀을 '전념(專念)'이라 한다.

'사람 인(人=亻)'이 더해진 '傳'은 '전할 전'이고, '수레 차(車)'가 더해진 '轉'은 '구를 전'이며, '흙 토(土)'가 더해진 '塼'은 '벽돌 전'이다.

상대에게 무엇을 전하여 이르게 함을 전달(傳達)이라 하고, 이제까지의 방침, 경향, 상태 등이 다른 것으로 바뀜을 전환(轉換)이라 하며, 석재(石材)를 벽돌과 같은 모양으로 가공하여 건조한 탑을 '본뜰 모(模)', '벽돌 전(塼)'을 써서 모전탑(模塼塔)이라 한다. '석재를 벽돌과 같은 모양으로 깎아서 쌓아올린 탑'이라는 의미이다.

'제(制)'가 '누르다', '억제하다'는 의미로만 쓰이는 것은 아니다. '제도(制度)'에서는 '법도나 규정', '제정(制定)'과 '제한(制限)'에서는 '정하다'는 의미이다. '옷 의(衣)'가 더해진 '제(製)'는 제작(製作)에서처럼 '만들다'는 의미이다.

행정기관의 조직, 명칭, 설치, 권한 등을 정한 규칙은 '관제(官制)'이고, 정부에서 만드는 일은 '관청 관(官)', '만들 제(製)'의 '관제(官製)'이며, 관할하여 통제함은 '주관할 관(管)', '통제할 제(制)'의 '관제(管制)'이다.

부드러운 것이 능히 강한 것을 이김을 '유능제강(柔能制剛)'이라 하고, 적을 이용하여 다른 적을 물리침을 '이이제이(以夷制夷)'라 하는데, 오랑캐(夷)로써 또 다른 오랑캐를 제어하여 물리친다는 의미이다.

정계비 定界碑

'정계비(定界碑)'란 '정할 정(定)', '경계 계(界)', '비석 비(碑)'로, '경계를 정하는 비석'이라는 의미이다. 1712년 숙종 38년에 백두산에 세운 조선과 청나라 사이의 정계비를 백두산정계비(白頭山定界碑)라고 하는데, 그것은 백두산 천지 동남방 약 4km 지점에 세워졌고 거기에는 서(西)로는 압록강, 동(東)으로는 토문강을 경계로 한다고 쓰여 있다.

'비(碑)'는 원래 끼친 은혜(恩惠)나 공적(功績)을 기념하기 위하여 돌, 쇠붙이, 나무 따위에 그 내용을 새겨 세워 놓은 물건을 가리킨다. '순수비(巡狩碑)'라는 것은 '순행할 순(巡)', '임지 수(狩)', '비석 비(碑)'로, 임금이 제후의 임지(任地)를 돌아다니며 살핀 것을 기념하여 그 곳에 세운 비석을 가리킨다.

'정할 정(定)'이라 하였다. 일정한 기간이나 시기를 '정기(定期)', 수도(首都)를 정함을 '정도(定都)', 일정한 규칙으로 정한 인원을 '정원(定員)', 혼인 정함을 '정혼(定婚)', 사람의 운명은 날 때부터 정해져 있어서 인력(人力)으로는 어떻게 할 수가 없다는 주장을 '정명론(定命論)'이라 한다. 선택하여(골라) 정함을 선정(選定)이라 하고, 고쳐서 정함을 개정(改定)이라 하며, 판단하여 정함을 판정(判定)이라 한다.

회자정리(會者定離)라 하였다. '만날 회(會)', '사람 자(者)', '정할 정(定)', '헤어질 리(離)'로, 만난 사람과는 이별이 정해져 있다는 의미이다. 만남은 이별을 전제로 한다는 인생무상(人生無常)의 또 다른 표현이다. 대구(對句)를 이루는 말에 '거자필반(去者必反)'이 있는데, '갈 거(去)', '돌이킬 반(反)'으로 간 사람은 반드시 돌이켜 와서 만나게 된다는 의미이다.

제정일치 祭政一致

제사와 정치가 일원화(一元化)되어 있거나 종교적 행사의 주재자(主宰者)와 정치의 주권자(主權者)가 일치하는 것 또는 그런 사상과 정치 형태를 '제정일치(祭政一致)'라 한다. '제사 제(祭)', '정치 정(政)', '하나 일(一)', '이를 치(致)'로, '제사와 정치가 통일되어 하나에 이르렀다'는 의미이다.

'치(致)'는 재물을 모아 부자가 됨인 치부(致富)에서는 '이루다', 잘못이나 실수로 사람을 죽게 함인 과실치사(過失致死)에서는 '이르다', 남의 경사에 보내는 축하 인사인 치하(致賀)에서는 '드리다', 불러서 이르게 한다는 '초치(招致)'에서는 '부르다', 보내어 그곳에 닿게 한다는 송치(送致)에서는 '보내다', 관직에서 물러난다는 치사(致仕)에서는 '그만두다', 그리고 풍경의 경치를 일컫는 풍치(風致)에서는 '경치'라는 의미이다.

고대사회에서는 모든 민족이 그 집단의 큰일을 결정하려면 신(神)의 뜻을 구하고 그것을 바탕으로 공동생활을 영위하였는데, 고대사회에서는 이와 같이 종교(宗教)가 생활의 중심에 있었고, 신에게 제사하는 일이 생활에서 가장 중요한 일이었다. 따라서 신에게 제사하는 일은 그 집단의 장(長)이 주재(主宰)하였고 이 제사장이 정치의 우두머리를 겸하는 경우가 많았다.

'제(祭)'는 '제사'라는 의미 이외에 '대규모 사회 행사'라는 의미도 지닌다. 신령에게 음식을 바쳐 정성을 표하는 예절을 '제사(祭祀)', 제사에 쓰이는 음식, 어떠한 것 때문에 희생됨을 '제물(祭物)', 성대하게 열리는 예술발표대회나 체육대회를 '제전(祭典)'이라 한다. '영화제(映畵祭)'는 영화 작품을 모아서 그 우열(優劣)을 겨루면서 제작자, 감독, 출연자 등이 친선과 교류를 꾀하는 행사이다.

조화 弔花

'그 상가(喪家)에 조화가 많이 있었다'에서의 '조화'는 조상(弔喪)하는 뜻으로 바치는 꽃인 '조화(弔花)'이고, 생화(生花)의 반대 개념인 '조화(造花)'는 '만들 조(造)'로, 만든 꽃이라는 의미이고 종이나 헝겊 따위로 꽃과 똑같은 형태로 만든 물건을 가리킨다. '자연의 조화는 신기할 뿐이나'에서의 '조화'는 만물을 창조하고 기르는 대자연의 이치라는 의미의 '만들 조(造)', '될 화(化)'의 '조화(造化)'이다. 그런데 '조화(造化)'는 '귀신의 조화', '조화를 부리다'에서처럼 어떻게 이루어진 것인지 알 수 없을 정도로 신통하게 된 사물 또는 그것을 나타나게 하는 재간이라는 의미로도 쓰인다.

이것과 저것이 서로 고르게 잘 어울리는 것이라는 의미의 '조화(調和)'도 있다. '조절할 조(調)', '화합할 화(和)'를 쓰는데, 대립이나 어긋남이 없이 서로 잘 어울리거나 균형이 잘 잡힌다는 의미이다. '음(音)의 조화(調和)', '색채의 조화(調和)', '조화(調和)가 깨어지다', '내용과 형식이 조화(調和)를 이루다'가 그 예이다.

'비단 금(錦)', '위 상(上)', '더할 첨(添)', '꽃 화(花)'의 금상첨화(錦上添花)는 비단 위에 꽃을 더한다는 뜻으로 좋은 일에 좋은 일이 더하여짐을 이르는 말이고, '임금 어(御)', '줄 사(賜)', '꽃 화(花)'의 어사화(御賜花)는 임금이 준 꽃, 과거에 급제한 사람에게 임금이 내리던 종이로 만든 꽃을 일컫는 말이다.

'화용월태(花容月態)'라는 말이 있다. 꽃 같은 얼굴과 달 같은 자태라는 의미로 미인의 모습을 형용하여 이르는 말이다. '화무십일홍(花無十日紅)'이라는 말이 있다. 꽃에는 열흘 붉은 것이 없다는 뜻으로, 힘이나 세력 따위가 한번 성하면 언젠가 반드시 쇠하여지게 된다는 의미이다.

종량제 從量制

쓰레기봉투를 사서 거기에 쓰레기를 버리는 일을 '쓰레기 종량제'라 한다는 사실은 알고 있었지만 종량제가 쓰레기에만 적용되는 것이 아니라는 사실은 알지 못하였다. 국어사전에 '종량등(從量燈)', '종량세(從量稅)'는 있었지만 '종량제'는 없었다.

누구에게 물어야 옳으냐를 고민하다가 스스로에게 묻는 것도 의미가 있다는 생각을 해 보았다. '따를 종(從)', '양 량(量)', '제도 제(制)'이니까 '양에 따르는 제도'였다. 생각해 보니 버리는 쓰레기의 양에 따라 쓰레기 수거료를 내는 제도가 '쓰레기 종량제'였다.

쓰레기 종량제 실시 이전에도 쓰레기 수거료를 납부하였었다. 쓰레기의 양이 많든 적든 가구당 일정 금액을. 그런데 이것이 불합리하다는 생각 때문에(왜 불합리하냐고? 전기를 많이 사용하나 적게 사용하나 전기세를 똑같이 내는 것이 불합리한 것과 같은 이유이지) 1995년부터 쓰레기 수거 봉투를 사서 거기에 쓰레기를 버리도록 하였다. 물론 쓰레기봉투 값에는 쓰레기 수거 비용이 포함되어 있다. 쓰레기 종량제 실시 이후 사람들은 이전보다 분리수거를 보다 충실히 하게 되었고 배출되는 쓰레기양이 많이 줄어들게 되었다.

종량제가 쓰레기 수거에만 적용되고 있는 것이 아니다. 전기요금, 전화요금, 가스요금, 교통요금 등에 모두 종량제가 시행되고 있다. 사용한 양에 따라 요금을 내고 있다는 말이다. 지금도 종량제가 아닌 게 있다. 텔레비전 시청료와 인터넷 이용 요금이 그것이다.

종량제의 반대말은 정액제(定額制)이다. '정할 정(定)', '액수 액(額)', '제도 제(制)'로, 사용한 양에 관계없이 정해진 액수(돈)를 지불하도록 되어 있는 제도이다.

중농주의 重農主義

18세기 중엽에 프랑스 고전경제학자들은 국부(國富)의 원천은 땅이며 농업만이 생산적인 노동이라 생각하였고, 농업 생산의 촉진(促進) 또는 그 자본의 축적(蓄積)에 의해 상공업도 발전할 수 있다는 주장을 펼쳤는데, 이것을 '중요할 중(重)', '농사 농(農)'을 써서 중농주의(重農主義)라 하였다. 농사를 중요하게 여기는 주장이나 방침이라는 의미이다.

우리나라 실학파에 중농학파(重農學派)가 있었다. 농촌 문제의 해결과 토지 제도 개혁을 주장한 사람들로 유형원, 이익, 정약용 같은 사람을 말하며 그들은 공통적으로 농민 중심으로의 농촌 문제 해결 방안을 제시하였고 토지제도 개혁을 주장하였으며 자영농(自營農) 육성을 중요하게 생각하였다.

'중(重)'은 '무겁다', '중요하다', '거듭하다'는 의미로 쓰인다. 중량급(重量級), 중후(重厚), 체중(體重), 경중(輕重)에서는 '무게', 중역(重役), 존중(尊重)에서는 '중요하다', 중복(重複), 이중삼중(二重三重), 중임(重任)에서는 '거듭하다'는 의미이다.

한 번 실패에 굴하지 않고 몇 번이고 다시 일어나는 일, 패한 자가 다시 쳐들어오는 일을 '권토중래(捲土重來)'라 하는데, '말 권(捲)', '흙 토(土)', '거듭 중(重)', '올 래(來)'로, (원수를 갚기 위해) 흙먼지를 말면서(매우 빠르게) 거듭해서 온다는 의미이다.

밖으로 드러내지 아니하고 참고 감추어 몸가짐을 신중(愼重)하게 함을 '숨길 은(隱)', '참을 인(忍)'을 써서 '은인자중(隱忍自重)'이라 하고, 담이 아홉 번 겹쳐 쌓인 궁궐을 '구중궁궐(九重宮闕)'이라 하며, 그것을 사랑하고 그것을 중요하게 여김을 일러 '애지중지(愛之重之)'라 한다.

집현전 集賢殿

세종대왕이 훈민정음(訓民正音)을 만들었다고 하는데, 세종대왕의 노력과 함께 집현전 학자들의 노력이 있었음은 굳이 이야기할 필요가 없을 것이다. '집현전(集賢殿)'은 '모을 집(集)', '현명할 현(賢)', '큰집 전(殿)'으로 '현명한 사람들이 모여 있는 집'이라는 의미이다. 뛰어난 학자들을 모아 경사(經史)를 기록하고 서적을 편찬 간행한 왕립(王立) 학문연구소를 집현전(集賢殿)이라 하였던 것이다.

'모을 집(集)'이다. 많은 훌륭한 것을 모아서 하나의 완성된 것으로 만들어 내는 일을 '집대성(集大成)'이라 하고, 구름같이 많이 모인 것을 '운집(雲集)'이라 한다. 헤어졌다가 합쳐지고 모였다가 흩어지는 일을 이합집산(離合集散)이라 하고, 많은 회로 소자나 내부 배선을 특수한 방법으로 결합한 초소형의 전자회로를 집적회로(集積回路)라 한다.

'현(賢)'은 '현명할 현'이다. 어질고 영리하여 사리에 밝음을 '현명(賢明)'이라 하고, 마음이 어질고 깨끗함을 '현숙(賢淑)'이라 한다. 현명한 어머니와 어진 아내를 '현모양처(賢母良妻)'라 하고, 어리석은 질문에 현명하게 대답함을 '우문현답(愚問賢答)'이라 한다.

'전(殿)'은 '집 전'이다. 임금이 거처하는 궁전을 '전각(殿閣)'이라 하고, 크고 화려한 집이나 권위 있는 기관을 '전당(殿堂)'이라 한다. 궁전(宮殿), 신전(神殿), 침전(寢殿), 불전(佛殿), 대웅전(大雄殿), 정전(正殿) 등에서도 모두 '집 전(殿)'이다.

왕이나 왕비 등 왕족을 높이어 '전하(殿下)'라고 하는데, '저는 지금 당신이 있는 집 아래에 엎드려 있습니다'라는 의미이다.

척화비 斥和碑

대원군이 병인양요(丙寅洋擾)와 신미양요(辛未洋擾) 후, 쇄국정책(鎖國政策)을 더욱 강화하기 위해 세운 비(碑)가 '척화비(斥和碑)'이다. '서양 양(洋)'에 '어지러울 요(擾)'를 쓴 '양요(洋擾)'는 서양 사람에 의하여 일어난 어지러움, 난리(亂離)라는 의미이다. 병인양요는 병인년, 그러니까 고종 3년인 1866년에 일어났던 난리이고 신미양요는 신미년, 그러니까 고종 8년인 1871년에 일어났던 난리이다.

'척(斥)'은 '물리치다'는 의미이고 '화(和)'는 '화의', '화합'이라는 의미이니까 화의(和議)하고 화합(和合)하는 것을 물리치는 것이 '척화(斥和)'인 것이다. 척사(斥邪)라는 말도 있는데, 사악(邪惡)한 것을 물리쳐 없앤다는 의미이다.

조선 말기에 유학자들이 개화(開化)에 반대하면서 정학(正學)인 주자학(朱子學)을 지키고 사학(邪學)인 천주교를 물리치자고 주장하였는데, 이를 위정척사(衛正斥邪)라 했다. 바른 것(正)을 지키고(衛) 사악한 것(邪)을 배척(斥)한다는 의미였는데, 바른 것은 성리학을, 사악한 것은 서양의 문물을 가리켰다.

서로 뜻이 맞고 정다움을 '화목(和睦)'이라 하고 온화한 기색을 '화기(和氣)'라 한다. 잘 어울리지 않아서 일어나는 어색한 느낌은 '어길 위(違)'의 위화감(違和感)이고 싸움을 그만두고 평화로운 상태로 돌아감은 '화해할 강'의 강화(講和)이다.

남과 화목하게 지내기는 하지만 의(義)를 굽혀서 함께 하지는 아니한다는 말은 화이부동(和而不同)이다. 남과 화목하게 지내지만 중심과 원칙은 잃지 않는다는 의미이다. 대한민국은 민주공화국(民主共和國)이다. 백성(民)이 주인(主)이고 함께(共) 평화(和)를 누리는 나라(國)라는 의미이다.

패도정치 霸道政治

무력(武力)이나 권모술수(權謀術數)로써 나라를 다스리는 정치를 '패도정치(霸道政治)'라 하고, 인덕(仁德)을 근본으로 천하를 다스리는 도리를 '왕도정치(王道政治)'라 한다. 패도정치(霸道政治)는 도(道)를 제패(霸)하여서(도(道)를 누르고) 자기 마음대로 다스린다는 의미이고 왕도정치(王道政治)는 도(道)를 왕(王)으로 삼아서 다스린다는 의미이다.

"3연패를 당했다"에서의 '패(敗)'는 '무너질 패'이고, "3연패를 이루었다"에서의 '패(霸)'는 '으뜸, 우두머리 패'이다. '패배(敗北)', '패가망신(敗家亡身)', '패소(敗訴)', '부패(腐敗)'에서는 '지다', '무너지다'는 의미이기에 '패(敗)'를 쓰고, '제패(制霸)', '패권(霸權)'에서는 '으뜸', '우두머리'의 의미이기에 '패(霸)'를 쓴다.

'도(道)'는 '도로(道路)', '철도(鐵道)'에서는 '길', '도덕(道德)', '도의(道義)'에서는 '도리', '전라북도(全羅北道)', '도청(道廳)'에서는 '행정구역의 단위', '도교(道教)', '기독교(基督教)'에서는 '종교'의 의미이다.

돌, 시멘트, 아스팔트 등을 깔아 단단하게 만든 도로를 포장도로(鋪裝道路)라 하고, 가거나 오는 길 가운데 어느 한쪽 길을 '조각 편(片)'을 써서 편도(片道)라 한다. 건물 속의 좁은 도로는 '속 리(裏)'의 이면도로(裏面道路)이고, 말의 길이 끊어졌다는 의미로 어이없어 말문이 막힘은 언어도단(言語道斷)이다.

진리나 종교적인 깨달음의 경지 구함을 구도(求道)라 하고 상행위(商行爲)를 할 때 지켜야 할 도리를 상도(商道)라 한다. 사람으로서 마땅히 지켜야 할 도리를 인도(人道)라 하고, 동양은 '도(道)' 서양은 '물건(器)'이라는 의미로, 도(道)는 지키면서 기술(器)은 받아들이자는 주장은 '동도서기(東道西器)'이다.

포도청 捕盜廳

먹고살기 위해서 차마 못할 짓까지 하지 않을 수 없는 경우에 '목구멍이 포도청(捕盜廳)'이라는 말을 쓴다. 먹는 문제를 해결하기 위해서 포도청에 가는 것까지 각오한다는 의미이다.

포도청은 조선시대 도둑이나 그 밖의 범죄자를 잡기 위하여 설치한 관청이었다. '손 수(手)'에 '클 보(甫)'가 더해진 '잡을 포(捕)'는 사로잡은 적(敵)이나 마음이 팔리거나 매여 꼼짝 못하는 상태를 뜻하는 포로(捕虜), 잡아서 묶는다는 포박(捕縛), 포도청의 우두머리인 포도대장(捕盜大將), 사로잡는 일인 생포(生捕), 죄인을 쫓아가서 잡는 일인 체포(逮捕) 등에 쓰인다. 비슷한 글자에 '물가 포(浦)', '펼 포(鋪)', '포도 포(葡)', '채마밭 포(圃)', '먹일 포(哺)', '말린 고기 포(脯)' 등이 있다.

'도둑', '훔치다'는 의미를 지니고 있는 '도(盜)'는 남의 산에 있는 나무를 몰래 베어 가는 일인 도벌(盜伐), 남의 것을 몰래 쓰는 일인 도용(盜用), 몰래 엿듣는 일인 도청(盜聽), 강제로 남의 재물을 빼앗는 도둑인 강도(强盜), 물건을 훔치는 버릇인 도벽(盜癖), 고분(古墳) 따위를 몰래 파헤쳐 부장품(副葬品)을 훔치는 일인 도굴(盜掘) 등에 쓰인다.

남의 물건 훔치는 일을 절도(竊盜)라 하고 대학에서 학점을 신청하지 않고 강의(講義)를 듣는 일을 도강(盜講)이라 한다. 야구에서 주자가 수비수의 틈을 타서 다음 베이스로 가는 일을 도루(盜壘)라 하고 남의 명의나 물건을 몰래 씀을 도용(盜用)이라 하며 남의 것을 훔치는 버릇을 도벽(盜癖)이라 한다.

피로연 披露宴

'피로연'이 무슨 의미인지에 대해 의문을 품지 않았다. 결혼식 끝나고 밥 먹는 일이지 무슨 의미가 있을 것이냐는 생각만 했을 뿐. '피로연'을 왜 피로연이라고 하느냐는 동생의 질문을 받고서야 비로소 피로(疲勞)를 풀기 위해 음식을 먹는 행사가 아닐까, 한번 알아볼까 생각하였다.

국어사전에는 "결혼이나 출생 따위를 널리 알리는 뜻으로 베푸는 잔치"라고 쓰여 있었고 한자는 '피로(疲勞)'가 아닌 '피로(披露)'였다. '몸이나 정신이 지쳐 고단하다'는 피로(疲勞)만 있는 것이 아니라 '문서 따위를 펴 보임, 일반에게 널리 알림'이라는 피로(披露)도 있었다.

피로연(披露宴)은 피로를 푸는 잔치가 아니라 '헤칠 피(披)' '드러낼 로(露)' '잔치 연(宴)'으로 (감추어 두었던 것을) 헤쳐서 사람들에게 드러내어 알리는 잔치였던 것이다. "결혼했습니다. 축하(祝賀)해 주시고 이제 저에 대해 이성(異性)으로의 관심은 가지지 말아 주세요", "아들을 낳았습니다. 많이 축하해 주시고 바르게 성장하도록 기도해 주세요"라며 사람들에게 알리는 잔치가 피로연(披露宴)이었던 것이다.

완벽하게 아는 것만을 아는 것이라고 이야기할 수 있는 것이고 확실하게 가르친 것만을 가르친 것이라고 말할 수 있는 것이다. 완벽하게 알아야만 하나를 배워 열을 알 수 있게 되고 즐거운 마음으로 지식에 접근할 수 있게 되는 것이다.

'로(露)'는 '이슬 로'이기도 하지만 '드러낼 로(露)'이기도 하다. 뼈를 드러냄, 조금도 꾸미지 않고 있는 그대로 드러냄을 '노골(露骨)'이라 하고, 무대나 관람석이 하늘에 드러난 지붕 없는 극장을 노천극장(露天劇場)이라 하며, 몸을 드러내 놓고 잠자는 일을 '노숙(露宿)'이라 한다.

피선거권 被選擧權

"선거에 입후보하여 당선될 수 있는 권리를 일컬어 '피선거권'이라 한다"라고 설명하는 것은 10점짜리 설명이고 "'당할 피(被)', '가릴 선(選)', '들 거(擧)', '권리 권(權)'으로, 가려서(선택하여서) 들어 올림을 당할 수 있는 권리, 선거(選擧)를 당할 수 있는 권리, 선거에 후보자로 나설 수 있는 권리를 일러 '피선거권'이라 한다"라고 설명하는 것이 100점짜리 설명 아닐까?

'피(被)'를 '당하다'는 의미라고 하였다. 고발(告發)당한 사람이라는 피고(被告), 동작(動作)을 당하다, 남의 힘에 의하여 움직임을 당한다는 피동(被動), 죽임을 당한다는 피살(被殺), 납치(拉致)를 당한다는 피랍(被拉), 보험(保險) 혜택을 당할 사람이라는 피보험자(被保險者), 범인(犯人)으로 의심을 당한 사람이라는 피의자(被疑者), 해로움을 당한다는 피해(被害), 폭격(爆擊)을 당한다는 피폭(被爆), 조물주(造物主)에 의해 만들어진 존재라는 피조물(被造物), 어떤 수를 다른 수로 나눌 때 그 나뉘는 수라는 피제수(被除數), 검거(檢擧)를 당했다는 피검(被檢), 습격(襲擊) 또는 사격을 받았다는 피격(被擊), 안타(安打)를 맞았다는 피안타(被安打) 등이 그 예이다.

국회의원을 '선량'이라고도 하는데, '착할 선(善)'이 아니라 '선택할 선(選)', '뛰어날 량(良)'으로 선택된 뛰어난 사람이라는 의미이다. 이스라엘 백성이 스스로를 '선민(選民)'이라 말하였는데, 이는 하나님의 선택을 받은 백성이라는 의미이다. 골라서 뽑음을 선택(選擇)이라 하고 기술이 뛰어나 여럿 가운데서 뽑힌 사람을 선수(選手)라 하며 많은 사람 가운데 적당한 사람을 대표로 뽑는 일을 선거(選擧)라 한다.

한성순보 漢城旬報

우리나라 최초의 신문은 온건 개혁파의 주도로 1883년 10월 1일 창간된 한성순보(漢城旬報)이다. 원래 국한문혼용(國漢文混用)으로 기획하였으나 수구파(守舊派)의 방해와 활자(活字)의 미비(未備)로 순한문(純漢文)으로 발행하였다고 한다.

신문의 명칭이 '일보'나 '신문'이 아닌 '순보'인 이유가 궁금하였다. '한성'이 그 당시 서울의 명칭임은 알겠는데, '순보'라 이름 붙인 이유가 궁금해졌다.

스승은 역시 국어사전과 한자사전이었다. '날 일(日)', '알릴 보(報)'의 '일보(日報)'는 날마다 알리는 신문이었고 '열흘 순(旬)', '알릴 보(報)'의 '순보(旬報)'는 열흘마다 알리는 신문이었다. 그러니까 우리나라의 최초 신문 '한성순보(漢城旬報)'는 날마다가 아니라 열흘에 한 번씩 발행되었던 것이다.

'열흘 순(旬)'이라고 하였다. 그래서 1일부터 10일까지를 '상순(上旬)', 11일부터 20일까지를 '중순(中旬)', 21일부터 말일까지를 '하순(下旬)'이라고 하는 것이다. 주보(週報)는 1주일마다 발행되는 정기간행물이고, 계간(季刊)은 계절마다 그러니까 1년에 4번씩 발행되는 간행물이며, 격일간(隔日刊)의 '격(隔)'은 '사이 뜨다'는 의미이니까 하루씩 걸러, 그러니까 이틀마다 한 번씩 발행되는 간행물이다.

'칠순(七旬) 잔치'라 하고 '팔순(八旬)이 넘은 노인분'이라 한다. 칠순은 70을 가리키고, 팔순은 80을 가리킨다. '삼순구식(三旬九食)'이라는 말이 있다. 삼순, 즉 30일에 아홉 끼니밖에 못 먹는다는 의미로 매우 가난하여 끼니를 많이 거름을 일컫는 말이다.

한정치산자 限定治産者

미성년자, 금치산자, 한정치산자를 무능력자(無能力者)라 한다. 이런 사람들은 단독으로 완전한 법률 행위를 할 수 없다. 미성년자(未成年者)는 '아닐 미(未)'로 성년(成年)이 안 된 사람이라는 사실은 알 수 있는데, '금치산자', '한정치산자'는 어떤 사람일까?

둘 다, '다스릴 치(治)', '재산 산(産)', '사람 자(者)'의 '치산자(治産者)', 즉 '재산을 다스릴 수 있는 사람'이 붙어 있다. '한정'과 '금'이 다를 뿐. '한정'은 '제한할 한(限)', '정할 정(定)'으로 제한하여 정한다는 의미이고, '금'은 '금할 금(禁)'으로 완전히 못하게 한다는 의미이다.

이제 정리가 되었다. 한정치산자(限定治産者)는 한도가 정해진 범위 내에서 재산을 다스릴 수 있는 사람, 그러니까, 심신박약자, 벙어리, 장님, 낭비자 등 자신의 의사 표현 능력이 불충분한 사람을 가리키고, 금치산자(禁治産者)는 재산 다스리는 일을 완전히 금지시키는 사람, 한정치산자(限定治産者)보다 더 능력이 없는 사람으로 자신의 재산을 다스릴 권리는 물론 선거권(選擧權)과 피선거권(被選擧權)도 없으며 모든 법률상의 행위는 후견인(後見人)이 대행(代行)해야 하는 사람을 가리킨다.

후견인(後見人)이란, '뒤 후(後)', '볼 견(見)'으로, 뒤에서 돌보아 주는 사람을 말하는데, 친권자가 없는 미성년자, 한정치산자, 금치산자 등을 보호하면서 그의 법률 행위를 대리하는 사람을 일컫는다. 부모(父母)가 미성년인 자식에 대하여 가지는 신분, 재산상의 여러 권리와 의무를 친권(親權)이라 하고 친권 행사가 인정된 사람을 친권자(親權者)라 한다.

환태평양 環太平洋

남아메리카, 북아메리카, 오스트레일리아, 말레이제도, 아시아 대륙 사이에 위치한 바다. 지구 전체 해양의 약 반을 차지하고 있는 바다를 '클 태(太)', '평평할 평(平)', '큰 바다 양(洋)'을 써서 매우 큰 바다라는 의미로 태평양(太平洋)이라 하고, 그 태평양(太平洋)을 둘러싼 지역을 환태평양 지역(環太平洋地域)이라 한다. 환(環)은 '고리', '둥글게 두른다'는 의미이다.

'화환(花環)'과 '꽃다발'은 다르다. 꽃다발은 꽃송이를 그냥 묶어 놓은 묶음을 말하고 화환(花環)은 꽃송이를 둥글게 묶어 놓은 것을 일컫기 때문이다.

한 차례 돌아서 원래 자리로 돌아옴, 또는 그것의 되풀이를 '돌 순(循)'을 써서 순환(循環)이라 하고, 나쁜 현상이 끊임없이 되풀이되는 일을 악순환(惡循環)이라 한다. 몸의 단면이 원통꼴로 되어 있는 생물을 환형동물(環形動物)이라 하고, 동물의 체내에서 혈액이 혈관을 따라 순환하는 현상을 혈액순환(血液循環)이라 하며, 반지, 가락지를 '손가락 지(指)'를 써서 '지환(指環)'이라 한다.

사람이나 동식물의 생존에 커다란 영향을 미치는 눈 · 비 · 바람 등의 기후적 조건, 산 · 강 · 바다 · 공기 · 햇빛 · 흙 등의 초자연적 조건, 사람이 생활하는 주위의 상태, 생활하기 위해 만든 물리적 조건을 환경(環境)이라 한다. '두를 환(環)', '형편 경(境)'으로 둘러싸고 있는 장소의 형편, 사정이라는 의미이다.

혈액을 순환시켜서 섭취한 영양분이나 산소 등을 몸의 각 부분에 운반하고 또 노폐물을 몸 안의 각 부로부터 모아서 배설하기 위하여 운반하는 기관을 '그릇 기(器)'를 써서 '순환기(循環器)'라 한다. 척추동물에서는 심장(心臟)이나 혈관(血管) 계통이 여기에 해당된다.

04

삶에 활기를 더해주는 수학·과학·예술 어휘

가시광선 可視光線

가시가 있어서 가시광선(光線)인 줄로 알았다. 광선은 빛의 줄기인데 가시가 있다는 말에 의심도 품지 않고.

선생은 역시 사전(辭典)이었다. '가시'는 '식물의 줄기나 잎에 바늘처럼 뾰족하게 돋아난 것이나 물고기의 잔뼈'라는 의미만 있는 것이 아니었다. '눈으로 볼 수 있다'는 의미도 있었다.

'가능할 가(可)', '볼 시(視)', '빛 광(光)', '줄 선(線)'으로 눈으로 볼 수 있는 보통 광선이 가시광선(可視光線)이었다.

눈으로 볼 수 있는 목표물까지의 수평거리를 가시거리(可視距離)라 하고 현상, 상태 등이 실제로 드러나게 됨을 가시화(可視化)라 하며 소리를 이용한 신호인 음향신호(音響信號)와 달리 눈에 보이는 신호를 가시신호(可視信號)라 한다.

가을밤은 등불을 가까이 하여 글 읽기가 좋은데, 이를 두고 선조들은 등화가친(燈火可親)이라 하였다. 등불을 가히 친하게 할 수 있는 계절이라는 의미이다. 묻지 않아도 옳고 그름을 가히 알 수 있음을 불문가지(不問可知)라 하고 사람의 힘이 미치지 못하고 상상조차 할 수 없는 오묘한 것을 불가사의(不可思議)라 한다. 생각하고 의논하는 것이 불가능하다는 의미이다.

조문도석사가의(朝聞道夕死可矣)라는 말이 있다. 아침에 도(道)에 대해 들어서 깨닫게 되면 저녁에 죽어도 좋다는 뜻으로, 사람이 참된 이치(理致)를 깨달으면 당장 죽어도 한(恨)이 없다는 말이다. 후생가외(後生可畏)라고 하였다. '두려워할 외(畏)'로, 후배들을 가히 두려워해야 한다는 의미이다. 젊은이란 큰 역량을 나타낼 가능성이 있는 존재이므로 존중해야 한다는 의미이다.

각 角

한 점으로부터 뻗어 나간 두 반직선이 이루는 도형을 각(角)이라 하는데, 그 한 점을 각의 꼭짓점, 두 반직선을 각의 변이라 한다.

각(角)은 기호 ∠로 나타내는데, 180도를 평각(平角), 90도를 직각(直角), 90도보다 작은 각을 예각(銳角), 90도보다 크고 180도보다 작은 각을 둔각(鈍角)이라 한다. 곧은 각, 정직한 각이기에 '곧을 직(直)'을 써서 '직각(直角)'이고, 예리하기 때문에 '예리할 예(銳)'를 써서 '예각(銳角)'이며, 둔하기 때문에 '둔할 둔(鈍)'을 써서 '둔각(鈍角)'이라 하는 것이다.

대각선(對角線)이라는 것이 있다. 다각형의 경우에는 이웃하지 않는 두 꼭짓점을 이은 선분, 다면체에서는 같은 면 위에 있지 않는 두 꼭짓점을 이은 선분을 일컫는데, 마주보는(對) 각(角)을 이은 선(線)이라는 의미이다. 사각형의 대각선의 개수는 2개, 오각형의 대각선의 개수는 5개이다.

'각(角)'은 원래 우각(牛角), 녹각(鹿角), 양각(羊角)처럼 동물의 뼈를 가리키는 말로 많이 쓰이는데, 각축(角逐)에서는 '다투다', 고각(鼓角)에서는 '뿔피리'라는 의미이다.

'예(銳)'를 '예리할 예, 날카로울 예'라 하였다. 날이 잘 드는 '날카로울 리(利)'를 써서 '예리(銳利)', 감각 행동 등이 날카롭고 빠름을 '빠를 민(敏)'을 써서 예민(銳敏), 잘 단련되고 날쌤을 '단련할 정(精)'을 써서 정예(精銳), 뾰쪽하고 날카로움을 '뾰족할 첨(尖)'을 써서 첨예(尖銳)라 한다.

감투상 敢鬪賞

결과는 좋지 못하였지만 최선을 다해 경기에 임한 사람에게 주는 상을 '용감할 감(敢)', '싸움 투(鬪)', '상 상(賞)'을 써서 '감투상(敢鬪賞)'이라 한다. 용감하게 싸웠기 때문에 주는 상이라는 의미이다.

감히 그런 마음을 품을 수 없다는 언감생심(焉敢生心)에서의 '감(敢)'은 '감히', '함부로'라는 의미이지만 과감(果敢), 용감(勇敢), 감행(敢行) 등에서의 '감'은 '용감하다'는 의미이다.

'싸움 투(鬪)'이다. 싸움터에 나가 싸우는 사람이나 주의나 주장을 위해 투쟁하거나 활동하는 사람을 투사(鬪士)라 하고 소를 싸움 붙이는 일을 투우(鬪牛)라 하며 상대방을 이기려고 다투는 일을 투쟁(鬪爭)이라 한다.

상금(賞金), 상벌(賞罰), 상장(賞狀), 상품(賞品), 상패(賞牌), 상여금(賞與金)에서의 '상(賞)'은 '상주다', '칭찬하다'의 의미이지만 예술 작품을 이해하고 즐기고 평가한다는 감상(鑑賞), 즐기어 구경한다는 완상(玩賞)에서의 '상(賞)'은 '즐기다', '구경하다'는 의미이다. '상춘객(賞春客)'은 봄 경치를 구경하는 사람이다.

싸우고자 하는 굳센 의지(意志)를 '투지(鬪志)'라 하고 서로 적의(敵意)를 품고 속으로 다툼을 '암투(暗鬪)'라 하며 무엇을 모집하거나 사람을 찾는 일 따위에 상을 내걸어 참여를 독려하는 일을 상을 매달았다는 의미로, '매달 현(懸)'을 써서 '현상(懸賞)'이라 한다.

'불감청고소원(不敢請固所願)'이라는 말이 있다. 감히 청하지는 못하였지만 (마음으로는) 진실로 원하던 바였다는 의미이다. '이전투구(泥田鬪狗)'라는 말도 있다. '진흙 니(泥)', '개 구(狗)'로, 진흙밭에서 싸우는 개라는 의미이고, 명분이 서지 않는 일로 몰골사납게 싸우는 일을 일컫는다.

강수량 降水量

강수량, 강우량, 강설량이 늘 헷갈리곤 하였었다. '강'과 '량'은 같았고 '수', '우', '설'만 달랐다. '내릴 강(降)'에 '양 량(量)'이었고 '물 수(水)', '비 우(雨)', '눈 설(雪)'이었다. 물 내린 양이 강수량(降水量)이고 비 내린 양이 강우량(降雨量)이며 눈 내린 양이 강설량(降雪量)이었다. 강우량과 강설량을 합하여서 강수량(降水量)이라 하였다.

내릴 강(降)은 국기를 아래로 내린다는 하강식(下降式)에도 쓰인다. 아래로 내리는 의식이라는 의미이다. 그렇다면 국기를 올리는 것은 '위 상(上)', '오를 승(昇)'을 써서 상승식(上昇式)이라 할까? 아니다. '걸 게(揭)', '올릴 양(揚)'을 써서 게양식(揭揚式)이라 한다. 상승식(上昇式)이라 해도 괜찮지만 게양식(揭揚式)으로 하자고 약속하였으니까 그 약속을 따라야 한다. 언어도 알고 보면 약속이니까.

엘리베이터를 승강기(昇降機)라 한다. '오를 승(昇)', '내릴 강(降)', '기계 기(機)'로, 오르고 내리는 기계라는 의미이다. 신(神)이 인간 세상에 내려오는 일을 '임할 임(臨)'을 써서 강림(降臨)이라 하고, 등급이나 계급이 내려감을 '등급 등(等)'을 써서 강등(降等)이라 한다. 24절기의 하나로 서리가 내리기 시작하는 날을 '서리 상(霜)'을 써서 상강(霜降)이라 하고, 스키경기의 하나로 미끄러져 내려가는 경기를 '미끄러울 활(滑)'을 써서 '활강(滑降)'이라 한다.

프로스포츠에서 승강제(昇降制)를 운영하기도 한다. '오를 승(昇)', '내릴 강(降)', '제도 제(制)'로, 잘하는 팀은 상위 리그로 올라가고 못하는 팀은 하위 리그로 내려가도록 하는 제도이다.

건폐율 建蔽率

집터로서의 땅을 '터 대(垈)', '땅 지(地)'를 써서 대지(垈地)라 하고, 건물이 자리 잡은 터의 평수, 즉 건축 면적을 건평(建坪)이라 하며, 2층 이상 건물에서 각 층의 바닥 면적을 합한 평수를 '이을 연(延)'을 써서 연건평(延建坪)이라 한다.

대지 면적에 대한 건축 면적의 비율을 건폐율(建蔽率)이라 하는데, 이는 '건물 건(建)', '가릴 폐(蔽)', '비율 률(率)'로, 전체의 땅 중 '건물(建)이 가린(蔽) 비율(率)'이라는 의미이다. 또, 대지 면적에 대한 연건평의 백분율을 용적률(容積率)이라 하는데, 이는 '담을 용(容)', '쌓을 적(積)', '비율 률(率)'로, 전체의 땅 중 '담고 쌓을 수 있는 면적의 비율'이라는 의미이다.

건평과 건폐율은 1층만의 면적을 가리키며 2층 이상은 포함시키지 않지만 연건평(延建坪)이나 용적률(容積率)은 모든 층의 면적을 다 포함한다. 건폐율은 80% 이하인 경우가 보통이고 용적률은 1,000%도 가능한데 건폐율(建蔽率)과 용적률(容積率)을 정하여 규제하는 목적은 각 건축물의 대지에 최소한의 일조(日照), 채광(採光)을 확보하고 화재가 났을 때에 소방(消防)이나 피난(避難) 등을 쉽게 하기 위함이다.

무너진 것을 다시 일으켜 세우거나 단체나 모임 등을 다시 조직함을 재건(再建)이라 하고, 붕괴 위험이 있거나 일정 기간을 넘긴 공동주택을 허물고서 다시 짓는 일을 '다시 재(再)', '세울 건(建)', '쌓을 축(築)'을 써서 재건축(再建築)이라 한다.

'가릴 폐(蔽)'라 하였다. 숨기어 가림을 '은폐(隱蔽)'라 하고, 보이지 않도록 가리어 숨김은 '엄폐(掩蔽)'라 한다. '일언이폐지(一言以蔽之)'라는 말이 있다. '한마디 말로써 그것을 가리고서'인데, 보통 '~하여', '~하고'의 꼴로 쓰이며 구구한 말을 다 줄이고 한마디 말로써 나타낸다는 의미이다.

공집합 空集合

수학 용어 '집합'에 '빌 공(空)'을 쓴 '공집합(空集合)'이 있다. 비어있는 집합, 원소가 하나도 없는 집합을 일컫는데, 'ø' 또는 ' '로 나타낸다.

'부분집합(部分集合)'이라는 것이 있다. '나눌 부(部)'에 '나눌 분(分)'을 쓴 '부분(部分)'인데, 전체를 몇 개로 나눈 것 중의 하나라는 말이다. 나누어진 것 중 하나하나의 집합, 어떤 집합이 다른 집합에 속하거나 같을 때가 '부분집합(部分集合)'인 것이다.

집합을 나타낼 때는 중괄호, 즉 { }로 나타내는데, 중요한 것은 공집합(空集合)은 모든 집합의 부분집합이라는 사실이다. 그러니까 집합 {a, b, c}의 부분집합은 ø {a}{b}{c}{a, b}{b, c}{a, c}{a, b, c}인 것이다. '진부분집합(眞部分集合)'이라는 것도 있다. 진짜 부분집합이라는 의미로 부분집합에서 전체집합을 제외한 집합을 가리킨다.

'공(空)'은 '비다'라는 의미뿐 아니라 '하늘', '헛되이' 등의 의미도 지닌다. 하늘과 땅 사이, 그러니까 비어있는 곳을 '공간(空間)'이라 하고, 공중에서의 공격과 방어를 맡은 군대를 '공군(空軍)'이라 하며, 이루어질 수 없는 헛된 생각을 '공상(空想)'이라 한다.

탁상공론(卓上空論)이라는 말이 있다. 탁자 위에서 펼치는 헛된 이야기라는 뜻으로 실현성이 없는 허황된 이론을 일컫는다. 사람이 세상에 태어났다가 헛되이 죽어 감을 일러 '공수래공수거(空手來空手去)'라 하는데, 빈손으로 왔다가 빈손으로 간다는 뜻이다. 엄청난 성공을 '공전(空前)의 대성공'이라 하는데, '이전에는 없었던'이라는 의미이다.

관성 慣性

모든 물체는 힘이 작용하지 않거나 힘의 합력(合力)이 없는 상태이면, 정지(停止)해 있는 물체는 그대로 정지(停止)해 있고 운동하던 물체는 계속 등속도(等速度) 운동을 하게 되는데, 이를 운동의 제1법칙 또는 관성(慣性)의 법칙이라 한다.

'습관 관(慣)', '성질 성(性)'의 '관성(慣性)'이다. 하던 일을 바꿀 수가 없어서, 습관이 들어서 그 일을 계속 진행하는 성질이 '관성(慣性)'이다. 옷을 털면 먼지가 떨어진다. 담뱃재를 턴다. 물통에 물을 담아 수직면(垂直面)에 회전시켜도 물이 쏟아지지 않는다. 커브길을 도는 버스 속에 탄 사람이 옆으로 쏠린다. 이 모든 것이 관성(慣性), 즉 습관대로 하려는 성질에 의한 것이고 이것을 '관성(慣性)의 법칙'이라 하는 것이다.

일정한 사회에서 오랫동안 지켜 내려와 일반적으로 인정되고 습관화되어 온 질서나 규칙을 '관습(慣習)'이라 하고 사회의 관습이 대부분의 사람들로부터 법률과 동일시(同一視)되어 법적 규범이 된 것을 '관습법(慣習法)'이라 한다. 숙어(熟語)를 관용어(慣用語)라고도 한다. 두 개 이상의 단어가 묶여 새로운 의미를 형성하여 습관적으로 사용되는 말이라는 의미이다.

관례(慣例)에 따른다고 한다. 습관(習慣)이 된 전례(前例)를 따른다는 말이다. 관례(慣例)를 따르는 일은 쉽고 말썽도 없지만 발전은 더딜 수밖에 없다. 관례에서 벗어날 수 있어야만 발전이 가능하다. '파괴자(破壞者)는 유신지모(維新之母)'라 하였다. 파괴(破壞)라는 것이 새로움을 만드는 모체(母體)가 된다는 의미이다.

기압 氣壓

일기예보(日氣豫報)를 듣고 있노라면 저기압(低氣壓), 고기압(高氣壓), 기압골(氣壓골)이라는 말을 만나는데, '기체 기(氣)', '누를 압(壓)'을 쓴 '기압(氣壓)'은 기체가 누르는 힘, 대기 압력의 세기를 말한다. 1기압은 수은주 76㎝의 높이에 해당하는 압력(壓力)이다.

대기(大氣)의 기압이 주위보다 낮은 상태를 '저기압(低氣壓)'이라 하는데, 이때는 일반적으로 날씨가 나빠진다. 그렇기 때문에 저기압(低氣壓)은 좋지 못한 조짐이나 긴장으로 가라앉은 분위기, 기분이 몹시 언짢은 상태의 비유로 쓰기도 한다.

어떤 장소에서 기압(氣壓)은 단위 넓이 위에 대기의 상한까지 연직으로 늘린 공기 기둥의 무게와 같다. 따라서 높은 곳으로 갈수록 공기 기둥이 짧아지므로 기압은 낮아진다. 고기압 사이의 가늘고 길게 뻗는 저기압의 구역을 '기압골'이라 하는데, 기압골이 다가오면 날씨가 흐려지기 쉽다. 바람은 고기압에서 저기압 쪽으로 분다.

'기(氣)'는 정신과 육체의 힘을 일컫는 '기력(氣力)'에서는 '기운', 숨 쉴 때 공기가 흐르는 관인 '기관(氣管)'에서는 '숨', 대기 속에서 일어나는 모든 현상을 일컫는 '기상(氣象)'에서는 '자연현상', 그리고 '기압(氣壓)'에서는 '기체'라는 의미이다.

웃어른에게 올리는 편지에 '기체(氣體) 일향만강(一向萬康)하옵시며'라는 표현을 많이 사용하였었는데, '기(氣)'와 '체(體)', 즉 정신과 육체가 계속 건강하시냐는 안부 인사였다.

기운(氣運)이 다하고(없어지고) 맥(脈)이 다하였다(풀렸다)는 뜻으로, 온몸의 힘이 다 빠져 버림을 '다할 진(盡)'을 써서 기진맥진(氣盡脈盡), 분한 마음이 하늘을 찌를 듯이 북받쳐 오름을 '성낼 분(憤)', '찌를 충(衝)'을 써서 '분기충천(憤氣衝天)'이라 한다.

내시경 內視鏡

'내시경 검사'라 했다. 내시경이라는 기구를 목구멍이나 항문을 통해 몸속에 집어넣고 질병(疾病)의 상태를 살펴본다고 하였다. '속 내(內)', '볼 시(視)', '거울 경(鏡)'의 '내시경'이다. 국어사전(國語辭典)에는 신체의 내부를 관찰하기 위한 의료 기구를 통틀어 이르는 말이라고 적혀 있다.

겉으로 드러나지 아니한 사실을 장막의 안에 있는 것이라 해서 내막(內幕), 나라 안팎의 여러 가지 근심과 걱정을 내우외환(內憂外患), 남 몰래 적과 동침(同寢)하거나 남녀가 몰래 정(情)을 통하는 일을 내통(內通), 아내가 남편을 도와줌을 내조(內助)라 한다. 내부에서 저희끼리 일으키는 분쟁을 '무너질 홍(訌)'을 써서 '내홍(內訌)'이라 하고 보기에는 부드러우나 속은 꿋꿋하고 굳셈을 '외유내강(外柔內剛)'이라 한다.

'볼 시(視)'이다. '보일 시(示)'에 '볼 견(見)'이 더해졌다. 악보를 보고 노래 부르는 것을 시창(視唱)이라 하고 일정한 자리에서 바라볼 수 있는 범위를 시계(視界)라 하며 시각을 맡아보는 신경을 시신경(視神經)이라 한다. 심부재언시이불견(心不在焉視而不見)이라는 말이 있다. 마음이 없으면 보아도 보이지 않는다는 의미로 마음의 중요성을 강조한 말이다.

'거울 경(鏡)'에 '쇠 금(金)'이 들어가는 이유는 옛날 거울은 유리가 아닌 쇠(구리)로 만들었기 때문이다. 눈에 쓰는 거울이라고 해서 '안경(眼鏡)'이고 먼 곳의 물체를 (확대하여) 바라보는 거울이기에 '바라볼 망(望)', '멀 원(遠)'의 '망원경(望遠鏡)'이다. 두 개의 눈(렌즈)으로 볼 수 있게 한 거울이기에 '쌍안경(雙眼鏡)'이고, '작은 것(微)'을 '드러내는(顯)' '거울(鏡)'이기에 '현미경(顯微鏡)'이다.

대사 臺詞

배우가 무대 위에서 하는 대화(對話), 독백(獨白), 방백(傍白)을 통틀어 '대사(臺詞)'라 한다. '무대 대(臺)', '말 사(詞)'로, '무대에서 하는 말'이라는 의미이다. 희곡(戱曲)이나 시나리오에서는 모든 것이 대사(臺詞)와 행동(行動)만을 통해 제시되기 때문에 시나리오나 희곡의 대사는 압축적(壓縮的)이고 상징적(象徵的)일 수밖에 없다. 또 인물의 성격을 함축(含蓄)해야 하고 사건을 진행시켜야 하며 그럴 듯하고 자연스러워야 한다.

'대사'와 '대화'의 '대'는 다른 의미, 다른 글자이다. 대사(臺詞)에서의 '대(臺)'는 '무대'라는 의미이고 대화(對話)에서의 '대(對)'는 '마주보다'는 의미인 것이다.

'대(臺)'는 '별(星)을 보는(瞻) 집(臺)'이라는 첨성대(瞻星臺), '기상(氣象)을 관측하고 예측하는 집(臺)'이라는 기상대(氣象臺), '펼쳐진(展) 곳을 바라보는(觀) 집(臺)'이라는 전망대(展望臺)에서처럼 대부분 '누각'이나 '정자'의 의미로 쓰이지만 토대(土臺)에서는 '기초', '밑바탕'이라는 의미이다.

'대사'의 동음이의어도 많은데, 주재국에서 국가를 대표하여 외교 교섭을 하며 자국민에 대한 보호 감독의 임무를 수행하는 1급 외교사절인 '사신 사(使)'의 '대사(大使)', 큰일의 또 다른 말인 '일 사(事)'의 '대사(大事)', 부처와 보살을 높이어 일컫는 말인 '스승 사(師)'의 '대사(大師)', 물질대사(物質代謝)의 준말로 생명을 유지하기 위하여 필요한 것을 섭취하고 불필요한 것을 배설하는 일인 '쏠 사(射)'의 '대사(代射)'가 그것이다.

'하석상대(下石上臺)'라는 말이 있다. 아랫돌을 빼서 위의 축대를 만든다는 뜻인데, 임시변통(臨時變通)으로 이리저리 둘러맞춤을 이르는 말이다.

동맥경화 動脈硬化

'동맥(動脈)'은 심장 박동으로 밀려나온 혈액을 온몸으로 보내는 혈관이고, '경(硬)'은 '단단하다', '굳다'는 의미이며, '화(化)'는 '~될 화'로, A 아닌 것을 A로 변화시키는 것을 의미하니까, 동맥경화(動脈硬化)란, 혈액을 온몸으로 보내는 동맥(動脈)이 단단하게 변화하는 현상을 일컫는다. 혈관에 지방성물질이 쌓여 혈관통로가 좁아지고 탄력을 잃게 됨을 일컫는다.

'움직일 동(動)'은 폭동, 반란, 전쟁 등으로 사회가 질서 없이 소란해진다는 동란(動亂), 소란스럽게 되는 일인 '흔들릴 요(搖)'의 동요(動搖), 어떤 일이나 행동을 일으키게 하는 계기인 동기(動機), 사물의 움직임을 나타내는 품사인 동사(動詞), 토의(討議)하기 위하여 의제를 제출하는 일인 '의논할 의(議)'의 동의(動議), 마음에 느끼어 일어나는 급격한 정신의 흥분인 감동(感動) 등에 쓰인다.

'뜰 부(浮)', '움직일 동(動)', '표 표(標)'를 쓴 부동표(浮動票)는 떠서 움직이고 있는 표라는 의미로 특정한 입후보자에게 투표할 것으로 확정지을 수 없는 표를 가리킨다. 외계의 충동에 흔들리지 아니하는 마음을 부동심(不動心)이라 하고, 토지나 가옥처럼 움직여 옮길 수 없는 재산을 부동산(不動産)이라 한다.

'맥(脈)'은 '줄기 맥(脈)'이다. 동물(動物)의 몸에서 피가 도는 줄기를 혈맥(血脈)이라 하고, 혈맥이 서로 연결되어 있는 계통이나 사물의 연결을 맥락(脈絡)이라 하며, 여러 산악이 잇달아 길게 뻗치어 줄기를 이룬 지대를 산맥(山脈)이라 한다. 문맥(文脈)은 글의 성분들이 서로 맺고 있는 관계를 일컫는다.

등가속도 等加速度

속도(速度)는 '빠를 속(速)', '정도 도(度)'로, '빠르기의 정도', '더할 가(加)'가 덧붙여진 가속도(加速度)는 빠르기의 정도가 더하여짐, '같을 등(等)'이 덧붙여진 등가속도(等加速度)는 빠르기가 더하여져 가는 비율이 같다는 의미이다.

'등(等)'은 '우리들'이라는 의미의 말인 오등(吾等)에서는 '무리', 등급(等級), 동등(同等), 우등(優等), 열등(劣等)에서는 '등급', 등변(等邊), 등온(等溫), 등고선(等高線)에서는 '같다'라는 의미이다.

같은 차이로 나열되어 있는 숫자의 집합은 등차수열(等差數列)이고, 같은 비율로 나열되어 있는 숫자의 집합은 등비수열(等比數列)이다. 보탬과 뺌을 '가감(加減)'이라 하고, 어떤 일이나 무리에 한몫 낌을 '가담(加擔)'이라 하며, 단체에 구성원이 되기 위해 들어감을 '가입(加入)'이라 한다.

어려운 일이 겹치거나 어려움이 거듭됨을 '설상가상(雪上加霜)'이라 하는데, '눈 설(雪)', '서리 상(霜)'으로 눈 위에 서리가 더해졌다는 의미이다.

빨리 기록하는 일을 '속기(速記)', 빨리 결단을 내리거나 지레 짐작으로 그릇 판단하거나 결정함을 '속단(速斷)', 지나치게 서둘러 함으로써 그 결과가 바람직하지 못함을 '졸속(拙速)'이라 한다. 어떤 일을 급하게 하면 도리어 이루지 못함을 일러 욕속부달(欲速不達)이라 하는데, '하고자 할 욕(欲)', '다다를 달(達)'로, 빨리 하고자 하면 도달하지 못한다는 의미이다.

'도(度)'의 쓰임은 다양하다. 제도(制度)에서는 '법도', 도량형(度量衡)에서는 길이의 단위인 '자', 태도(態度)에서는 '모양', 2013학년도(學年度)에서는 '도수', '횟수'라는 의미이다.

만유인력 萬有引力

모든 물체는 끌어당기는 힘을 지니고 있다는데, 이러한 주장이 '모두 만(萬)', '있을 유(有)', '끌 인(引)', '힘 력(力)'의 만유인력(萬有引力)이다. 모든 물체 사이에 작용하는 인력(引力), 즉 끌어당기는 힘은 두 물체의 질량의 곱에 비례하고 거리의 제곱에 반비례한단다.

만(萬)은 천(千)의 열 배인 10,000만을 의미하지 않는다. '모든', '전부'라는 의미로 더 많이 사용된다. 온갖 감회, 복잡한 감정이라는 만감(萬感), 온갖 어려움이라는 만난(萬難), 전혀 그럴 리가 없다는 만무(萬無), 온갖 일용잡화를 파는 장수인 만물상(萬物商), 많은 골짜기와 많은 봉우리를 일컫는 만학천봉(萬壑千峰), 모든 일이 헛수고로 돌아갔다는 만사휴의(萬事休矣), 온갖 병을 다 고친다는 만병통치(萬病通治) 등이 그것이다.

아무 탈 없이 오래오래 사는 것을 만수무강(萬壽無疆)이라 하는데, '목숨 수(壽)', '없을 무(無)', '끝 강(疆)'으로 만년 동안, 끝없이 오랫동안 산다는 의미이다. 만점(滿點), 만원(滿員)버스, 만장일치(滿場一致), 만개(滿開), 만조(滿潮), 만족(滿足), 만끽(滿喫), 만삭(滿朔), 만면(滿面), 만발(滿發), 풍만(豊滿), 충만(充滿)에서의 '만(滿)' 역시 '10,000'이라는 숫자가 아닌 '가득하다'는 의미이다.

전혀 합당하지 않고 아주 못마땅함을 일러 '천부당만부당(千不當萬不當)'이라 한다. 천 번 생각해도 합당하지 않고, 만 번 생각해도 옳지 않다는 의미이다.

명제 命題

우리가 사용하는 문장 중에는 참과 거짓을 판별할 수 있는 문장도 있고, 참과 거짓을 판별할 수 없는 문장도 있다. 참 거짓을 판별할 수 있는 문장(文章)이나 식(式)을 '이름 지을 명(命)', '제목 제(題)'를 써서 '명제(命題)'라 한다. 제목을 붙일 수 있다는, 참인가 거짓인가를 이름 지을 수 있다는 의미이다.

'참', '거짓'을 판별(判別)할 수 없는 문장이나 식은 명제(命題)가 아니다. 그러니까 '강천산은 전라북도 순창에 있다'는 누구도 부인(否認)할 수 없는 '참'이기에 명제가 될 수 있지만, '전주는 아름다운 도시이다'는 '참', '거짓'에 대해 분명하게 이야기할 수 있는 것이 될 수 없기에 명제가 될 수 없는 것이다.

'명제(命題)'를 '제목(참, 거짓)을 이름 지을 수 있는 것'이라는 의미라 하였는데, 수학에서는 '논리적 판단을 언어나 기호로 표현한 것'이라는 의미이다. 'p가 아니다'를 '명제 p의 부정'이라 하고 '-p'로 나타낸다.

명제(命題)를 공부하다 보면 '역', '이', '대우'라는 용어가 나오는데, '역(逆)'은 '거스를 역'으로 조건과 결과를 바꾸어 놓은 것을 말하고, '이'는 '다를 이(異)'로 조건과 결론을 다르게, 반대로 하는 것을 말한다. '대우(對偶)'는 어떤 명제에 대하여 그 결론을 부정한 것을 가설(假說)로 가설(假說)을 부정한 것을 결론으로 한 명제를 말한다.

'A는 B이다'라는 명제에 대하여 '역(逆)'은 'B이면 A이다'이고, '이(異)'는 'A가 아니면 B가 아니다'이며, '대우(對偶)'는 'B가 아니면 A가 아니다'가 되는 것이다.

무화과 無花果

꽃이 피지 않고 열매가 맺히기 때문에 무화과(無花果)라 한다고 생각했었다. 국어사전에도 분명히 '없을 무(無)', '꽃 화(花)', '과일 과(果)'로 나와 있었다. 그렇게 알고 오랜 시간이 흘렀다. 그렇게 가르치기도 했었다. 그런데 어느 날, 그럴 리가 없다는 생각이 들었다. 어느 날 갑자기 아니다 싶었다. 꽃이 피지 않고 열매가 맺힐 수는 없다는 생각이 들었다.

이 사람 저 사람에게 묻고 이 책 저 책을 찾아보니 "다른 과일과 마찬가지로 꽃이 피긴 핀다. 다만 외관상 보이지 않을 뿐이다. 그래서 무화과라 이름 붙였다. 꽃이 피지 않고 열매가 맺힐 수는 없는 것이다"라는 나름의 답을 얻을 수 있었다. 무화과(無花果)라는 이름은 잘못 만들어진 이름이었다. 무화과(無花果)라 이름 붙이지 말았어야 했다.

밤, 호두, 은행, 도토리처럼 단단한 껍데기에 싸여 보통 한 개의 씨가 들어 있는 나무 열매를 '단단할 견(堅)'을 써서 견과(堅果)라 하고 온갖 곡식과 과일을 오곡백과(五穀百果)라 한다. 성경에 선악과(善惡果)이야기가 나오는데, '착할 선(善)', '악할 악(惡)', '과일 과(果)'로, 먹으면 선(善)과 악(惡)을 알 수 있게 된다는 과일을 일컬었다.

'과(果)'는 '과실(果實)', '과즙(果汁)', '과수원(果樹園)'에서는 '나무의 열매'라는 의미이지만, '결과(結果)', '인과(因果)', '효과(效果)'에서는 '결과'라는 의미이고, 과단성(果斷性)에서는 '결단하다', 과연(果然)에서는 '과연'이라는 의미이다.

문신 文身

우연히 국어사전에서 '문신'을 만났다. 우리말이 아니고 한자어였다. '글월 문(文)'에 '몸 신(身)'의 문신(文身)이었다. 글자 그대로를 풀이하면 몸에 새긴 글씨이니까, 문신(文身)을 처음 하게 되었던 때는 지금처럼 그림이 아니라 글씨였나 보다고 생각하였다. 그런데 꼭 그런 것만은 아니라는 생각이 들었다. '문(文)'에는 글씨뿐 아니라 그림, 무늬, 채색, 얼룩의 의미도 있었기 때문이었다.

낙지과의 연체동물(軟體動物)에 문어(文魚)가 있는데, '문어(文魚)' 역시 한자어였다. '글월 문(文)'을 쓴 이유는 문어가 먹물을 뿜는 고기였기 때문이었다. 잉크가 없었던 시절에 문어가 뿜는 먹물로 글씨를 썼기 때문이었다. 그러니까 글씨를 쓰는 먹물을 가진 고기라 해서 문어(文魚)라 했던 것 같다.

호수나 늪 등지에서 사는 하마(河馬), 하천(河川)에서 살고 말과 같이 생긴 모양 때문에 하마(河馬)라 했나 보다고 동물원에서 생각해 보았다.

넓적하고 큰 물고기이기에 '클 홍(洪)'의 홍어(洪魚)이고, 배가 은백색이고 크기 때문에 '밝을 명(明)', '클 태(太)'의 명태(明太)이며, 앞쪽이 둥글고 넓적하며 입이 크기 때문에 '대구(大口)'이다. 기어 다니는 벌레(동물)이기에 '기어 다닐 파(爬)'의 파충류(爬蟲類)이고, 젖먹이 동물이기에 '먹일 포(哺)', '젖 유(乳)'의 포유류(哺乳類)이다.

전보의 내용이 되는 짧은 글은 '전보 전(電)'의 전문(電文)이고, 글의 전체는 '모두 전(全)'의 전문(全文)이며, 앞부분에 해당하는 글은 '앞 전(前)'의 전문(前文)이다.

미지수 未知數

아직 알지 못함을 '미지(未知)'라 하고, 수학의 방정식에서, 값이 알려져 있지 않는 숫자를 '아닐 미(未)', '알 지(知)', '숫자 수(數)'를 써서 '미지수(未知數)'라 한다.

'미(未)'는 '아직 아니하다'는 부정(否定)을 나타내는 데 쓰인다. 국민의 수준이 낮고 문명이 발달하지 못한 상태, 또는 꽃 같은 것이 아직 피지 아니한 상태를 '미개(未開)', 아직 오지 않는 때를 '미래(未來)', 아직 결혼하지 아니한 상태를 '미혼(未婚)', 남에게 피해를 끼쳐 마음이 편안하지 못하고 거북함을 '미안(未安)', 일찍이 있어본 적이 없음을 '일찍 증(曾)'을 써서 '미증유(未曾有)', 뜻한 바를 이루지 못하였음을 '이룰 수(遂)'를 써서 '미수(未遂)', 알려지지 않았거나 자세하지 않음을 '자세할 상(詳)'을 써서 '미상(未詳)', 아직 다하지 못하였음을 '다할 진(盡)'을 써서 '미진(未盡)'이라 하는데, 이 모두에 '아닐 미(未)'를 쓴다.

'지(知)'는 '지각(知覺)', '지능(知能)', '양지(諒知)', '지식(知識)' 등에서처럼 대부분 '알다', '분별하다', '깨닫다'는 의미로 많이 쓰이지만, 일을 주관한다는 뜻으로 한 도(道)의 행정 사무를 책임지는 지방 장관인 '지사(知事)'에서는 '주관하다', 예로부터 친한 사이를 일컫는 '구지(舊知)'에서는 '아는 사이'라는 의미다.

친한 친구를 '지기지우(知己之友)' 또는 '지음(知音)'이라 한다. 중국 춘추전국시대 거문고의 명수(名手)였던 백아의 거문고 소리를 알아들을 수 있었던 사람은 종자기뿐이었다는 고사에서 나온 말로, 음악을 알아주는 사람, 자기를 알아주는 사람이 진정한 친구라는 의미이다. '알 지(知)', '만족할 족(足)', '부자 부(富)'의 지족자부(知足者富)는 만족할 줄 아는 사람이 진정한 부자(富者)라는 의미이다.

밀도 密度

'빽빽할 밀(密)'에 '정도 도(度)'를 쓴 '밀도(密度)'는 면적이나 부피를 차지하고 있는 '빽빽함의 정도', 그러니까 '한 물질의 단위 부피에 대한 질량'을 가리키는 말이다. 그렇기 때문에 밀도의 단위는 자연스럽게 kg/m^3 또는 g/cm^3이 되는 것이다.

밀도(密度)는 물질의 종류에 따라 다르며 물질을 구별하는 수단이 되기도 한다. 온도가 올라가면 부피가 늘어나므로 밀도(密度), 즉 빽빽함의 정도는 작아진다. 또, 압력이 커지면 부피가 줄어들기 때문에 밀도(密度)가 커진다. 얼음에서 물이 되어 4℃가 될 때까지는 부피가 줄어 밀도가 증가하게 되나 4℃ 이상이 되면 부피는 다시 늘어나 밀도는 작아지게 된다.

'밀(密)'은 '빽빽하다'라는 의미와 더불어 '비밀', '친하다'라는 의미도 있다. 몰래 보내는 심부름꾼을 '밀사(密使)'라 하고 몰래 물품을 수입하고 수출하는 일을 '밀수(密輸)'라 하며 몰래 만나는 비밀 모임을 '밀회(密會)'라 한다.

빽빽함의 정도를 '밀도(密度)'라 하고 빠르기의 정도를 '속도(速度)'라 한다. 따뜻함의 정도를 '온도(溫度)'라 하고 높이의 정도를 '고도(高度)'라 한다. 색(色)의 밝고 어두운 정도를 '명도(明度)'라 하고 공기(空氣)의 건조하고 습한 정도를 '습도(濕度)'라 하며 어려움과 쉬움의 정도를 '난이도(難易度)'라 한다.

'정도 도(度)'에 '물 수(水=수(氵)'가 더해진 '渡'는 '건널 도'이다. 강물을 건넌다는 '도강(渡江)', 일정한 사회 발전 단계로부터 다음 단계로 넘어가는 중간 단계나 시기를 가리키는 '과도기(過渡期)' 등에 쓰인다.

박빙 薄氷

'박빙의 승리를 거두었다'는 말을 듣기도 하고 '박빙의 차이로 혼전(混戰)을 벌이고 있다'는 말을 듣기도 한다. '엷을 박(薄)', '얼음 빙(氷)'으로 글자 그대로는 얇은 얼음, 그러니까 살얼음이라는 의미인데, 보통은 '박빙의'라는 꼴로 쓰이어, 매우 얇은, 아주 미세한 승부나 경기 따위가 서로의 실력이 팽팽하여 어느 한쪽에서도 마음을 놓을 수 없는 상태를 일컫는다.

'박빙(薄氷)의 승부', '박빙(薄氷)의 시소게임'처럼 '엷다', '얕다', '작다'는 의미의 '엷을 박(薄)'도 있지만 그와 정반대 개념인 '넓을 박(博)'도 있다.

불친절하고 냉담한 대우를 '박대(薄待)', 봉급이 적음을 '박봉(薄俸)', 언행이 경솔하고 천박함을 '경박(輕薄)', 복이 적음을 '박복(薄福)'이라 하는데, 이때는 '엷을 박(薄)'이지만, 여러 가지 책을 많이 읽는다는 '볼 람(覽)'의 '박람(博覽)', 보고 들은 것이 넓어서 아는 것이 많다는 '알 식(識)'의 '박식(博識)', 모든 사람을 널리 평등하게 사랑한다는 '사랑 애(愛)'의 '박애(博愛)'에서는 '넓을 박(博)'인 것이다.

"짚방석 내지 마라 낙엽엔들 못 앉으랴, 솔불 혀지 마라 어제 진 달 돋아 온다, 아해야 박주산채일망정 없다말고 내어라"라는 시조(時調)가 있다. 자연 속의 소박한 풍류를 주제로 한 이 시조에서 '박주산채(薄酒山菜)'란 '엷을 박(薄)', '술 주(酒)', '나물 채(菜)'로, 값싼 술(막걸리)과 산나물이라는 의미이다.

합격이냐 불합격이냐를 비롯하여 세상사(世上事) 모두가 박빙(薄氷)의 차이로 결정되고 갈라진다. 마지막까지 최선을 다해야 하는 이유이다.

박제 剝製

"박제(剝製)가 되어버린 천재를 아시오?" 1930년대 작가 이상(李箱)은 식민지 지식인의 고뇌를 그의 소설 '날개' 서두에서 이렇게 표현하였는데, 오늘의 기성세대들도 아이들을 박제로 만들고 있지 않는가 하는 생각을 해 본다. 생각하기를 박탈당한 박제로 만들고 있음을 반성해야 한다는 말이다.

'벗길 박(剝)'에는 '칼 도(刂=刀)'가 들어 있는데, '칼 도(刂=刀)'가 들어 간 글자는 대부분 '칼'과 관계가 있다. 칼 검(劍), 찌를 자(刺), 깎을 삭(削), 쪼갤 부(剖), 나눌 할(割), 나눌 별(別), 새길 각(刻), 나눌 렬(列), 날카로울 리(利) 등이 그 예이다. '빼앗을 탈(奪)'의 박탈(剝奪)은 지위나 자격을 권력이나 힘으로 빼앗는다는 말이고, '벗을 탈(脫)'을 쓴 박탈(剝脫)은 칠 따위가 벗겨진다는 말이다.

과수나 일반 수목의 품종 개량이나 번식을 위한 방법으로 접목(椄木)이 있고, 접목(椄木) 방법의 하나로 박접(剝椄)이 있다. 대목(大木)의 껍질을 벗긴 다음 그 자리에 옆면을 칼로 자른 접수(椄樹)를 붙여 동여매는 방법이다.

'마름질할 제(制)'에 '옷 의(衣)'가 더해져서 '만들다'는 의미를 지닌 '제(製)'는 미국제(美國製), 한국제(韓國製)처럼 생산지 이름 뒤에 붙어 그곳에서 만든 제품임을 나타내는 데 쓰인다.

또, 도면이나 도안을 그려 만든다는 제도(製圖), 광석에서 금속을 빼내어 정제한다는 제련(製鍊)에도 쓰이고, 물건을 만드는 일인 제작(製作), 개인이 사사로이 만들었다는 사제(私製), 관청이나 정부가 경영하는 기업체에서 만들었다는 관제(官製), 인쇄물 등을 실이나 철사로 매고 책으로 만드는 일인 제본(製本) 등에도 쓰인다.

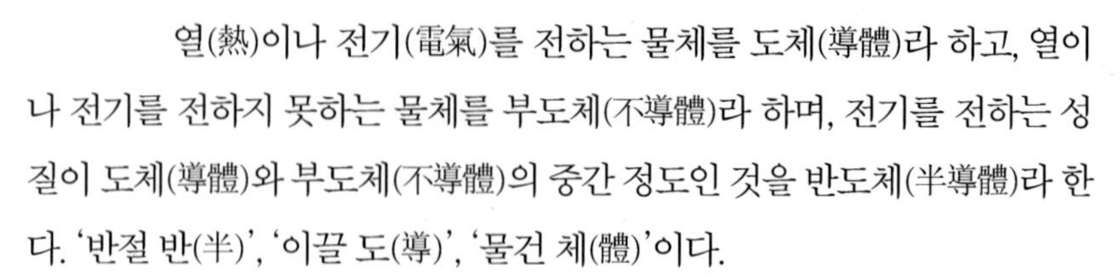

반도체 半導體

열(熱)이나 전기(電氣)를 전하는 물체를 도체(導體)라 하고, 열이나 전기를 전하지 못하는 물체를 부도체(不導體)라 하며, 전기를 전하는 성질이 도체(導體)와 부도체(不導體)의 중간 정도인 것을 반도체(半導體)라 한다. '반절 반(半)', '이끌 도(導)', '물건 체(體)'이다.

반도체(半導體)는 일반적으로 낮은 온도에서는 부도체(不導體)에 가까우나 온도를 높이면 전기 전도성(傳導性)이 높아져서 도체(導體)에 가까워진다. 이러한 물질들을 화학적으로 처리하면 전류를 흐르게 할 수도 있고 전류의 흐름을 조절할 수도 있기 때문에 트랜지스터나 집적회로(集積回路) 등의 다양한 전자 소자를 만드는 데 쓰인다.

반절은 믿고 반절은 의심하는 것을 '반신반의(半信半疑)', 반이 넘는 수를 과반수(過半數), 남의 눈을 피해 밤에 몰래 달아남을 야반도주(夜半逃走), 지구 적도(赤道) 이남(以南) 부분을 남반구(南半球), 전체 경기 과정의 앞 절반 경기를 전반전(前半戰), 한 세기의 절반 곧 50년을 일컬어 반세기(半世紀), 반쯤만 익거나 익힘을 반숙(半熟)이라 하는데, 모두 '반절 반(半)'을 쓴다.

우리나라를 지형적으로 일컬어 '한반도(韓半島)'라 한다. '절반 반(半)', '섬 도(島)'의 반도(半島)는 반절은 섬이라는 의미이고, 대륙에서 바다 쪽으로 길게 뻗어 나와 삼면이 바다인 큰 육지를 가리키기 때문에 한반도(韓半島)는 '한국의, 삼면이 바다인 큰 육지'라는 의미이다.

발아 發芽

발아(發芽)는 '피어날 발(發)', '싹 아(芽)'로, '싹이 피어난다(솟아오른다)'는 의미이다.

식물(植物) 발아(發芽)의 3대 조건은 무엇일까? 햇빛? 아니다. 어둠 속에서도 싹은 자란다. 영양분? 아니다. 퇴비나 비료 주지 않아도 싹이 나온다. 자체 내에 영양분을 품고 있기 때문이다. 흙? 아니다. 흙이 없는 상자 안에서도 싹은 솟아오르지 않던가? 물? 아니다. 물 없는 바구니 속에서도 양파는 싹을 틔우기 때문이다. 적당한 온도(溫度)와 적당한 수분(水分) 그리고 호흡에 필요한 산소(酸素)가 발아(發芽)의 3대 조건이다.

흔히 '필(발생할) 발'이라 일컫는 發은 '드러나다', '일어나다', '시작하다'는 의미로 많이 쓰인다. 신문, 잡지 등의 출판물을 간행한다는 발간(發刊), 새로운 일을 꾸며내어 일으킨다는 발기(發起), 완전하게 피어서 통달된 상태에 이른다는 발달(發達), 슬기와 재능 등 정신적인 것을 일깨워 준다는 계발(啓發), 새로운 것을 만들거나 개척하여 발전시킨다는 개발(開發), 널리 드러내어 세상에 알린다는 발표(發表) 등이 그 예이다.

'풀 초(艹)'가 들어간 글자는 모두 '풀', '식물'과 관계있다. '까끄라기 망(芒)', '꽃다울 방(芳)', '향기 분(芬)', '지초 지(芝)', '꽃 화(花)', '파초 파(芭)', '띠 모(茅)', '싹 묘(苗)', '무성할 무(茂)', '꽃부리 영(英)', '동산 원(苑)', '이끼 태(苔)', '차 다(茶)', '풀 초(草)', '국화 국(菊)', '버섯 균(菌)', '나물 채(菜)', '잎 엽(葉)', '포도 포(葡)', '푸를 창(蒼)', '연밥 연(蓮)', '나물 소(蔬)', '난초 란(蘭)' 등이 모두 '풀 초(艹)'를 부수로 한다.

방정식 方程式

미지수(未知數)에 특정한 값을 주었을 때에만 성립되는 등식(等式)을 '방법 방(方)', '정도 정(程)'을 써서 방정식(方程式)이라 하는데, 이는 (대입하는) 방법에 따라 (참 거짓의) 정도(程度)가 정해진다는 의미이다. 둘 이상의 미지수(未知數)를 가진 둘 이상의 방정식이 미지수(未知數)가 같은 값에 의하여 동시에 만족할 때의 방정식은 '이을 연(聯)'을 써서 연립방정식(聯立方程式)이라 한다.

연립방정식(聯立方程式)을 이루는 두 일차방정식(一次方程式)에서 한 미지수를 없애는 일을 '제거할 소(消)', '없앨 거(去)'를 써서 소거(消去)라 한다.

연립방정식에서 두 개의 변수 x, y의 등식 두 개를 동시에 만족시키는 x, y 쌍의 값을 구하는 일을 연립방정식을 푼다고 하는데, 연립방정식을 푸는 방법에는 가감법, 대입법, 등치법이 있다.

등식(等式)의 성질을 이용하여 두 일차방정식을 변끼리 더하거나 빼어서 한 미지수를 소거(消去)하여 연립방정식의 해(답)를 구하는 방법은 '더할 가(加)', '뺄 감(減)'의 가감법(加減法)이고, 한 방정식을 다른 방정식에 대입하여 연립방정식의 해를 구하는 방법은 '대신할 대(代)', '들일 입(入)'의 대입법(代入法)이다. '같을 등(等)', '값 치(値)'의 등치법도 있는데, 이는 같은 값으로 해놓고 푼다는 의미이다. 주어진 두 방정식을 어느 한 미지수에 대하여 풀어 그것을 같다고 놓고, 한 미지수를 소거(消去)하여 해를 구하는 방법이 등치법(等値法)인 것이다.

복소수 複素數

제곱하여 -1이 되는 수를 'i'로 나타내고, 이때의 'i'를 허수 단위라 한다. $i^2=-1$로 약속하였다고 보아야 하는 것이다. 실수 a, b에 대하여 a+bi 형태로 나타내는 수를 복소수라 하고 a를 실수 부분, b를 허수 부분이라 하는데, '복잡할 복(複)', '바탕 소(素)'를 쓴 '복소수(複素數)'라는 말은 '바탕(素)이 복잡한(複) 수(數)'라는 의미에서 나왔으리라 생각해 본다. 실수와 허수가 겹쳐진 복잡한 수가 '복소수(複素數)'인 것이다.

소수(素數)와 복소수(複素數)는 아무런 관계가 없다. 1보다 작은 수(數)는 '작을 소(小)'를 쓴 '소수(小數)'이고, 1과 그 자체 이외의 정수로는 나눌 수 없는 1보다 큰 수가 소수(素數)인데, 2, 3, 5, 7, 11, 13, 17, 19, 23, 29, 31 등이 그것이다. '바탕 소(素)'로, 바탕이 되는, 더 이상 분해할 수 없다는 의미이다.

1보다 큰 수 중 소수(素數)가 아닌 수를 합성수(合成數)라 한다. 4는 2와 2가 결합했기에, 6은 2와 3이 결합했기에 합성수이다. '소수(小數)'는 길게 발음하고, '소수(素數)'는 짧게 발음해야 한다.

'복(複)'은 '겹치다'의 의미이다. 둘 이상의 수를 '복수(複數)'라 하고, 일정한 기한 안의 이자를 본전에 더하고 그 합계금에 다시 이자를 더하는 방법을 '복리(複利)'라 하며, 저작물 등을 저자 이외의 사람이 똑같이 만드는 일을 '복제(複製)'라 한다.

'소(素)'에는 '바탕'이라는 의미와 함께 '채식', '하얗다', '본디'라는 의미도 있다. 고기를 넣지 아니하고 채소만 넣은 국수를 '소면(素麪)'이라 하고, 고기반찬이 없는 밥을 '소반(素飯)'이라 하며, 간단하게 묘사만 하고 색칠은 하지 아니한 그림을 '소묘(素描)'라 한다.

부검 剖檢

각종 사고 소식의 말미에 '부검(剖檢) 실시 예정'이라는 말을 들을 때가 있다. 사인(死因), 병변(病變), 손상(損傷) 등의 원인과 정도 등을 규명(糾明)하기 위하여 시체를 해부 검사하는 일을 '가를 부(剖)', '검사할 검(檢)'을 써서 '부검(剖檢)'이라 한다. 검시제도(檢屍制度)를 실시하고 있는 우리나라에서는 검사(檢事)가 그 책임자이며 법원의 영장을 발부받아 하게 된다. 실제의 부검(剖檢)은 물론 의사(醫師)에 의해 행해지지만.

시체를 해부하고 검사하는 일을 '부검(剖檢)'이라 한다고 하였는데, 부검(剖檢)과 대응되는 말에 '생검(生檢)' 또는 '검안(檢案)'이 있다. 생검(生檢)은 병의 진단을 목적으로 생체에서 조직을 채취하여 이를 현미경(顯微鏡)으로 검사하는 일을 말하고 검안(檢案)이란 시체를 해부하지 않고 외표검사(外表檢査)만으로 사망의 종류 등을 규명하는 검사 행위를 말한다.

죽은 뒤 큰 죄가 드러난 사람에게 극형(極刑)을 처했을 때 '부관참시(剖棺斬屍)'를 당하였다고 하였다. 관(棺)을 쪼개어(剖) 시체(屍)를 (꺼내어 다시) 베었다(斬)는 의미이다. 무덤을 파고 관을 꺼내어 시체를 베거나 목을 잘라 거리에 내걸었던 잔혹했던 일을 '부관참시(剖棺斬屍)'라 하였던 것이다.

실제의 상황을 잘 살피고 조사하는 일, 실상을 검토하여 옳고 그름이나 좋고 나쁨을 조사하는 일을 '조사할 사(査)'를 써서 '검사(檢査)'라 하고 검사하여 살핌, 또는 죄 지은 흔적을 가려 그 사실과 증거를 찾는 일, 그러한 일을 하는 기관을 '살필 찰(察)'을 써서 '검찰(檢察)'이라 한다.

내용을 충분히 조사하여 연구함을 '칠 토(討)'를 써서 '검토(檢討)'라 하고 이상이 있는지 없는지를 살피는 일을 '볼 진(診)'을 써서 '검진(檢診)'이라 한다.

부등식 不等式

수(數) 또는 식(式)이 같음을 나타낸 것을 '등식(等式)'이라 하고, 수 또는 식이 같지 아니함을 나타낸 것을 '부등식(不等式)'이라 한다. 등식(等式)의 문자 값에 따라 '참'이 되기도 하고 '거짓'이 되기도 하는 등식을 방법(方)에 따라 정도(程)가 결정된다는 의미로 '방정식(方程式)'이라 하고, 미지수(未知數)에 어떤 값을 대입하여도 항상 '참'이 되는 등식을 항상(恒) 같게(等) 되는 식(式)이라는 의미로 '항등식(恒等式)'이라 한다.

수학에서, 두 수 또는 두 식의 관계를 부등호(不等號)로 나타낸 것을 '같지 않은 식'이라는 의미로 '아니 부(不)', '같을 등(等)', '식 식(式)'을 써서 '부등식(不等式)'이라 한다고 하였는데, 부등식이라는 말을 문자 그대로 해석하면 등식 $a = b$의 부정인 $a \neq b$형인 식(式)이다. 그러나 일반적으로는 순서집합(順序集合), 특히 실수의 집합에 속하는 2개의 원소 a, b를 대소(大小)의 순서 관계를 나타내는 이른바 부등호(不等號)인 $<$, $>$, $\leq$, $\geq$로 연결한 순서 관계를 나타내는 식 $a < b$, $a > b$, $a \leq b$, $a \geq b$를 가리킨다. 그렇기 때문에 부등식(不等式)을 '대소식(大小式)'이나 '순서식(順序式)'이라 하는 것이 옳다고 생각되는데, 관례상 '부등식(不等式)'이라는 말을 쓰고 있다.

등식(等式)에는 항등식(恒等式), 방정식(方程式)이 있고, 부등식(不等式)에는 절대부등식과 조건부등식(條件不等式)이 있다. '$x^2 \geq 0$'처럼 모든 실수에 관하여 성립하는 부등식을 절대부등식(絶對不等式)이라 하고, '$x(x-1) < 0$'처럼 어떤 부분집합 X에 대해서만 성립하는 부등식을 조건부등식(條件不等式)이라 한다.

부영양화 富營養化

호수나 내해 등 폐쇄된 수역(水域)에 공장폐수나 생활하수 등이 유입되어 질소나 인 등의 영양분이 증가함으로 물이 변화하는 현상을 '넉넉할 부(富)'를 써서 '부영양화(富營養化)'라 하는데, 이는 말 그대로 영양(營養)이 지나치게 풍부(富)하게 되었다는 의미이다.

강, 바다, 호수, 연안에 유기물 염류가 흘러들어 물속에 영양물질을 방출(放出)하면 영양물질이 풍부한 물은 식물플랑크톤의 성장과 번식이 신속하게 진행되어 맑은 물이 붉은색, 황갈색의 물로 변하게 되는데, 이렇게 대량의 플랑크톤이 나타나 붉게 됨을 '붉을 적(赤)' '조수 조(潮)'를 써서 적조현상(赤潮現象)이라 한다. 부영양화에 의해 적조현상이 발생한다고 볼 수 있는 것이다.

'부익부빈익빈(富益富貧益貧)'라고 하였다. '부자 부(富)', '더할 익(益)', '가난할 빈(貧)'으로 부자는 더욱 부자가 되고 가난한 사람은 더욱 가난하게 된다는 의미이다. 부유한 사람에게 해당하는 세금이라는 의미로 잘 사는 사람의 순자산(純資産)에 매기는 세금을 '부유세(富裕稅)'라 하는데, 부(富)의 편중을 바로잡고 투기적(投機的) 보유를 막으려는 세제(稅制)이다. 부유한 나라와 강한 군사라는 의미로 나라를 부유하게 하고 군대를 강하게 함을 부국강병(富國强兵)이라 한다.

'화(化)'는 '될 화(化)'로, 단어의 뒤에 붙어 그 단어로 변화함을 일컫는다. 강하게 함, 강하게 됨을 강화(强化)라 하고, 나쁘게 됨을 악화(惡化)라 하며, 깊게 함, 깊어짐을 심화(深化)라 한다. 서로 다른 계층이나 집단이 점점 더 멀어짐을 양극화(兩極化)라 하고, 노인의 인구 비율이 높은 상태로 나타나는 현상을 '나이 령(齡)'을 써서 고령화(高齡化)라 한다.

부작용 副作用

'부작용이 우려된다', '부작용이 심하다', '부작용을 최소화하기 위해서' 등에서와 같이 우리 생활에서 '부작용'이라는 말이 많이 쓰이고 있다.

부작용의 '부'를 '아니 부(不)'로 잘못 알고 있는 사람이 많은데, '아니 부(不)'가 아니라 '버금 부(副)'이다. '다음', '둘째'라는 의미의 '버금 부(副)'이다. 그렇기 때문에 '부작용(副作用)'은 '나쁜 작용', '작용하지 않는 것'이라는 의미가 아니라 '부차적으로 미치는 작용' 또는 '본래의 작용에 붙어서 일어나는 또 하나의 작용'이라는 의미인 것이다.

주식(主食)에 딸려 먹게 되는 음식물인 부식(副食), 원본과 동일한 내용이나 사항을 기재하여 참고로 보관하는 서류인 '부본(副本)', 본수입 이외에 들어오는 수입인 '부수입(副收入)'의 '부'가 모두 '버금 부'이다. 부사장(副社長), 부시장(副市長), 부반장(副班長) 등 최고 책임자 다음의 지위를 가진 사람에게 붙여지는 '부' 역시 '버금', '다음', '둘째'라는 의미이다.

주심(主審)을 도와 심판(審判)을 보는 사람을 부심(副審)이라 하고, 사수를 도와주고 사수 유고 시 사수 노릇 하는 사람을 부사수(副射手)라 한다. 보조적(補助的)으로 쓰는 교재(教材)를 부교재(副教材)라 하고, 2차적(二次的)인 것을 부차적(副次的)이라 한다. 주검을 묻을 때 패물이나 그릇, 연장 따위를 함께 묻는 일을 부장(副葬)이라 하고, 장사지낼 때 시체와 함께 묻는 생전에 쓰던 물건을 부장품(副葬品)이라 한다.

득(得)만 보지 않고 실(失)도 볼 줄 아는 것이 현명한 것처럼 작용만 생각하지 않고 부작용도 함께 생각할 줄 아는 것이 현명하다. 부작용(副作用)이 없는 약은 거의 없다고 한다. 약을 남용(濫用)하지 말아야 하는 이유이다.

분수 分數

"진분수는 분자가 분모보다 작은 분수이고, 가분수는 분모가 분자보다 작은 분수이다"라는 설명보다는 "진분수는 진짜 분수이고 가분수는 가짜 분수이다. '분수'는 1보다 작은 숫자를 나타내기 위해 만들었기 때문에 '나눌 분(分)', '숫자 수(數)'로 1을 나누었다는 의미이다. 그렇기 때문에 1보다 작은 수를 '참 진(眞)'을 써서 진분수(眞分數)라 하고, 1보다 큰 수를 '거짓 가(假)'를 써서 가분수(假分數)라 이름 붙였던 것이다"라는 설명을 들었다면 공부가 재미있었을 것이라는 생각을 해 본다.

진리(眞理), 진실(眞實), 진담(眞談), 진위형(眞僞型), 사진(寫眞) 등에서의 '진'은 '참 진(眞)'이고, 가장행렬(假裝行列), 가면(假面), 가명(假名), 가석방(假釋放) 등에서의 '가'는 '거짓 가(假)'이다.

대분수는 왜 대분수일까? '대'는 무슨 의미일까? 큰 대(大)? 아니다. 왜냐하면 $1\frac{1}{3}$이 $\frac{10}{3}$보다 크다고 할 수 없기 때문이다. 그렇다면 대신할 대(代)? 그것도 아니다. 왜냐하면 $1\frac{1}{3}$이 $\frac{4}{3}$을 대신하였다고 할 수 없기 때문이다. 그렇다면 '이을 대, 띠 대(帶)?' 그렇다. 정수와 분수를 이은 숫자이기에 대분수이다. 대검(帶劍), 대동(帶同), 대처승(帶妻僧), 옥대(玉帶) 등에도 이 '대(帶)'를 쓴다.

자연에 존재하는 숫자라 해서 자연수(自然數)이고 자연수와 자연수에 대응하는 음수 및 0을 통틀어 '정수(整數)'라 한다. '가지런할 정(整)'을 쓴 이유는 가지런하게 정리할 수 있다는 의미에서 일 것이다. 정수나 분수의 형식으로 나타낼 수 있는 수를 이치(理)를 따질 수 있는 수(數)라는 의미로 유리수(有理數)라 하고, 정수나 분수의 형식으로 나타낼 수 없는 수를 이치를 따질 수 없는 수(數)라는 의미로 무리수(無理數)라 한다.

비금속 卑金屬

아연이나 알루미늄, 주석도 금속인 줄 알았는데 비금속이란다. 금속이 아니란다? 아닌 것 같은데? 금속인 것 분명한데……. 내가 믿는 국어사전을 다시 펼쳐본다. 비금속(非金屬)도 있었지만 비금속(卑金屬)도 있었다.

'아닐 비(非)'의 비금속은 금속의 성질을 가지지 아니한 물질이었고 '낮을 비(卑)'의 비금속은 공기 중에서 쉽게 녹슬며 쉽게 얻을 수 있는 쇠붙이였다. 비금속(非金屬)은 금속(金屬)이, 비금속(卑金屬)은 귀금속(貴金屬)이 상대어였다. 종이, 나무, 흙, 석영, 운모 등은 비금속(非金屬)이고 망간, 아연, 주석, 납, 알루미늄 등은 비금속(卑金屬)이다.

'비(卑)'는 '낮다', '천하다'는 의미로 많이 쓰인다. 낮고 천(賤)한 풍속(風俗)을 비속(卑俗)이라 하고 비겁(卑怯)하여 용기가 없고 줏대 없고 떳떳하지 못함을 비굴(卑屈), 친족관계에 있어서 항렬이 자기보다 아래인 친족(親族)을 비속(卑屬), 성품이나 하는 짓이 천하고 용렬하고 못나고 어리석으며 지저분함을 비열(卑劣), 비열하고 옹졸하고 겁이 많으며 정정당당하지 못하고 야비함을 비겁(卑怯), 행동이나 성질이 더럽고 추저분함, 행실이 야하고 더러움을 비루(卑陋), 낮추어 일컬음을 비칭(卑稱)이라 한다.

등고자비(登高自卑)라는 말이 있다. 높은 곳에 올라가려면 낮은 곳에서부터 올라야 한다는 의미로 일을 하는 데는 반드시 차례를 밟아야 한다는 의미이다. 남존여비(男尊女卑)라는 말이 있다. 남자는 높고 귀하게 여기고, 여자는 낮고 천하게 여긴다는 뜻으로 사회적 지위나 권리에 있어 남자를 여자보다 존중하는 일을 일컫는다.

비파괴검사 非破壞檢查

공업 제품 내부의 기공(氣孔)이나 균열(龜裂) 등의 결함(缺陷), 용접부(鎔接部)의 내부 결함 등을 제품을 파괴(破壞)하지 않고 외부에서 검사하는 방법, 그러니까 검사할 대상을 파괴하거나 손상시키지 않고 재료와 구조물 내에 생긴 결함을 더듬어 찾아 알아내는 일, 또는 재료의 특성과 관련된 경도(硬度), 화학조성(化學造成), 미세구조 등에 대해서 알아내는 방법을 '비파괴검사(非破壞檢査)'라 한다. 파괴하지 않고 상태를 유지시킨 채 검사하는 방법이라는 의미이다.

비파괴검사는 주로 원자력 발전 설비, 자동차, 비행기, 고층건물 등 안전과 관련된 각종 검사에 활용되고 있다. 파괴해서 조사하면 그 유무(有無)를 쉽고 정확하게 확인할 수 있으나 이러한 파괴 검사는 낭비가 많아 제품 조사에 적합하지 않기 때문에 '비파괴검사(非破壞檢査)'를 하는 것이다.

'비(非)'는 '아니다'는 의미와 함께 '그르다', '나무라다'는 의미로도 쓰인다. 평범하지 않음인 '비범(非凡)'에서는 '아니다'이지만, 옳고 그름을 일컫는 '시비(是非)'에서는 '그르다', 남의 잘못을 나무라는 '비난(非難)'에서는 '나무라다'는 의미이다.

같은 일이 한두 번도 아니고 '자주 있음'을 비일비재(非一非再), 옳고 그름을 가릴 줄 아는 마음을 시비지심(是非之心), 옳은 것은 옳다고 하고 그른 것은 그르다고 한다는 뜻으로 일을 공정(公正)하게 판단함을 시시비비(是是非非)라 한다.

지나친 공손은 오히려 예의에 벗어난 것임을 '지나칠 과(過)', '공손할 공(恭)'을 써서 과공비례(過恭非禮)라 하고, 꿈인지 생시인지 어렴풋한 상태를 꿈이 아닌 것도 같고 꿈인 것도 같다는 의미로 '꿈 몽(夢)', '같을 사(似)'를 써서 비몽사몽(非夢似夢)이라 한다.

생물 生物

살아있는 사물이기에 '살아있을 생(生)', '사물 물(物)'을 써서 생물(生物)이라 하고 생명이 없는 사물이기에 '없을 무(無)'를 써서 무생물(無生物)이라 한다. 생물은 다시 동물과 식물로 나뉘는데, 움직이는 생물이기에 '움직일 동(動)'을 써서 '동물(動物)'이고 땅에 심어져 있는 생물이기에 '심을 식(植)'을 써서 '식물(植物)'이다.

원시적인 최하등 삶을 사는 동물이니까 원생동물(原生動物)이고, 잘랐을 때 단면이 둥그니까 '둥글 환(環)'의 환형동물(環形動物)이며, 몸이 부드럽기에 '부드러울 연(軟)'의 연체동물(軟體動物)이다. 마디가 있기에 '마디 절(節)', '사지 지(肢)'의 절지동물(節肢動物)이고, 물과 육지 두 군데 모두에서 서식할 수 있기에 '둘 량(兩)', '서식할 서(棲)'의 양서류(兩棲類)이며, 젖을 먹이는 동물이기에 '먹일 포(哺)', '젖 유(乳)'를 써서 포유류(哺乳類)이다. '류(類)'는 '무리', '떼'라는 의미이다.

뱀, 거북, 악어 등을 일러 파충류(爬蟲類)라고 하는데, '기어 다닐 파(爬)'에 '벌레 충(蟲)'이다. 벌레는 '곤충'만을 가리키는 것이 아니라 사람, 물고기, 새, 조개 따위를 제외한 작은 동물을 통틀어 일컫는다.

몸의 온도가 상황에 따라 변하기에 '변할 변(變)'의 변온동물(變溫動物)이고, 몸의 온도가 정해져 있기에 '정할 정(定)'의 정온동물(定溫動物)이다. 잎이 넓기에 '넓을 활(闊)', '잎 엽(葉)', '나무 수(樹)'의 활엽수(闊葉樹)이고, 잎이 바늘처럼 뾰족하기에 '바늘 침(針)'의 침엽수(針葉樹)이다.

'항상 상(常)', '푸를 록(綠)'의 상록수이고, '떨어질 낙(落)'의 낙엽수(落葉樹)이다. '떨기나무 관(灌)'의 관목(灌木)은 키 작은 나무이고, '높을 교(喬)'의 교목(喬木)은 키 큰 나무이다.

소수 素數

1이 아닌 자연수(自然數) 중에서 1과 자기 자신만을 약수(約數)로 갖는 수를 소수(素數)라 하고 1이 아닌 자연수 중에서 소수가 아닌 수, 즉 약수가 3개 이상인 자연수를 합성수(合成數)라 한다. 1은 소수도 아니고 합성수도 아니다. '소'는 '바탕 소(素)'이다. 그렇기 때문에 '소수(素數)'는 '바탕이 되는 수'라고 해석할 수 있다.

a=b×c(a, b, c는 자연수)일 때, b, c를 a의 인수(因數)라 하는데, 이는 b, c가 a를 만드는 원인이 되는 수라는 의미이다. 인수(因數) 중에서 소수(素數)인 것을 소인수(素因數)라 하고 자연수를 소인수의 곱으로 나타낸 것을 소인수분해(素因數分解)라 하는데, 소인수분해를 할 때에는 몫이 소수(素數)가 될 때까지 나누어 가야 한다.

'소(素)'가 '소수(素數)'에서는 '바탕'이라는 의미로 쓰였지만, 소복(素服)에서는 '하얗다', 소박(素朴)에서는 '질박하다', 평소(平素)에서는 '본디', 그리고 소찬(素饌)에서는 '채식'이라는 의미이다.

처리할 수 있는 숫자라 해서 '유리수(有理數)'이고, 처리할 수 없는 숫자라 해서 '무리수(無理數)'이며, 어떤 관계를 통해서도 변하지 않는 일정한 값을 가진 수이기에 '항상 상(常)'의 '상수(常數)'이다.

'작을 소(小)'를 쓴 '소수(小數)'는 숫자(數字) 다음에 점을 찍어 나타낸 0보다 크고 1보다 작은 실수이고 '적을 소(少)'를 쓴 '소수(少數)'는 '다수(多數)'의 반대 의미로 '적은 수효'라는 의미이다.

실수 實數

1부터 시작하여 하나씩 더하여 얻는 수, 그러니까 1, 2, 3, 4 등을 일러 자연수(自然數)라고 하는데, 이는 자연 속에서 확인할 수 있는 수(數)이기 때문이다.

자연수(自然數)와 이에 대응하는 음수(陰數), 그리고 0. 그러니까 -3, -2, -1, 0, 1, 2, 3, 4 등을 정수(整數)라고 하는데, '가지런할 정(整)'을 쓰는 것은 '가지런하고 정돈된 수'이기 때문이다. 실수(實數)는 허수(虛數)의 상대 개념으로 '실제 존재하는 수'라는 의미다. 실수(實數)는 유리수(有理數)와 무리수(無理數)로 나뉘고, 유리수는 다시 정수(整數)와 정수 아닌 유리수(有理數)로 나뉘며, 정수(整數)는 다시 '양의 정수', '0', 그리고 '음의 정수'로 나뉜다.

정수 또는 분수 형태로 나타낼 수 있는 수를 '유리수(有理數)'라 하는데, 이는 다스릴(理) 수 있는(有) 수(數)라는 의미이다. 유리수(有理數)의 반대 개념에 무리수(無理數)가 있는데, 이는 다스릴 수 없는 수, 분수 형식으로 나타낼 수 없는 수라는 의미다.

0 다음에 점을 찍어 나타낸 수를 소수(小數)라 하는데, 이는 작은 수, 1보다도 작은 수라는 의미이다. 소수에는 다시 유한소수, 무한소수, 그리고 순환소수가 있는데, 유한소수(有限小數)는 한계(限)가 있는(有) 소수(小數), 그러니까 소수점 아래 숫자가 한계(끝)가 있는 수를 가리킨다. 이와는 달리 한계가 없는 수, 소수점 이하가 한없이 계속되는 소수를 끝이 없이 계속되는 작은 수라는 의미로 '무한소수(無限小數)'라 한다.

'돌 순(循)', '고리 환(環)'의 순환소수(循環小數)는 소수점 이하의 어떤 자리에서부터 어떤 숫자가 같은 순서로 무한이 되풀이 되는 소수(小數)를 가리킨다.

야수선택 野手選擇

야구 중계 중 '야수선택(野手選擇)'이라는 말을 듣는 경우가 있다. 땅볼을 처리하는 야수(野手)가 타자 주자를 1루에서 아웃시키지 않고 선행주자(先行走者)를 아웃시키려고 다른 베이스에 송구(送球)하였으나 세이프가 된 플레이를 가리키는데, 영어로는 'Filder's Choice'이다. '야수의 잘못된 선택'이라 이름 붙여야 옳았는데 말의 길어짐을 방지하기 위해서 줄여서 '야수선택'이라 하지 않았나 생각된다.

말 길어짐 방지를 위해 필요한 단어를 뺀 말에 '안전사고(安全事故)'도 있다. 위험이 발생할 수 있는 장소에서 안전수칙 위반, 부주의 등으로 피해를 주는 사고이기에 '안전불감증(不感症)사고', '안전미비(未備)사고'로 표현해야 옳기 때문이다.

'야(野)'의 의미와 쓰임은 매우 다양한데, '들', '민간', '범위', '촌스러움', '거칠다', '길들지 않음' 등이 그것이다. 들판에 텐트 등 임시 집을 만들고 하는 생활인 야영(野營), 산과 들에서 사는 동물인 야생동물(野生動物), 야외에서 모여 노는 모임인 야유회(野遊會), 산이나 들에 저절로 피는 꽃인 야생화(野生花)에서는 '들'이라는 의미이고, 공직에 나가지 아니하고 민간에 있으면서 활동하는 사람인 재야인사(在野人士), 민간에 전해져오는 이야기인 야담(野談)에서는 '민간'이라는 의미이다.

사물을 기준에 따라 구분한 각각의 영역인 분야(分野)에서는 '범위', 순박한 사람, 시골 사람, 벼슬하지 않는 사람인 야인(野人)에서는 '촌스러움', 자기 분수보다 크게 품은 욕심인 야욕(野慾)에서는 '거칠다', 자연 또는 본능 그대로의 성질인 야성(野性)에서는 '길들지 않음'이라는 의미이다.

'하야(下野)'라는 말이 있다. '시골로 내려간다'는 뜻으로 관직(官職)이나 정계(政界)에서 물러난다는 의미이다.

양서류 兩棲類

개구리나 도롱뇽 등을 양서류라 부르는 이유가 궁금했는데 국어 사전을 펼쳐보니 '둘 양(兩)', '살 서(棲)', '무리 류(類)'로 두 군데에서 사는 동물의 무리라는 의미였다. 물속에서도 육지에서도 살기 때문에 양서류(兩棲類)라 이름 붙인 것이었다. 새끼 때에는 민물에서 아가미로 호흡하고 자라면 폐가 생겨 뭍에서도 살 수 있는 동물이기에 양서류(兩棲類)라 하였다.

양반(兩班)이라 할 때도 '둘 량(兩)'이다. 문관(文官)인 동반(東班)과 무관(武官)인 서반(西班), 그러니까 두 개의 반(班)이라 해서 양반(兩班)이라 하였다. 그런데 지금은 의미가 확장되어 지체나 신분이 높은 상류 계급을 일컬을 때, 또는 여자가 다른 사람에게 자기의 남편을 일컬을 때, 또는 점잖은 사람을 일컬을 때 양반(兩班)이라 한다.

그런데 재미있는 것은 남자를 높여 일컬을 때도 '양반(兩班)'이고 홀대하여 일컬을 때도 양반(兩班)이라는 사실이다. "운전수 양반, 좀 빨리 가면 안 될까요?"에서는 높임인데, "이 양반이 어디에서 큰소리야"에서는 낮춤인 것이다.

둘 다 잘못이라고 비판하는 태도를 '양비론(兩非論)'이라 하고 둘 이상의 물체나 사람 또는 집단이 서로 상반되는 경향으로 분리되는 현상을 '양극화(兩極化)'라 하며 한 가지 사물에 속하여 있으면서 서로 맞서는 두 가지의 성질을 '양면성(兩面性)'이라 한다.

남자와 여자를 서로 차별하지 않고 동등하게 대우하여 똑같은 참여 기회를 주고 똑같은 권리와 이익을 누릴 수 있도록 함을 '양성평등(兩性平等)'이라 한다.

양수발전소 揚水發電所

'발전소(發電所)'는 전기(電)를 발생(發)시키는 장소(所)이고 '올릴 양(揚)'을 쓴 양수(揚水)는 물을 올린다는 의미이다.

전기(電氣)는 보관이 어렵다. 그리고 야간(夜間)에는 전력 사용량이 적다. 야간에 남아도는 전기를 이용하여 아래에 있는 물을 높은 곳의 저수지(貯水池)에 끌어올렸다가 전력 사용이 적은 낮에 그 물을 떨어뜨려 전기를 발생시키는 시설을 양수발전소(揚水發電所)라 한다.

'누를 억(抑)', '올릴 양(揚)'을 쓴 억양법(抑揚法)이 있다. '얼굴은 예쁘지만 마음 씀씀이가 나쁘다', '공부는 못하지만 노래는 잘한다'와 같이 추켜세웠다가 낮추거나 낮췄다가 추켜세움으로써 의도(意圖)하는 바를 더욱 강조하는 표현법이다.

'올리다', '오르다'는 의미를 지닌 '양(揚)'이다. 의식, 감정, 분위기 따위를 한껏 북돋워서 높임을 '고양(高揚)'이라 하고, 아름다움이나 훌륭함 따위를 기리고 드높임을 '찬양(讚揚)'이라 하며, 액체나 기체와 같은 유체(流體) 속에서 물체가 운동할 때 그 운동 방향에 대하여 직각으로 작용하는 힘을 '양력(揚力)'이라 한다. 뜻한 바를 이루어 우쭐거리며 뽐내는 모양을 '의기양양(意氣揚揚)', 사회적으로 인정받고 높이 됨을 몸을 세웠다는 의미로 '입신(立身)', 입신(立身)하여 이름을 올려 유명해짐을 '입신양명(立身揚名)'이라 한다.

국가보안법에서, 반국가단체를 격려하거나 기리고 드높임으로써 성립하는 범죄를 '고무찬양죄(鼓舞讚揚罪)'라 하는데, '북칠 고(鼓)', '춤출 무(舞)', '기릴 찬(讚)', '올릴 양(揚)'으로 북치고 춤추면서 기리고(칭찬하고) 띄워 올린 죄라는 의미이다.

역학조사 疫學調査

의학(醫學)의 한 분야로, 질병(疾病)을 집단 현상으로 파악하여 질병 원인, 유행의 지역 분포, 식생활 등의 특징에서 법칙성을 찾아내어 공통 인자(因子)를 이끌어내려는 학문을 '질병 역(疫)', '학문 학(學)'을 써서 '역학(疫學)'이라 한다. 질병에 대한 학문이라는 의미이다.

'역학(疫學)'의 동음이의어(同音異議語)에 물체 사이에 작용하는 힘과 물체 운동과의 관계를 연구하는 '역학(力學)', 천체 운동을 관측하여 책력(冊曆) 만드는 기술을 연구하는 '역학(曆學)', 주역(周易) 또는 점성술을 연구하는 학문인 '역학(易學)'이 있다. '역학(力學)'은 '서로 관계되는 세력, 영향권, 권력의 힘'이라는 의미로도 쓰인다.

'조(調)'는 '조사(調査)'에서는 '살피다'는 의미이지만 '맞추다', '뽑다', '가락'이라는 의미이다. 음식의 맛을 맞추는 데 쓰는 재료를 '조미료(調味料)'라 하고, 균형을 잡아 어울리게 정돈하여 바로잡음을 '조절(調節)'이라 하며, 음악이나 가사의 가락을 '곡조(曲調)'라 한다.

'질병 역(疫)'이라 하였다. 그 질병에서 면제(免除)된 상태, 그 질병에 감염될 가능성에서 벗어난 상태를 면역(免疫)이라 하고, 소독이나 예방주사 등으로 전염병 발생을 막는 일을 '막을 방(防)'을 써서 '방역(防疫)'이라 한다.

얼굴과 몸에 좁쌀 같은 붉은 발진이 돋으면서 앓는 전염병은 얼굴이 붉게 된다고 해서 '붉을 홍(紅)'의 홍역(紅疫)이고, 발굽이 2개인 소나 돼지 등의 입이나 발굽 주변에 물집이 생기는 질병은 '입 구(口)', '발굽 제(蹄)'의 구제역(口蹄疫)이다.

연산 演算

식(式)이 나타낸 일정한 규칙에 따라 계산하는 일을 '행할 연(演)', '계산 산(算)'을 써서 '연산(演算)'이라 하는데, 집합(集合)의 연산(演算)에는 합집합(合集合)과 교집합(交集合), 그리고 차집합(差集合)과 여집합(餘集合)이 있다.

두 집합 A, B에 대하여 A에 속하거나 B에 속하는 원소 전체로 이루어진 집합을 '합할 합(合)'을 써서 '합집합(合集合)'이라 하고, A에도 속하고 B에도 속하는 원소 전체로 이루어진 집합을 '만날, 섞일 교(交)'를 써서 '교집합(交集合)'이라 하며, A에는 속하지만 B에는 속하지 않는 원소 전체로 이루어진 집합을 '어긋날 차, 나머지 차(差)'를 써서 '차집합(差集合)'이라 한다.

'남을 여(餘)'를 쓴 '여집합(餘集合)'도 있는데, 이는 전체집합에서 다른 집합을 빼고 남은 집합을 일컫는다. 그러니까 A가 전체집합 U의 부분집합일 때 U의 원소 중에서 A에 속하지 않는 원소로 이루어진 집합이 '여집합(餘集合)'인 것이다.

'연(演)'은 배우가 연출자의 지도를 받아 무대 위에서 연출하는 예술, 또는 남을 속이기 위해 꾸며낸 일이라는 '연극(演劇)'에서는 '행하다'는 의미이고, 많은 사람들 앞에서 자기의 주장 사상 의견 등을 말하는 일인 '연설(演說)'에서는 '설명하다'는 의미이다.

'연애'와 '연예'를 혼동하는 사람이 있다. 이성(異性)에 특별한 애정을 느끼어 그리워하는 일은 '사모할 연(戀)', '사랑 애(愛)'의 '연애(戀愛)'이고, 대중적인 연극, 노래, 춤, 코미디 등 예능을 공연하는 일은 '행할 연(演)', '예술 예(藝)'의 '연예(演藝)'이다.

연타 軟打

"연타 성공"이라는 아나운서의 외침을 듣고 아들놈에게 '연타'가 무슨 의미냐고 질문하자 연속해서 때리는 것이란다. 모르면 재미없고 알게 되었을 때 보다 더 재미있는 법인데. 의문을 품는 일은 앎에 이르는 첫걸음인데.

'타'가 '치다', '때리다'는 의미의 '타(打)'인 줄은 누구나 아는데, 문제는 '연'이다. '이을 연(連)'만 있는 것이 아니라 '부드러울 연(軟)'도 있다. 부드럽고 약하다는 연약(軟弱), 달팽이, 조개, 굴, 오징어, 문어 등 몸이 부드러운 연체동물(軟體動物), 부드럽고 물렁한 뼈인 연골(軟骨), 외부와의 접촉이나 외출은 허가하지 않으나 일정한 장소 안에서의 신체의 자유는 구속하지 않는, 정도가 비교적 가벼운 감금을 일컫는 연금(軟禁) 등에서의 '연'은 모두 '부드러울 연(軟)'이다.

야구경기에서의 '연타석 홈런'은 '이을 연(連)'으로 타석이 이어졌다는 의미이고 배구경기에서의 '연타'는 '부드러울 연(軟)'의 연타(軟打)로 상대방이 공을 받을 수 없는 빈 공간을 향해 공을 부드럽게 때린다는 의미이다.

배구(排球)는 '밀칠 배(排)' '공 구(球)'로 공을 밀친다는 의미이고, 야구(野球)는 '들 야(野)'로 들에서 하는 공놀이이다. 축구(蹴球)는 '찰 축(蹴)'으로 공을 차는 운동이고, 농구(籠球)는 '바구니 롱(籠)'으로 바구니에 공 넣기 운동이며, 탁구(卓球)는 '탁자 탁(卓)'으로 탁자, 테이블을 사이에 두고 하는 운동이다. 족구(足球)는 '발 족(足)'으로 발로 하는 운동이고, 피구(避球)는 '피할 피(避)'로 공을 피하는 운동이며, 당구(撞球)는 '칠 당(撞)'으로 공을 치는 운동이다. 야구(野球)에서 안타(安打)는 '안전하게 베이스에 가도록 치는 일'이라는 의미이다.

온도 溫度

온도(溫度)는 '따뜻할 온(溫)'에 '정도 도(度)'로, 따뜻함의 정도이고 고도(高度)는 '높을 고(高)'이니까 높이의 정도이다. 습도(濕度)는 '축축할, 습할 습(濕)'이니까 축축함, 습함의 정도이고 밀도(密度)는 '빽빽할 밀(密)'이니까 빽빽함의 정도이며 난이도(難易度)는 '어려울 난(難)', '쉬울 이(易)'이니까 어렵고 쉬움의 정도이다. 몇몇 사람들이 '난이도가 높다' 또는 '난이도가 낮다'라고 말하곤 하는데, 이는 잘못된 표현이다. '난도가 높다', '난도가 낮다'가 옳은 표현이기 때문이다.

색도(色度)는 '빛 색(色)'으로 광학적으로 수치화된 빛깔의 정도이고 경사도(傾斜度)는 '기울 경(傾)', '비스듬할 사(斜)'로 기울어진 정도이다. 속도(速度)는 '빠를 속(速)'으로 빠르기의 정도이고 명도(明度)는 '밝을 명(明)'으로 색의 밝고 어두움의 정도이다. 조도(照度)는 '비칠 조(照)'로 비침의 정도이고, 각도(角度)는 '모날 각(角)'으로 두 직선이 만든 모남의 정도이다. 사물을 보거나 생각하는 방향, 즉 관점이라는 의미도 있다. '강할 강(强)'의 강도(强度)는 강함의 정도이고 '나아갈 진(進)'의 진도(進度)는 나아감의 정도이며 '진동할 진(震)'의 진도(震度)는 지진 발생 시 지면의 진동 세기 정도이다.

'도(度)'가 '정도'라는 의미로만 쓰이는 것이 아님은 물론이다. '법도, 제도', '길이', '모양'의 의미로도 많이 쓰인다. 국가나 사회 제도의 체제나 국가의 형태 또는 제정된 질서상의 준칙인 제도(制度), 길이와 부피와 무게를 측정하는 일인 도량형(度量衡), 몸을 가지는 모양이나 맵시를 일컫는 태도(態度) 등이 그 예이다. 2012년도(年度), 2013년도(年度)에서는 '횟수'라는 의미이다. '물 수(水=氵)'가 들어간 '도(渡)'는 '물 건널 도(渡)'로 미국으로 건너간다는 도미(渡美) 등이 그 예이다.

용불용설 用不用說

환경 조건이 달라지면 생활 습성이 변하고 사용하지 않는 기관은 퇴화(退化)되며 많이 사용하는 기관은 발달한다는 이론(理論)이 '쓸 용(用)', '아니 불(不)', '쓸 용(用)', '주장 설(說)'의 용불용설(用不用說)이다. 동물의 신체 기관은 쓰느냐(用) 쓰지 않느냐(不用)에 따라 기능에 변화가 생긴다는, 그러니까 사용하면 발달하고 사용하지 아니하면 퇴화된다는 주장인 것이다. 진리(眞理)는 아니고 라마르크라는 사람의 생각, 주장일 뿐이다. '설(說)'은 견해나 주장, 학설, 소문이라는 의미이다. 그러니까 용불용설(用不用說)에서뿐만 아니라 어떤 단어의 끝에 '설(說)'이 들어가면 '반드시 진리인 것은 아니고 그 어떤 사람의 주장'이라고 생각할 수 있어야 한다.

해설하여 밝힘을 설명(說明)이라 하고 통용되는 설(說)과는 다른 주장이나 의견을 '이설(異說)'이라 한다. 종교(宗敎)의 교의(敎義) 설명함을 설교(說敎)라 하고, 서로 말이 오고가며 옥신각신함을 '설왕설래(說往說來)'라 한다.

'說'은 '말하다'는 의미로 많이 쓰이지만 '기쁘다' '달래다'는 의미로도 쓰이는데 '기쁘다'는 의미로 쓰일 때에는 '열'로 발음하고, '달래다'는 의미로 쓰일 때는 '세'로 발음한다. 기뻐하고 즐거워한다는 '열락(說樂)'과 돌아다니며 자기의 의견과 주장을 설명하고 선전한다는 '유세(遊說)'가 그 예이다.

'용의주도(用意周到)'라는 말이 있다. 뜻을 사용함이 두루 미친다는 의미로 마음의 준비가 두루 미쳐 빈틈이 없다는, 준비가 완벽하여 실수가 없다는 말이다. '이용후생(利用厚生)'이라는 말이 있다. 기구들을 이롭게 사용하여 삶을 두텁게 한다는 의미로 물건을 편리하게 사용하도록 하여 백성의 생활을 나아지게 한다는 의미이다. '절용애인(節用愛人)'이라는 말도 있다. 재물을 절약하여 쓰는 것이 사람을 사랑하는 일이라는 의미이다.

원적외선 遠赤外線

적외선 중에서 가장 긴 파장을 지닌 빛을 원적외선(遠赤外線)이라 하는데, 원적외선에서 나온 열에너지가 생명체에 새로운 힘을 제공한다는 원리가 밝혀지면서 원적외선에 대한 연구가 활발해지고 있다.

파장이 가시광선(可視光線)보다 길고 마이크로파보다 짧은 전자파를 적외선(赤外線)이라 하는데, 이것은 눈에는 보이지 않지만 가시광선이나 자외선에 비해 열작용이 강하고 투과력(透過力)도 강하여 의료나 적외선 사진 등에 이용되고 있다.

붉은 빛을 띠기에 '붉을 적(赤)'을 써서 '적외선(赤外線)'이라 부르고 열작용이 강하기에 열선(熱線)이라고도 부르는데, 열작용을 지니고 있기에 공업용이나 의료용으로 많이 이용된다.

'원(遠)'은 '멀 원'이다. 멀리 바라본 경치를 '원경(遠景)'이라 하고, 먼 곳의 것만 보이는 시력(視力)을 '원시(遠視)'라 하며, 멀리 가서 운동 경기 등을 하는 것을 '원정경기(遠征競技)'라 한다. '사이 뜰 격(隔)'을 쓴 '원격(遠隔)'은 기한이나 거리가 멀리 떨어져 있다는 의미이고, '친하지 않을 소(疎)'를 쓴 '소원(疏遠)'은 친분이 가깝지 못하고 멀다는 의미로 소식이나 왕래가 오래도록 끊긴 상태라는 말이다.

'적(赤)'은 적색(赤色), 적자(赤字), 적신호(赤信號)에서처럼 대부분 '붉다'는 의미로 쓰이지만 '비다', '벌거벗다'는 의미로 쓰이기도 한다. 벌거벗은 몸, 숨김없이 본디 그대로 다 드러냄을 '적나라(赤裸裸)'라 하고 아무 것도 없는 빈손을 '적수공권(赤手空拳)'이라 한다.

유인원 類人猿

오랑우탄과의 원숭이 중 고릴라, 침팬지, 오랑우탄, 긴팔원숭이 등을 유인원(類人猿)이라 하는데, 이는 '닮을 유(類)', '원숭이 원(猿)'으로 '사람과 닮은 원숭이'라는 의미이다.

'류(類)'는 같은 성격을 지닌 사람끼리 왕래하여 사귄다는 '유유상종(類類相從)', 어떤 공통적인 성격 등에 따라 나눈 갈래인 '부류(部類)'에서처럼 대부분 '무리'라는 의미로 쓰이지만 서로 비슷하다는 '유사(類似)', 비슷한 틀, 공통되는 성질이나 모양이라는 '유형(類型)'에서는 '닮다', '비슷하다'는 의미이다.

'인(人)'은 '사람'이라는 의미로만 쓰이는 것이 아니다. '인품', '인격', '백성'이라는 의미로도 쓰이고, 문장에서는 '다른 사람'이라는 의미로 쓰인다. 인비목석(人非木石)이라는 말이 있다. 사람은 나무나 돌이 아니라는 뜻으로 사람은 모두 희로애락(喜怒哀樂)의 감정을 가지고 있으며 나무나 돌과 같이 무정(無情)하지 않다는 말이다. 인심여면(人心如面)이라고 하였다. 사람의 마음이 얼굴과 같다는 의미인데, 사람의 마음은 천차만별이기 때문에 그 다름을 인정해야 한다는 말이다.

사람이 가지고 있는 기본적인 권리를 인권(人權)이라 하고, 많은 사람 가운데 적당한 사람을 뽑는 일을 '인선(人選)'이라 하며, 사람이면 누구나 가지는 보통의 심정을 '인지상정(人之常情)'이라 한다.

'기소불욕(己所不慾) 물시어인(勿施於人)'이라 하였다. 자기가 하고 싶지 않은 일을 다른 사람에게 베풀지 말라는 의미이다. '人人 人人人'을 해석하면 어떤 의미일까? '사람이면 다 사람이냐? 사람이 사람다워야 사람이지'란다.

이비인후과 耳鼻咽喉科

내장(內臟)의 기관에 생긴 병을 외과적 수술에 의하지 아니하고 고치는 의술 부서를 내과(內科)라 하고 몸 외부의 상처나 내부 여러 기관의 질병을 수술 등의 처치로써 치료하는 의술 부서를 외과(外科)라 한다.

여성의 임신(姙娠), 해산(解産) 및 부인병(婦人病)을 맡아보는 부서를 '낳을 산(産)', '시집간 여자 부(婦)'를 써서 산부인과(産婦人科)라 하고, 치아의 병을 다루며 치아와 치아의 지지조직(支持組織)을 치료, 교정, 가공하는 부서를 '이빨 치(齒)'를 써서 치과(齒科)라 한다. 몸의 외형을 바르게 고치는, 운동기 계통의 기능 장애나 형상의 변화를 연구하고 예방하고 치료하는 부서는 '가지런할 정(整)', '모양 형(形)', '바깥 외(外)'의 정형외과(整形外科)이다. '만들 성(成)', '모양 형(形)'의 '성형(成形)'은 모양을 만든다는 의미이기에 성형외과(成形外科)는 인체의 부분 손상이나 기형의 교정 또는 미용을 위하여 하는 외과적 수술을 하는 의술 분야이다.

이비인후과(耳鼻咽喉科)는 '귀 이(耳)', '코 비(鼻)', '목구멍 인(咽)', '목구멍 후(喉)'로 귀와 코 그리고 목구멍의 질환을 치료하는 의술 분야이다. 청신경에 병적 자극이 생겨 환자에게만 어떤 종류의 소리가 연속적으로 울리는 것처럼 느껴지는 일을 '울 명(鳴)'을 써서 이명(耳鳴)라 하고, '쇠귀에 경 읽기'란 뜻으로 우둔(愚鈍)한 사람은 아무리 일러주어도 알아듣지 못함을 우이독경(牛耳讀經)이라 한다.

나이 60세를 이순(耳順)이라 한다. '귀 이(耳)', '순할 순(順)'으로, 60세가 되어야 세상의 이치에 통달하게 되고 듣는 대로 모두 이해하게 된다는 의미이다.

인상 용상 引上聳上

기다란 쇠막대 양편에 둥근 쇳덩어리를 꿰어서 만든 운동 기구를 '힘 력(力)', '물건 기(器)'를 써서 '역기(力器)'라 하는데, 이는 '힘을 기르는 물건', '힘을 측정하는 기기'라는 의미이다. 그리고 그 역기를 들어 올려 그 기록을 겨루는 경기를 '역도(力道)' 또는 '역기(力技)'라 한다.

역도(力道) 경기에는 '인상'과 '용상' 두 종목이 있는데, '끌 인(引)', '올릴 상(上)'의 '인상(引上)'은 바벨을 두 손으로 잡아 한 동작으로 머리 위에까지 끌어올리는 경기이고, '솟을 용(聳)', '올릴 상(上)'의 '용상(聳上)'은 앉은 자세로 바벨을 손으로 잡아 한 동작으로 가슴 위에 올린 후 반동을 이용하여 솟아오르면서 머리 위까지 추어올리는 경기이다. 끌어 올리면서 일어서기 때문에 '끌 인(引)', '올릴 상(上)'의 '인상(引上)'이고, 일단 가슴에 얹은 다음에 솟아오르는 것처럼 일어서기 때문에 '솟을 용(聳)'의 '용상(聳上)'인 것이다.

'상(上)'이 '위'라는 의미로만 쓰이는 것이 아니다. '임금', '옛날', '높이다', '첫째', 그리고 '오르다'는 의미로도 쓰이는데, '인상(引上)', '용상(聳上)'에서는 '오르다'는 의미이다.

'상탁하부정(上濁下不淨)'이라고 했다. '흐릴 탁(濁)', '깨끗할 정(淨)'으로 윗물이 흐리면 아랫물도 깨끗하지 않다는 의미이다. 윗사람이 바르지 않으면 아랫사람도 행실이 바르지 못하다는 말이다.

인상 기록보다 용상 기록이 더 좋게 나오는데, 이것은 한 번에 올리는 것보다는 두 번 나누어 올리는 것이 쉽기 때문이다. 세상일도 마찬가지 아닐까? 한 번에 마무리하려 욕심내기보다 나누어서 천천히 하는 것이 현명함 아닐까?

적자생존 適者生存

학생들에게 '적자생존'이 무엇이냐고 물으면 "강한 자만 살아남는다는 이론입니다"라고 말한다. 옳은 대답이라 생각하는 사람도 있겠지만 결코 옳은 답이 아니다. '적응할 적(適)', '것 자(者)', '살 생(生)', '존재할 존(存)'이기에 "적응하는 것만이 살아 존재할 수 있다는 이론입니다"가 정답이다. 강해서가 아니라 적응해야 살아남을 수 있다는 이론이 적자생존(適者生存)인 것이다.

어떠한 상황이나 조건에 잘 어울림을 '적응(適應)'이라 하고, 알맞은 자격을 '적격(適格)'이라 하며, 적당한 인재를 적당한 자리에 쓰는 것을 '적재적소(適材適所)'라 한다. 맞추어 쓰는 일, 또는 쓰기에 알맞음을 '적용(適用)'이라 하고, 꼭 맞음, 어떤 기준이나 정도에 맞아 어울리는 상태를 '적절(適切)'이라 하며, 적절(適切)하지 않음을 '부적절(不適切)'이라 한다.

'구속적부심사(拘束適否審査)'라는 것이 있다. '맞을 적(適)', '아닐 부(否)'로 피의자(被疑者)나 피고인(被告人)을 구속하는 일이 적합한지 아닌지를 심사(審査)하도록 법원에 청구할 수 있는 권리를 말한다.

'자(者)'는 '놈 자'이다. 그런데 '자(者)'가 '사람'이라는 의미만이 아니라 '사물', '일'이라는 의미도 지닌다. 그렇기 때문에 '농자천하지대본(農者天下之大本)'에서의 '농자(農者)'를 '농사짓는 사람'이 아니라 '농사짓는 일'이라고 해석해야 하는 것이다. '놈'이 지금은 비어(卑語)이지만 옛날에는 평어(平語)였다.

'인자무적(仁者無敵)'이라고 하였다. 어진 사람은 (널리 사람을 사랑하기 때문에) 적(敵)이 없다는 말이다. '애인자인항애지(愛人者人恒愛之)'라고 하였다. 다른 사람들을 사랑하는 사람은 다른 사람들도 항상 그를 사랑해 준다는 말이다. '자승자강(自勝者強)'이라고도 하였다. 자신을 이기는 사람이 강(强)한 사람이라는 의미이다.

전위예술 前衛藝術

이상스런 행동을 하는 이해하기 힘든 형태의 예술 행위를 전위예술이라 하는 줄로 알았었다. 옷을 벗어 던지는 등 비상식적(非常識的)인 행동을 전위예술이라 하는 줄로 생각하였었다. 몸에 물감을 뿌려대는 행위를 전위예술이라고 나름대로 정의(定意) 내렸었다.

그런데 아무리 생각해도 아닌 것이 분명하였다. 사전을 펼쳤다. 역시 사전(辭典)이 스승이었다. '앞 전(前)', '호위할 위(衛)'였고, "① 앞에서 먼저 나가는 호위(護衛), ② 부대가 전진할 때 본대 앞에 서서 나가는 부대, ③ 테니스, 배구 등에서 자기 진의 앞쪽에 위치한 선수, ④ 예술에서 가장 선구적인 집단"이라고 쓰여 있었다. 그리고 그 아래에는 "전위극(前衛劇): 새로운 시대정신으로 그 시대를 앞서가려는 선구적인 연극, 전위영화(前衛映畵): 새로운 실험적 표현 수법을 사용하여 만든 영화"라고 쓰여 있었다.

그렇다. 시대의 첨단에 서 있는 비정통적이고 실험적인 예술이기에 '앞 전(前)', '호위할 위(衛)'를 써서, 앞에서 호위하며 이끌어 간다는 의미로 전위예술(前衛藝術)이라 이름 붙인 것이었다.

적의 공격을 막아서 지킴을 '막을 방(防)'을 써서 '방위(防衛)'라 하고, 건강 증진을 도모하고 질병의 예방에 힘쓰는 일을 '위생(衛生)'이라 하며, 따라다니면서 신변을 경호함을 '보호할 호(護)'를 써서 '호위(護衛)'라 한다.

정전기 靜電氣

건조한 날 차량의 손잡이에서 찌릿찌릿한 느낌을 받는 현상, 합성섬유로 만든 내의(內衣)가 몸에 달라붙는 현상, 플라스틱 빗에 머리카락이 달라붙는 현상을 '정전기 현상'이라 한다. '정전기'는 '고요할 정(靜)', '전기 전(電)', '기운 기(氣)'로, '움직임 없이 고요하게 있는 전기'라는 의미이다. '마찰전기(摩擦電氣)'라고도 하는데, 이는 마찰한 물체 위에 생기기 때문이다.

심장에서 나오는 피를 몸의 각 부분으로 나르는 혈관(血管)을 '움직일 동(動)'을 써서 '동맥(動脈)'이라 하고, 몸의 각 부분의 피를 모아서 심장(心臟)으로 보내는 혈관을 '정맥(靜脈)'이라 한다. 맥벽(脈壁)이 얇고 곳곳에 판이 있어 피의 역류(逆流)를 막는 혈관이기에 '고요할 정(靜)'을 써서 '정맥(靜脈)'이라 하는 것이다. 어떤 행동이나 상황 등이 전개되거나 변화되어 가는 낌새나 상태를 '동정(動靜)'이라 하는데, 이는 '움직이다가 고요하게 있다가 하는 상태'라는 의미이다.

'고요할 정(靜)'은 고요하고 편안하다는 '정밀(靜謐)', 고요하고 엄숙하다는 '정숙(靜肅)', 고요하고 괴괴하다는 '정적(靜寂)' 등에 쓰인다. '머무를 정(停)', '전기 전(電)'의 '정전(停電)'은 송전(送電), 즉 전기 보내는 일이 잠깐 중단되었다는 의미이고, '머무를 정(停)', '전쟁 전(戰)'의 '정전(停戰)'은 전쟁을 하다가 합의(合議)에 의하여 전투를 중단하였다는 의미이다.

정전기로 인한 불쾌감을 없애기 위해서는 화학섬유로 만든 옷을 입지 않는 방법이 있고 방안에 가습기를 틀어놓아 습도를 높이는 방법도 있다. 정전기(靜電氣)는 반도체 부품에 손상을 주기도 하고 컴퓨터 오작동을 낳기도 하며 화재를 불러오기까지 한다고 한다.

제창 齊唱

행사가 있을 때마다 사회자는 "다음은 애국가 제창이 있겠습니다"라고 말하곤 하였는데, 무심코 지나치다가 어느 날인가 갑자기 '제창'이라는 단어의 의미에 대해 궁금해졌다. '창(唱)'이 '노래 부른다'는 의미인 줄은 알겠는데, '제'가 무슨 의미인지 알 수 없었던 것이다.

'여러분'이라는 의미의 제군(諸君), '모든 차량은 멈추어라'는 제차정지(諸車停止), '여러 가지, 모든 것'이라는 '제반(諸般)'처럼 '모두 제(諸)'일 것이 분명하다는 생각을 하였지만, 그래도 확실하게 아는 것이 좋겠다는 생각으로 국어사전을 펼쳤다. 그런데 아니었다. '모두 제(諸)'가 아니라 '가지런할 제(齊)'의 제창(齊唱)이었다. 모두 함께 불러서 '제창'이 아니라 가지런하게, 그러니까 노래하는 사람 모두가 같은 소리로 불러서 '제창(齊唱)'이었다. 여러 사람이 2부, 3부, 4부로 나뉘어서 서로 화음(和音)을 이루면서 다른 선율(旋律)로 노래하는 합창(合唱)과 달리 동일한 선율을 두 사람 이상이 동시에 같은 음으로 노래 부르기 때문에 '가지런하게 부른다'는 의미로 제창(齊唱)이라 하는 것이었다.

남편을 공경하는 마음으로 받드는 일을 '제미지안(齊眉之案)'이라 하는데, '가지런할 제(齊)', '눈썹 미(眉)', '어조사 지(之)', '밥상 안(案)'으로 눈썹에 가지런할 정도의 높이(공손의 표시)로 바치는 밥상이라는 의미이다. '끌 제(提)'를 쓴 제창(提唱)은 어떤 일을 끌어내고 내세우면서 주장한다는 의미이다.

'물 수(水=氵)'가 더해진 '제(濟)'는 '건널 제', '구제할 제'이다. 물을 건넘 또는 일체 중생을 험한 세상에서 건져 극락으로 인도해 준다는 제도(濟度), 구원하여 건져준다는 구제(救濟) 등에 쓰인다.

중력 重力

지표(地表) 부근의 물체를 지구의 중심 방향으로 이끄는 힘, 그러니까 지구가 지구 위에 있는 물체를 그 지구의 중심으로 끌어당기는 힘을 '중력(重力)'이라 한다. '무거울 중(重)', '힘 력(力)'으로 '지구를 무겁게 만드는 힘', '지구가 무겁게 끌어당기는 힘'이라고 해석해 본다. 중력(重力)이 있기에 공중에 떠다니지 않고 지표면에서 생활할 수 있는 것이다.

'무거울 중'이라 일컫는 '重'이 '무겁다'는 의미로만 쓰이는 것은 아니다. '심하다', '중요하다', '무게', '거듭하다'는 의미로도 쓰인다. 중후(重厚), 경중(輕重)에서는 '무거울 중'이고, 중상(重傷), 중태(重態)에서는 '심할 중'이며, 중요(重要), 존중(尊重), 중농정책(重農政策)에서는 '중요할 중'이다. 중량(重量), 체중(體重)에서는 '무게 중'이고, 중복(重複), 구중궁궐(九重宮闕)에서는 '겹칠 중'이다.

콘크리트 자체의 무게로 저수지 물의 수압(水壓)을 지탱하는 댐을 '중력을 이용한 댐'이라는 의미로 '중력댐(重力dam)'이라 하고, 중력에 따라 점차 땅속으로 스며드는 지하수를 '중력수(重力水)'라 하며, 지구 중심을 향하여 운동하는 물체에 중력이 작용하여 생기는 가속도를 '중력가속도(重力加速度)'라 한다.

지구 표면에 붙어있는 일은 쉽지만 달 표면에 붙어있기는 쉬운 일 아닌데 이것은 지구에는 중력(重力)이 있지만 달에는 중력이 없기 때문이다.

'힘', '힘쓰다'는 의미의 '력(力)'이다. 뛰어나게 힘이 센 사람 또는 역도 선수를 역사(力士)라 하고, 힘주어 주장함 또는 강하게 주장함을 역설(力說)이라 하며, 힘써서 지음 또는 훌륭한 작품을 역작(力作)이라 한다.

집합 集合

'모을 집(集)', '모일 합(合)'의 집합(集合)은 한군데로 모은다는 말이다. '집(集)'만으로는 외로워서, '합(合)'만으로도 외로워서 '집(集)'과 '합(合)'을 합해 '집합(集合)'이라 한 것 같다.

'집합명사(集合名詞)'라는 것이 있는데, 가족, 군대처럼 같은 종류가 모인 전체를 나타내는 명사(名詞)이다. '집합(集合)'처럼 혼자는 외로워 같은 의미의 글자를 겹쳐 쓰는 단어, 그러니까 '동류어(同類語)'의 구조로 된 단어에 인민(人民), 군중(群衆), 해양(海洋), 상호(相互) 등이 있다.

'집합(集合)'이라는 말이 원래는 '운동장에 집합하다', '10시에 집합시켰다'에서와 같이 한군데로 모인다, 한군데로 모은다는 의미였지만, 수학(數學)에서는 '정수의 집합'에서처럼 범위가 확정된 것의 모임, 어떤 조건에 의해 그 대상을 분명하게 알 수 있는 것들의 모임을 가리킨다.

많은 것들이 모여서 이룬 덩어리를 '집합체(集合體)'라 하는데, 이는 따로따로 존재하는 낱낱의 물체인 '개체(個體)'의 상대 개념이다. 여럿을 모아 하나로 크게 완성함을 '집대성(集大成)'이라 하고 권력을 한군데로 모음을 '집권(集權)'이라 한다. 정권을 잡는 것은 '잡을 집(執)'을 쓴 '집권(執權)'이다.

수학(數學)에서 '뚱뚱한 사람의 모임'은 집합이라고 하지 않는다. 대상을 분명하게 알 수 없기 때문이다. '우리 학교에서 75*kg* 이상 학생의 모임'은 집합이 된다. 대상을 분명하게 정할 수 있고 알 수 있기 때문이다.

조선 초기에 궁중에 두었던 학문연구기관에 집현전(集賢殿)이 있었다. 현명한 사람들을 모아 연구에 힘쓰도록 하는 집이라는 의미였다.

추상미술 抽象美術

현실을 재현(再現)시키는 객관적(客觀的) 묘사(描寫)보다 화가 자신의 주관적 인상 등을 형상화하는 것을 중요시하는 예술 사조를 추상미술(抽象美術)이라 하는데, '추상(抽象)'은 미술뿐 아니라 모든 예술 장르에서 통용(通用)되는 말이다.

'뽑을 추(抽)', '모양 상(象)'으로 여러 모양에서 공통적인 특징들만을 뽑아 모았다는 의미이다. 낱낱의 사물에서 공통되는 속성을 뽑아 종합한 상태가 추상(抽象)인데, 관심, 존경, 베풂, 그리움 등을 '사랑'이라고 표현하는 것이 그 예이다.

'뽑을 추(抽)'라고 하였는데, '빼다', '당기다'는 의미도 있다. 빼내거나 뽑아 냄, 그리고 화학에서, 용매를 써서 고체나 액체로부터 어떤 물질을 뽑아내는 일, 통계학에서 모집단으로부터 표본을 뽑아내는 일을 추출(抽出)이라 하고, 어떤 표시나 내용이 적힌 종이쪽지를 뽑는 일, 여러 물건 중에서 어느 것을 무작위로 뽑아 어떤 일의 당락, 차례, 분배 등을 결정하는 일을 추첨(抽籤)이라 한다.

'상(象)'을 '코끼리 상'이라 말하는데, '모양'이라는 의미로 더 많이 쓰인다. 사물의 형상을 본뜨는 일을 상형(象形), 관찰할 수 있는 사물의 형상을 현상(現象), 비, 눈, 바람, 구름 등 대기 속에 일어나는 현상을 기상(氣象)이라 한다.

우주 속에 존재하는 온갖 사물과 모든 현상을 '나무 빽빽할 삼(森)', '벌일 라(羅)'를 써서 '삼라만상(森羅萬象)이라 하고, 천차만별의 상태, 모든 사물이 제각기 다른 모습을 하고 있는 상태를 '모양 태(態)', '모양 상(象)'을 써서 '천태만상(千態萬象)'이라 한다. 추상(抽象)의 상대어에 사물이 실제로 뚜렷한 모양이나 형태를 갖추고 있다는 '구상(具象)'이 있는데, '갖출 구(具)', '모양 상(象)'을 쓴다.

충치 蟲齒

중고생(中高生)의 절반 이상이 충치(蟲齒)로, 성인(成人)의 80% 이상이 풍치(風齒)로 고생하고 있다고 한다. '괜찮아지겠지'라고 안이(安易)하게 생각하다가 병을 키워 후회(後悔)하는 사람이 많다는 것이다.

벌레 먹어 상한 치아나 썩은 치아를 '벌레 충(蟲)', '이빨 치(齒)'를 써서 '충치(蟲齒)'라 하고, 잇몸이 염증으로 인해 많이 녹아서 흔들리거나 아픈 증세를 치아가 바람에 흔들리듯 한다는 의미로 '바람 풍(風)'을 써 '풍치(風齒)'라 한다.

'벌레 충(蟲)'은 사람이나 작물에 해를 끼치는 벌레의 총칭인 해충(害蟲), 해충(害蟲)으로 인한 농작물의 피해인 충해(蟲害), 곤충의 매개(媒介)로 다른 꽃의 꽃가루를 받아 생식작용을 하는 꽃인 충매화(蟲媒花) 등에 쓰인다.

기생충(寄生蟲)은 '붙을 기(寄)', '살 생(生)', '벌래 충(蟲)'으로 다른 생물의 몸에 붙어서 양분을 섭취하며 살아가는 동물을 가리키는데, 의미가 확장되어, 스스로 노력하지 않고 남에게 얹혀사는 사람을 비유하는 말로 쓰이고 있다.

'치(齒)'는 이를 전문으로 치료하고 연구하는 의학의 한 분과인 치과(齒科), 이의 한쪽에 엉겨 붙은 단단한 물질인 치석(齒石)에서와 같이 대부분 '이'라는 의미로 쓰이지만, 나이가 많고 덕행(德行)이 높다는 치덕(齒德), '나이'의 또 다른 말인 '연치(年齒)'에서는 '나이'라는 의미이다.

'순망치한(脣亡齒寒)'이라는 말이 있다. '입술 순(脣)', '없을 망(亡)', '차가울 한(寒)'으로, 입술이 없어지면 이가 차갑다는 의미이고, 가까운 사이의 하나가 망하면 다른 하나도 그 영향을 받는다는 말이다.

편두통 偏頭痛

처음에는 한쪽 머리가 발작적으로 아프다가 머리 전체로 통증이 미치는 아픔을 편두통(偏頭痛)이라 하는데 이런 편두통에는 벌꿀이 효과가 있다고 한다. 벌꿀 한 숟가락을 먹고 1시간쯤 지나면 통증(痛症)이 가라앉는다고 하는데 머리가 아픈 병을 두통(頭痛)이라 하고 한쪽 머리만 심하게 아픈 증세를 '치우칠 편(偏)', '머리 두(頭)', '아플 통(痛)'을 써서 편두통(偏頭痛)이라 한다.

불편부당(不偏不黨)해야 한다고 한다. 어느 당(黨) 어느 사상(思想)에도 가담하거나 기울지 아니하고 공정하고 중립적인 처지에 서야 한다는 말이다.

'치우치다', '기울다'는 의미의 '편(偏)'은 공평하지 못하고 한쪽으로 치우친 의견인 편견(偏見), 홀어머니의 다른 명칭인 편모(偏母), 마음이 한쪽으로 치우쳤다는 편벽(偏僻), 한쪽만을 중요하게 여긴다는, 어느 한쪽으로 치우쳤다는 편중(偏重), 음식을 가려 식성에 맞는 음식만을 골라 먹는 일인 편식(偏食) 등에 쓰인다. 비슷한 글자에 '작을 편(扁)', '엮을 편(編)', '책 편(篇)', '두루 편(遍)'이 있다.

'콩 두(豆)'에 '머리 혈(頁)'이 더해진 '머리 두(頭)'는 뇌를 둘러싸고 있는 골격이라는 두개골(頭蓋骨), 머리에 두르는 베로 만든 물건인 두건(頭巾)에서는 '머리'라는 의미이고, 주로 좋지 못한 무리의 우두머리를 가리키는 두목(頭目)에서는 '우두머리', 여럿 중에서 특히 뛰어난 학식이나 재능인 두각(頭角)에서는 '꼭대기', 100두수(頭數)에서는 동물을 세는 단위이다.

'머리 혈(頁)'이 들어간 글자는 '머리'와 관계있는 경우가 많다. 정수리 정(頂), 목 항(項), 옷깃(우두머리) 령(領), 목 경(頸), 얼굴 안(顔), 이마 액(額) 등이 그것이다.

필요충분조건 必要充分條件

필요조건(必要條件)이 있고, 충분조건(充分條件)이 있으며, 필요충분조건(必要充分條件)도 있다. '조목 조(條)', '사건 건(件)'의 '조건(條件)'은 '무슨 일에서 규정한 항목', '약속할 경우에 붙이는 제한', '자기 뜻에 맞도록 하기 위하여 내어놓은 요구나 견해'라는 의미이다.

'조건'에서 중요한 것은 '반드시'이다. '반드시'라는 말이 들어가면 '반드시 필(必)'의 필요조건(必要條件)이고, '반드시'라는 말이 들어가지 않으면 충분조건(充分條件)이다. 그러니까 반드시 소용이 있다 해서 '반드시 필(必)'의 '필요(必要)'이고, 분량이 모자람 없이 넉넉하다 해서 '채울 충(充)'의 '충분(充分)'인 것이다.

'p이면 q이다'라는 명제가 참일 때, p는 q이기 위한 충분조건이라 하고, q는 p이기 위한 필요조건이라 한다. '학생이면 사람이다'라는 말을 가지고 설명해 보자. '학생은 사람이기 위한' 무슨 조건일까? 학생은 사람이기 위해 반드시 필요한 것 아니니까, 다시 말해서, 학생이 아니어도 사람일 수는 있으니까 '충분조건'이고, 사람은 학생이기 위해 반드시 필요한 조건이기 때문에 학생이기 위해서는 반드시 사람이어야 하기 때문에 '필요조건'인 것이다.

필요충분조건(必要充分條件)이라는 것도 있다. 'p이면 q이다'라는 명제에서 p와 q가 모두 참이고, p와 q가 서로 동치(同値) 관계일 때 서로를 이르는 말이다. 필요조건과 충분조건을 동시에 만족할 때 필요충분조건이라 하는 것이다.

함수 函數

어떤 수가 다른 수의 변화에 따라 일정한 법칙으로 변화할 때 그 어떤 수를 다른 수에 대하여 '함수(函數)'라 한다.

'상자 함(函)', '숫자 수(數)'인 이유는 상자 밖 결과가 상자 안의 상태에 따라 결정되기 때문이라 생각해 본다. 인형 뽑기 기계 상자의 동전 투입구에 100원 짜리 동전 두 개를 넣었을 때 인형 뽑기를 한 번 할 수 있다면 네 개를 넣으면 두 번, 여섯 개를 넣으면 세 번 할 수 있는 이치이다. 그러니까 $y=x^2+5x+4$에서, y는 x가 변화함에 따라 변화하기 때문에 y를 x의 함수라고 하는 것이다.

집합 X의 각 원소에 대하여 집합 Y의 원소가 하나씩 대응할 때 이 대응을 X에서 Y로의 함수라 하고 기호로 $f: X \to Y$와 같이 나타낸다. 다시 말해서 변수 x와 y 사이에 x의 값이 정해짐에 따라 y값이 정해지는 관계가 있을 때, y는 x의 함수라고 할 수 있는 것이다. 이때 x를 '독립변수(獨立變數)', y를 '종속변수(從屬變數)'라고 한다.

삼각함수(三角函數)라는 것이 있다. 세 각이 함수관계에 있다는 의미이고 각의 크기의 변화가 변의 길이에 영향을 준다는 말이다. 직각삼각형에서, 직각이 아닌 밑각의 크기가 일정할 때 그 각도와 삼각비와의 관계를 여섯 가지의 함수로 나타낸 것을 말한다. 삼각형의 각, 변 등의 관계를 함수로 나타낸 식이 삼각함수인 것이다.

직각삼각형의 직각이 아닌 한 각의 크기를 a라 하면, 이 삼각형의 임의의 두 변의 길이의 비(比)는 이 각 a의 크기에 의하여 결정되므로 이 비(比)를 이 각의 삼각함수(函數)라 하는 것이다.

항등원과 역원 恒等元, 逆元

'항상 항(恒)', '같을 등(等)', '근원(원소) 원(元)'으로 항상 같게 만드는 원소이기에 '항등원(恒等元)'이다. 덧셈에 대한 항등원(恒等元)은 0이고, 곱셈에 대한 항등원은 1이다.

'거스를 역(逆)', '근본 원(元)'의 역원(逆元)은 (항등원으로) 거슬러 올라가도록 만드는 근원의 원소이다. a의 덧셈에 대한 역원은 -a이고, a의 곱셈에 대한 역원은 1/a이다. 0에 대한 곱셈의 역원은 없다.

'원(元)'은 '근원'이라는 의미로 많이 쓰이지만 '으뜸', '처음', '기운'이라는 의미로도 쓰인다. 오랫동안 그 일에 종사하여 공로가 있는 으뜸가는 사람을 '원로(元老)', 국가의 최고 통치권을 가진 으뜸가는 사람을 '원수(元首)', 군인의 가장 높은 계급을 '원수(元帥)'라 하는데, 이때의 '원(元)'은 '으뜸'이라는 의미이고, 정월 초하룻날 아침을 '원단(元旦)', 원금(元金)과 이자(利子)를 합한 돈을 '원리금(元利金)'이라 하는데, 이때의 '원(元)'은 '처음'이라는 의미이다.

'역(逆)'은 '거스르다', '어긋나다'는 의미이다. 일이 뜻대로 되지 않는 불행한 경우를 '역경(逆境)'이라 하고, 막는 처지에 있다가 도리어 반격으로 나섬을 '역습(逆襲)'이라 하며, 언뜻 보면 진리에 어긋나는 것처럼 보이나 사실은 그 속에 진리를 품은 표현법을 '역설법(逆說法)'이라 한다.

'순천자존 역천자망(順天者存逆天者亡)'이라고 하였다. 하늘의 뜻에 따르는 사람은 그대로 살아남아 존재하지만 하늘의 뜻을 거스르는 사람은 망하게 된다는 말이다.

항생제 抗生劑

세균(細菌) 따위의 미생물(微生物)로 만들어져 다른 미생물이나 생물 세포의 발육이나 기능을 저해하는 물질을 '막을 항(抗)', '자랄 생(生)', '약 제(劑)'를 써서 항생제(抗生劑)라 한다. 자라는 것을 막는 약제라는 의미이다.

생체의 조직 속에 들어가서 그 혈청 안에 항체를 형성하게 하는 단백성 물질을 항원(抗原)이라 하고 항원(抗原)의 침입으로 혈청 안에 형성되는 물질을 항체(抗體)라 한다.

'항(抗)'은 '대항하다', '막다'는 의미를 지니고 있다. 어떤 일이 부당하다고 여겨 따지거나 반대하는 뜻을 주장하여 펼치는 것을 항의(抗議)라 하고, 지방법원 판결에 불복하여 고등법원에 소(訴)를 제기함을 항소(抗訴)라 하며, 적에 대항하여 싸우는 것을 항전(抗戰)이라 한다.

'생(生)'의 쓰임은 대단히 다양한데, 생산(生産), 생식(生殖)에서는 '낳다', 생방송(生放送), 생활(生活), 생포(生捕)에서는 '살다', 생장(生長)에서는 '자라다', 생소(生疎), 생경(生硬)에서는 '서투르다', 생기(生氣), 생동(生動)에서는 '싱싱하다', 생식(生食)에서는 '익히지 않는 것'이라는 의미이다. 선생(先生), 학생(學生)에서처럼 말끝에 붙어서 '선비' 또는 '사람'을 나타내기도 한다.

화종구생(禍從口生)이라는 말이 있다. '재앙 화(禍)', '좇을 종(從)', '입 구(口)', '낳을 생(生)'으로 모든 재앙은 입을 좇아서 생겨난다는 의미이다.

해충 害蟲

첫날은 손님이지만, 둘째 날은 짐이 되고 셋째 날은 해충(害蟲)이 된다는 말이 있다. 손님으로 가서 오래 머무르지 말아야 한다는 말이다. '해칠 해(害)', '벌레 충(蟲)'의 해충(害蟲)은 해치는 벌레, 다른 존재에 손해를 미치는 벌레라는 의미이다.

사람이나 농작물에 해가 되는 벌레를 통틀어 '해충(害蟲)'이라 한다. '해(害)'는 '해치다', '손해', '방해'라는 의미를 가지고 있는데, 죽여서 해침을 살해(殺害), 남에게 손해 더함(끼침)을 가해(加害), 나쁜 영향 끼치는 요소를 해치는 독이라는 의미로 해독(害毒)이라 한다. 독기(毒氣)를 풀어서 없앤다는 '해독(解毒)'도 있는데 이때의 '해'는 '풀 해(解)'이다. '백해무익(百害無益)'이라는 말이 있다. 100% 해롭기만 할 뿐 이익됨은 없다는 의미이다.

'충(蟲)'은 동물의 총칭으로 쓰이기도 하지만 사람, 짐승, 새, 물고기, 조개를 제외한 동물을 가리키는 것이 일반적이다. 곤충의 매개(媒介)에 의하여 다른 꽃의 화분(花粉)을 받아 생식 작용하는 꽃을 '충매화(蟲媒花)'라 하고, 새끼벌레를 '유충(幼蟲)'이라 한다.

다른 생물의 외부나 내부에 붙어서 영양을 섭취하여 사는 곤충을 '맡길 기(寄)'를 써서 기생충(寄生蟲)이라 하는데, 자기는 일을 하지 않고 남에게 자기 몸을 맡기어 사는 사람을 비유하여 쓰기도 한다.

몸속의 기생충 등을 없애는 데 쓰는 약은 '몰아낼 구(驅)', '벌레 충(蟲)'의 '구충약(驅蟲藥)' 또는 구충제(驅蟲劑)이다. 농작물, 가축, 인체에 해가 되는 벌레를 죽이는 약제는 '죽일 살(殺)'의 살충제(殺蟲劑)이다.

색인

권승호

전주영생고등학교에서 아이들과 함께 공부하고 있는, 어휘와 자기주도학습에 관심이 많은 국어교사이다.
전북일보와 새전북신문에 '권선생의 한자세상'을, 프레시안에 학습법에 관한 칼럼을, 한국일보와 새전북신문에 교육에 관한 칼럼을 연재한 바 있고, 저서에 『자기주도학습이 1등급을 만든다』, 『이렇게가 아니라 요렇게』, 『재미있고 유익한 말풀이 뜻풀이』, 『재미있는 어휘여행』 등이 있다.